河北大学历史学强势特色学科资助出版

河北大学学术资助出版

近代

留美学生

与中美教育交流研究

彭小舟 ／ 著

人民出版社

目　录

序

在近一个半世纪的社会变革中,教育无疑都处于基础地位。这是因为教育变革就意味着知识更新,而知识来源和获取知识方式的改变就必然要使思想观念发生变易,日积月累,价值评判标准和行为方式就随之变化,社会的转型就不可逆转了。有鉴于此,近现代许多仁人志士都抱着"教育救国"的理想,并为之奋斗终身。但是,"教育救国"必须在民主的法治社会中才能变为现实。在军阀混战、武力至上的靠武装解决政权问题的历史时期,只能是美好的幻想。不过,即使在社会动乱的年代,任何政治势力或任何党派要取得胜利,都需要人才,人才当然主要靠教育去培养。所以,无论何时,教育的基础地位都是无法动摇的。

正因为如此,鸦片战争之后,中国在由传统社会向现代社会的曲折而复杂的嬗变过程中,教育的变革从来没有停止。鸦片战争后,东南沿海个别洋学堂的设立,透出了教育变革的信息,而洋务运动中20多所新式学堂的建立,则是对传统教育的严重挑战;戊戌维新运动提出的废除八股考试,敲响了延续一千多年的科举制度的丧钟,仅仅过了7年,就在1905年废除了科举;随着辛亥革命的暴发和中华民国的创立,具有现代意义的新教育逐步确立。

由于中国古代的传统教育缺乏现代化的元素,故而近代的教育变革,说到底就是去移植西方的现代教育,其中效仿较多的是美国。像 1922 年确立的"壬戌学制",几乎将美国的教育体制全盘搬了过来。在 150 年来中国教育变迁的过程当中,美国的影响挥之不去,且久远至深。而连接中美两国教育交流的重要媒介,则是十分活跃的留美生。在民国时期的大学里,留美生始终是举足轻重的中坚力量。

仅以南开大学为例,其创办人张伯苓就是哥伦比亚大学的留学生。1919—1937 年是私立南开大学的初创及巩固发展时期,也是留美生在南开大学教师队伍中主体地位形成的时期。留美生不仅人数多,而且大多是学术骨干和学科带头人。1930年,全校教师 41 人,留美生达 31 人(其中博士 14 人,硕士 14 人),占 76%。1936 年,全校教师 85 人,留美生 36 人,约占 42%;在 34 名教授中,有 33 人是留美生。而物理系、化学系、数学系、英文系、政治系、电工系的系主任都由自美国归来的留学生担任,经济研究所、应用化学研究所也由留美生任主任。文学院院长是来自美国耶鲁大学的博士张纯明,理学院院长是毕业于美国克拉克大学的博士邱宗岳,商学院院长是美国耶鲁大学博士方显廷,校务秘书长是美国芝加哥大学硕士黄钰生。由此可见,探讨留美生和中国近代教育变革的内在关系,就具有牵一发而动全身的作用。一向对中国近代教育研究怀有浓厚兴趣的彭小舟在确定博士论文题目时就顺理成章地定在了留美生与近代教育。

要写好一篇博士论文,兴趣和毅力是最起码的条件。令人高兴的是,小舟一旦找到了自己最感兴趣的题目,再加上他持之以恒的刻苦努力，博士论文完成得很顺利。在专家评阅和论文答辩中，都给予很高的评价。现在，经过两年多的修改，就要出版，实在是一件值得庆幸的事。就总体上讲，本书从近百年来中美社会文化变革以及中美文化交流的大背景出发，着眼于中国近代留美生发展的总体走向，重点考察留美生在中国近代教育变革中的特殊贡献和独具特色，尤其对典型事件和代表人物进行了深入细致的探讨，大致梳理清楚了留美生和中国教育变迁的复杂关系，并提出了一些颇有启发性的新观点，可以说填补了这方面的研究空白，富有开拓性和创新意义。我作为指导老师和第一位读者，感到本书最大的学术贡献有以下两点：

一是在宏观上对近代留美生进行群体探讨的基础上，对学习教育的留美生给以比较客观的文化定位。为了对学习教育的留美生进行科学的把握，作者先用较大篇幅考察了从1840—1949年百余年间留美生的选派、人数、内部结构、学习科目、学习状况、日常生活、社团活动和经费开支等，然后又在比较科学地对留美生整体素质做出评判的基础上，重点论述了学习教育的留美生的人数、分布、基本队伍、学习成绩、文化追求、研究视野以及教育理想等，特别是对他们的博士论文进行了深入评说，让读者对学习教育的留美生有一个清晰的了解。紧接着，又专列一章，论述归国后留美生在教育界的分布情况、社会活动以及教育追求、在晚清和民国教育变革中的特殊贡献等，同时专门分析了从哥伦比亚大学师范学院毕业的留美生的文化素养和在中国教育界的主导地位。基于这些入情入理的分析研究，从而得出学习教育的留美生在文化素养上中西合璧、政治理想上献身中国教育、客观作用上促进了中国教育的现代进程的总体定位。

　　二是从中美教育文化交流的新角度,论述了留美生与中国教育的现代走向。本书专列四章阐述留美生在中美教育文化交流中的核心作用。从教育思潮、翻译和编写教材、教育体制等诸多方面去分析美国教育思想在中国的传播;以胡适、蒋廷黻、晏阳初和费正清、赛珍珠为典型代表,考察中美教育交流的深化;从教会大学、官方组织的考察团、具体的教育交流社团和学术、图书以及师资交换等方面的交流,去探讨美国教育对中国的影响和中国文化在美国的传播。总之,作者抓住了留美生在中美文化交流中所发挥的桥梁作用的鲜明特色,对留美生与中国近代教育变革的关系论述得十分详细、全面和准确。

　　同任何领域、任何方面的学术研究一样,本书不可能完全做到尽善尽美,能够在某一点或某一方面有所开拓,为今后的研究打下良好的基础就很不错了。我深信,小舟的这部专著只是为他今后的研究扎下了深厚的根基,他一定会利用所搜集到的丰厚的史料,做进一步的研究,写出高水平的论著。作为老师,没有比读到学生精美的论文和专著更高兴的事了。

李 喜 所

2008 年 12 月 1 日于南开大学书来堂

绪　论

　　源远流长的中美教育交流,已成为中美双边关系中富有活力的一部分,改革开放以来我国已有 20 余万学者和留学生前往美国;而 1997 年美国留华学生也达 3135 人,居外国留学生人数第三位①。这对两国、两国人民来说是一项互利的具有长远意义的事业,有利于开辟一个中美更加相互尊重、相互学习、相互理解的新世纪。在近代,主要由留美学生推动的中美教育交流,曾是当时最频繁、最重要的国际文化交流。

　　近代留美学生,包括在读的、已经毕业的、重返美国的,自容闳开始,逐渐拥有一支壮观的队伍,其中大部分从事教育或与教育相关的事业。他们既是中美教育交流的直接产物,也是纵深推进这一特殊文化交流的主要动力与媒介。教育,具有文化的民族性、稳定性等一般特点,在社会转型时期更具变异性、前瞻性,无疑是一种特殊的文化,是发展文化、创造文化的最重要的手段;而异质的教育之间比不同普通文化之间具有更多的共性,更易于交流。正是在近代留美学生根据时代的要求、社会的需要对中美两国教育文化加以比较、选择、传播与提高的情况下,中美教育之间才得以全方位地进行互动交流,这对促进中国教育近代化具有特别意义,

---

① 陈至立:《站在新的高度看待中美教育交流与合作》(克林顿总统访华专辑·新闻回顾),http://dawning.iist.unu.edu/china/Clinton/xwhg/980620-4.html。

对美国教育的进一步繁荣颇有贡献。本书研究的便是近代留美学生与中美教育交流这一历史现象。

一、研 究 缘 起

近代留美学生与中美教育交流研究,是交叉运用传播学、教育学有关理论,以及文化史、中外关系史有关方法的综合研究,颇具研究价值。

近代中外交流尤其是中美教育交流,对中国教育具有特别意义。后生外发型的近代化模式,使1840—1949年间中国教育呈现出一种急剧变化的总趋势,与欧美原生状态的近代化模式大不相同。因为近(现)代化尽管从本质上讲是一种全球体系,但其产生和发展有时间及地域上的差别,如结构功能主义学派认为,在"现代化过程中,世界上不同民族、国家、社会或地区有先行者与后来者之分"①。这决定中国教育想要迅速摆脱落后状态,必须向世界先进国家学习,特别是要向当时经济、教育最发达的美国学习。近代留美学生学习、传播美国教育文化,大力进行中美教育交流,无疑是一种契合时代的正确选择。它极大地深化了近代教育改革,加速了教育近代转型,促进了教育发展与社会进步。也正因为如此,这一交流才如此频繁而密切,成为近代中外文化交流中最为辉煌的一章。因此,研究近代留美学生与中美教育交流,对评估近代留美的利弊,分析民国教育改造之得失,给当事人以应有地位,全面考察近代教育发展的进程,客观阅读民国社会的走向,都有重要的学术意义。

---

① M. J. 列维著,吴萌译:《现代化的后来者与幸存者》,知识出版社1990年版,第2—3页。

与此同时,研究近代留美学生与中美教育交流也具有深刻的现实意义。今天是昨天的自然继续,明天是今天的无尽未来。21世纪初,在这个中外文化交流不可或缺、教育纵深改革在摸着石头过河的时候,一方面需要推进素质教育,调整高校格局,建设"211工程",贯彻"振兴计划";另一方面需要在进行跨文化交流时保持健康的文化心理,制定科学的留学政策,健全有效的留美海归创业机制。顺利进行中外文化交流,固然需要一切从实际出发,但重新解构历史,总结经验与教训,也有着重大的启示作用。只有这样,我们才能少走弯路,避免重犯类似错误,贯彻科学发展观,在实现中国教育的可持续发展的同时,真正把中国全面推向21世纪的世界。

二、学术史回顾

学界对近代留美学生与中美教育交流多有研究,近年来更成为研究热点。

1. 民国以前的研究概况

各界较早对留美学生给予过关注,并集中在留美学生在中美教育交流中的使命、努力方向、总体评价上。首个留美学士——容闳在耶鲁大学毕业前夕,就立志要"借西方文明之学术以改良东方之文化"①,此可谓派遣留美幼童的思想起点。派遣幼童的另外两个当事人曾国藩、李鸿章面对这一新生事物自称"远适肄业,集思广益,所以收远大之效也"②。清末端方等督抚更认为这一沟通中美教育文化的

① 容闳:《西学东渐记》,中州古籍出版社1998年版,第149页。
② 曾国藩:《曾国藩全集·奏稿》(十二),岳麓书社1994年版,第90页。

举措能"上足以备任用,下足以备裕生,实于大局不无裨益"①。这说明在非议浪潮中,不乏主流社会对留美学生及其事业予以认同。

民国伊始,开始出现有关留美学生与中美教育交流的学术性研究。在读留美学生刘树杞著文指出:"吾人今日当实地求学,登峰造极,极各尽所能,他日归国,首当发达祖国教育,以培植人才于内地,使祖国之学问,可以与欧美抗衡。"②1914 年,胡适在所著《非留学篇》一文中得出了"留学者,过渡之舟楫也;留学生者,篙师也,舵工也。……为神州造一新旧泯灭之新文明,此过渡时代人物之职"、"增设大学"作为"传布文明之所"③的结论。此后,胡适"研究问题,输入学理,整理国故,再造文明"④、《争取学术独立的十年规划》的纲领与规划便是这一思想的逻辑发展。在近代留美学生的积极推动下,中美教育交流达到了高潮,促使中国教育近代化有了较大的进展。陈果夫在美公开发表广播讲话《美国教育对中国教育的影响》,便承认这一点,并肯定了留美学生的这种作用⑤。

中美教育交流是一个整体的社会工程,不能脱离当时社会关系而单独存在。在中美教育交流与中国教育近代转型的过程中,难免会出现种种不足;甚至于在 20 世纪 30 年代初"教育破产"问题出现后,社会上往往把责任推到当时主导教育界的留美学生身上,其中尤以官方和留欧人士的态度最为激烈,并引发出种种议论。1939 年蒋介石在中央训练团第一期毕业典礼会讲话时宣称:

---

① 陈学恂、田正平编:《留学教育》,上海教育出版社 1991 年版,第 274 页。
② 刘树杞:《论中美两国之异同及中国留美学生之责任》,《留美学生季报》1914 年春季号,1914 年 3 月。
③ 胡适:《非留学篇》,《甲寅》月刊第 1 卷第 10 号,1915 年 10 月。
④ 胡适:《新思潮的意义》,《新青年》第 7 卷第 1 号,1919 年 11 月 1 日。
⑤ 陈立夫:《美国教育对中国教育的影响》,《中央日报》1941 年 1 月 6 日。

"我们几十年来畅行所谓'新教育',表面上似乎是理论方法应有尽有,实际上这种'新教育'只是盲从、粉饰、空泛、无计划、无目的的教育。……简直就是亡国的教育!"①傅斯年明确把"教育破产"归结为"哥伦比亚大学的教员学院给中国教育界一个最不好的贡献"②。如果说蒋、傅二人多少对留美学生所主导教育的美式风格有政治、学派方面歧见的话,那么专家舒新城的评价就客观得多。舒氏在所著《近代中国留学史》一书中指出,民国以来留美学生占据日益显要的地位,"在近代中国文化史上确有不可磨灭的贡献",但也使"中国有形无形之间随处实行外国化"③。当然,留美学生为正视听,对各种非议也给予了相应的反驳,这突出表现在《独立评论》上著文的往返论战。针对傅斯年氏的偏颇,哥伦比亚大学(简称哥大,下同)师范学院毕业生邱椿,曾有理、有利、有节地予以反驳,强调"觉悟纯粹抄袭的错误而提倡中国化的教育"④,逼迫傅氏接连发表《改革高等教育中的几个问题》、《再谈几件教育问题》来辩解。另两位哥大毕业生杨亮功、杨振声也加入进来。针对国际联盟教育考察团的报告,另一哥大师院毕业生、北京大学校长蒋梦麟也在该刊著文对其进行逐条反驳,指出日本、欧洲影响所应负担的责任,并阐明"政治影响教育,教育影响政治,互为因果。所以我们讲到教育,不可忘却政治的环境"的道理,指出留美学生使"中国教育所受的美国影响"倒有不少"颇为教员们所注重的"⑤。

---

① 转引自朱国仁:《西学东渐和中国高等教育现代化》,厦门大学出版社1998年版,第241页。
② 傅斯年:《中国教育之崩溃》,《独立评论》第9号,1932年7月。
③ 舒新城:《近代中国留学史》,中华书局1933年版,第212、248页。
④ 邱椿:《通信》,《独立评论》第11号,1932年7月。
⑤ 蒋梦麟:《国联中国教育考察团报告书中几个基本原则的讨论》,《独立评论》第40号,1933年3月。

民国时期各界评价不一,争议很大,连留美学生内部认识也不统一;当然不乏对此有清醒认识之人,陶行知与晏阳初曾屡次指出在沟通中美教育过程中留美学生的偏颇与缺失。前者反对"依赖天公"、"沿袭陈法"、"率任己意"、"仪型他国"、"偶尔尝试",提倡作"第一流的教育家"①,呼吁"中国教育之改造";后者遗憾地指出"中国的法令都是以美国英国法国抄来,好都很好,只是不适合国情。一般留法、留美、留英博士,没有认识到中国的问题是什么,空口谈改革,没有到实际的生活中去做工作,所以终于找不着实际问题"②,故全力进行"定县实验"。陈青之则从理论层面强调:"美国是世界上最发达的工业资本主义国家,他们的教育自然是培养工业和技术人才为宗旨,他们的教育制度自然切合这种社会的需要。以最发达的工业资本主义国家的教育制度,搬来实行在农村社会的中国,不仅不和脾胃,且有药不对症的危险。"③尽管当时有关研究失之过简,也很少把留美学生作为整体来研究,但有关言论与反思至今仍有启迪意义。

2. 近二十年来研究概况

出于意识形态和对外开放程度的原因,对近代留美学生和中美教育交流的研究有过截然不同的态度,两次"胡适热"可为佐证。伴随中国重新走向世界的步伐,曾一度断绝的有关研究重新兴盛起来,并带动了中外学界的交流与合作。近二十年来,有关研究著作陆续出版,大型研究课题不断涌现,有组织的研究机构业已成型,大型学术会议不断召开,呈现出一片繁荣景象。

---

① 陶行知:《试验主义与新教育》,《新教育》第1卷第1期,1919年2月。
② 宋恩荣主编:《晏阳初全集》(一),湖南教育出版社1989年版,第536页。
③ 陈青之:《中国教育史》,商务印书馆1936年版,第800页。

相关研究的组织化、国际化：

与过去不同的是，新时期近代留美学生与中美文化交流的研究日益组织化、国际化。

首先，出现了一批专门研究机构及论著。在大陆，南开大学李喜所先生业已建立"中国留学教育研究中心"，发表有系列论著①；在美国，圣若望大学李又宁女士1996年创办了"华族留美研究会"、纽约天外出版社出版了华族留美史丛书，李又宁女士著有《留美八十年》、《当代留美中学生》、《华族留美史：150年的学习与成就》等。另外，徐州师范大学的周棉先生"留美学生与近代中国社会"的课题组已有《中国留学生大词典》等成果，浙江大学教育学院的田正平先生主持有国家级的"中外教育交流"课题。

其次，相关国际学术研讨会频繁召开。在这一方面，欧美同学会走在前头②，并主办有目前中国留学领域内最具权威性、指

① 李喜所先生较早开展本方面的研究，1982年就在《史学月刊》发表了《清末民初的留美学生》一文。此后，陆续出版有《容闳——中国留学生之父》（河北教育出版社，1985）、《近代中国的留学生》（人民出版社，1987）、《近代留学生与中外文化》（天津人民出版社，1992）、《近代中国的留美教育》（天津古籍出版社，2000）、《五千年中外文化交流史》（世界知识出版社，2003，共五卷）等。
② 欧美同学会（官方网站主页为http://www.coesa.cn），从1996年开始，连续举办"21世纪中国"系列研讨会："二十一世纪中国与新一代留学生"（北京，1996，第一届）、"21世纪中国与当代青年的历史使命研讨会"（1997，北京，第二届）、"21世纪中国与国家竞争力研讨会"（1998，北京，第三届）、"21世纪中国与可持续发展的挑战研讨会"（1999，华盛顿，第四届）、"21世纪中国与全球化的挑战与对策研讨会"（2000，北京，第五届）、"21世纪中国与国际人才竞争"研讨会（2001，天津，第六届）、"21世纪中国：国际化人才与创业研讨会暨项目洽谈会"（青岛，2002，第七届）、"21世纪中国：留学人员与中外交流"研讨会（2004，法国巴黎，第八届）第九届"21世纪中国：留学人员与构建和谐社会"研讨会（2006，德国法兰克福，第九届）、"21世纪中国：留学人员与构建创新型社会研讨会"（美国休斯敦，2007，第十届），以及"欧美同学2006北京论坛暨第三届中国留学人员回国创业发展与交流大会"（北京，2006）等学术活动。

导性和服务性的专业期刊《留学生》。中国哈佛——燕京学社校友联谊会也已举办多届研讨会。其次，2000年10月"华族对美国的贡献"国际学术研讨会在纽约举办，2003年10月"留美学生与近代中国社会"国际学术研讨会在徐州召开，2004年底"留学生与中外文化"国际学术研讨会在天津、徐州召开。

著名的留美学生或留美群体也备受关注。容闳与留美幼童尤为热点：1999年"容闳与中国近代化"国际学术研讨会、2003年"容闳与中国教育"研讨会、2005年"容闳与科教新国"国际学术研讨会在珠海相继召开。2001年留美幼童纪念学会等单位联合耶鲁大学在美国哈特福德举办"容闳及中国幼童出洋肄业局（1872—1881年）"研讨会。胡适研究也备受学界关注，在台湾有专门纪念馆，在中美两国分别成立了研究会，并出版有专刊，还先后召开了多次专题学术研讨会①。有了中外学人的互相交流与集体研讨，有关研究取得了重大进展，诸多会议论文集的丰硕成果就是例证。

具体研究概况：

大陆、港台与美国等地关于近代留美学生与中美教育交流的具体研究各有特色。大陆近二十年来，研究态度渐趋于客观平实，

---

①　1991年在安徽绩溪召开第一次胡适学术研讨会，1992年在北京召开"胡适研究的回顾与展望"座谈会，1993年在青岛召开了胡适思想研讨会，1995年在上海召开了胡适与中国新文化运动研讨会；成立了以耿云志为会长的胡适研究会，专刊则有《胡适研究丛刊》（先后由北大、中国青年出版社出版）与《胡适研究集刊》（安徽教育出版社出版）。美国成立了国际胡适研究会，出版有胡适研究会丛书。

有关著作①、论文、史料专集、大事记甚至文艺作品等大批涌现，对此均有不同程度的涉及，在许多专题研究方面取得了有价值的成果，渐成学术热点，具体说来如下：

　　传播内容问题　在近代中美教育水平存在较大落差的情况下，留美学生推进中美教育交流的重点无疑是向美国教育的学习与传播。确实，归国留美学生一直在从事这方面的工作。有人指出留美学生在积极"引进西方进步的教育思想和教育方法，开展有关的实验改革"②。朱国仁确认"这一阶段西方高等教育思想传播的主要途径有：第一，留学生的介绍，其中有 1915 年前赴日留学生通过日本的间接介绍，1915 年之后赴欧美留学生的介绍。……且有不少专门学习教育的留学生。"③其中传播重点是实用主义教育思想，谢长法说："实用主义在中国的传播和影响是和胡适、杜威等人的努力分不开。"④卫道治等具体指出："20 年代后，一批哥伦比亚大学毕业的博士又将其导师杜威的教育思想带回国内，大力推行平民教育。"⑤这些说法如实反映了当时的历史。

----

①　除李喜所有关著述外，还有黄新宪《中国留学教育的历史反思》（四川教育出版社，1990）、王奇生《中国留学生的历史轨迹》（湖北教育出版社，1992）、朱国仁《西学东渐与中国高等教育的近代化》（厦门大学出版社，1996）、田正平《留学生与中国教育近代化》（广东教育出版社，1997）、冯承柏《中国与北美文化交流志》（上海人民出版社，1998）、谢长法《借鉴与融合——留美学生抗战前教育活动研究》（河北教育出版社，2000）等专著。另外，卫道治主编有《中外教育交流史》（湖南教育出版社，1998），周棉主编有《留学生与中国的社会发展》（中国矿业大学出版社，1997），安宇、周棉共同主编有《留学生与中外文化交流》（南京大学出版社，2000）。

②　黄新宪：《中国留学教育的历史反思》，第 135 页。

③　朱国仁：《西学东渐和中国高等教育近代化》，第 75 页。

④　章清：《实用主义哲学与近代中国启蒙运动》，《复旦学报》1998 年第 5 期。

⑤　卫道治主编：《中外教育交流史》，第 180 页。

师资问题 留美学生向国内推介、传播美国教育,主要是通过大学教学实现的,这吸引了学者的注意。有人指出:"大多数庚款留美学生,立志于科学救国、教育救国"①。李喜所进一步指出在归国留美生"当中涌现出众多有名望的教授和有影响的科学家"②,卫道治等人也肯定"留美学生回国后,成为近代师资的主要来源"③的事实,王奇生则指证"留美学生集中于教育界,尤其是高等教育部门"④。留美学生中还有一批对近代中国教育具有深远影响的大学校长,别必亮言简意赅地评论道"留美教育的发展,培养了如梅贻琦、竺可桢等人才,为中国高等教育的进步做出了贡献"⑤。而冯承柏对留美学生与师资、学制与教改之间的关系作过如下论述:"杜威教育思想通过对参与制定学制的主要人物及教育界有影响的带头人的影响,对学制和中国教育改革产生了重大影响。"⑥王奇生则指出留美学生构成"一大批近代化教育的师资,加速了中国教育近代化的历程,在教育界的影响至深至巨。"⑦

学制问题 留美学生学习美国教育的成果,集中体现在新学制的制定上,学界对此讨论较多。王奇生说:"中国教育界也在归国留美学生的影响下,转而注意美国教育制度。"⑧李华兴、陈祖怀

---

① 陈国贵:《美国与近代中国留学生述评》,《西南师范大学学报》1994年第4期。

② 李喜所:《近代留学生与中外文化》,第332页。

③ 卫道治主编:《中外教育交流史》,第180页。

④ 王奇生:《中国留学生的历史轨迹》,第273页。

⑤ 别必亮:《1902—1929年中国高等教育发展述评》,《西南师范大学学报》1994年第3期。

⑥ 冯承柏:《中国与北美文化交流志》,第236页。

⑦ 王奇生:《留学生与中国教育的近代化》,《东南文化》1989年第1期。

⑧ 王奇生:《中国留学生的历史轨迹》,第267页。

则深刻指出转向之所以发生的原因：“新文化运动时期，中国教育界向西方学习的重心，由日本、德国转向美国。改革取向之所以发生这样的转移，原因是多方面的”，其中一个很重要的原因就是“留美学生则分布于自然科学及人文科学各系”①。还有人指出“（胡适、陶行知等）著名学者的影响和人事结构的变化，也成为中国教育改革转而去向美国的一个重要因素”②，故以“美国为蓝本的新学制应运而生”③。李华兴等人指出“这是一次力图与国际教育和现代化趋势接轨的比较成功的学制改革，达到了‘纠正旧制的缺点’和‘适应时代的要求’的目的”④。金以林则断定“新学制具有划时代的意义”⑤。学界对留美学生推动制定新学制给予了基本肯定的评价。

　　国际化与中国化问题　　近代留美学生针对伴随近代中国教育近代转型与国际化而来的“洋化”尤其是“美国化”的困扰，做出了不懈的“中国化”努力。学者们注意到了这一点。李华兴用数字揭示国际化的深度，他说：“以1947年全国大专以上毕业生25098人、赴美留学1194人计算，则当年中国留美学生比率为4.75%。这个比率，一方面显示了中国高校具有较高的教学质量，另一方面也表明中国教育同国际教育接轨的密切程度。”⑥而黄岭峻则对留

①　李华兴、陈祖怀：《民国学制的演进与启迪》，《现代与传统》第6辑，1995年。

②　李华兴、陈祖怀：《民国学制的演进与启迪》，《现代与传统》第6辑，1995年。

③　童富勇：《论国民政府初期的高等教育改革》，《杭州大学学报》1998年第3期。

④　李华兴、陈祖怀：《民国学制的演进与启迪》，《现代与传统》第6辑。

⑤　金以林：《近代中国大学研究》，中央文献出版社2000年版，第38页。

⑥　李华兴：《民国教育与中国现代化》，《江海学刊》1997年第3期。

美学人寻求中国化的典型历程作了如下论述："陶行知对实用主义,更多的则是身体力行,在经验论的层次上,依照自己的文化背景和哲学趣味,也将实用主义中国化了。"①

典型人物和群体研究问题　近代中美教育交流中的一些著名的群体和人物引起广泛注意。霍益萍、田正平、谢长法等对郭秉文与东南大学的关系有过较详细的论述。而胡适研究也得到了较多的关注,论著层出不穷,2003 年 44 卷本的《胡适全集》面世,并召开有《胡适全集》出版暨胡适学术思想的研讨会。欧阳哲生 2002年 2 月在耶鲁大学东亚系所作的《胡适在现代中国》长篇讲演中指明"胡适研究正成为一门显学"②。关于容闳和留美幼童,大陆稍迟于高宗鲁对留美幼童书信的研究,但发展较快。珠海推出了"容闳与留美幼童研究丛书",而孙春芝指出首批赴美幼童"是对传统教育的又一重大改革,是中国教育走向近代化的又一重要途径"③;黄新宪进而说它"对于在国内传播西学,沟通中西文化交流"有重大作用;王奇生也说它"冲破了封建传统教育的守旧局面,开启了中国留学风气之先河,使国内新式教育得到发展"④。

教会大学研究问题　近代教会大学的办学发展史鲜活地体现了旨在建设中国新教育的近代留美学生推动中美教育交流的多元发展历程。民国沪江大学国文系主任王治心曾出版过《中国基督

---

① 黄岭峻:《试论中国近代知识分子接受实用主义哲学的途径》,《史学集刊》1996 年第 4 期。

② 欧阳哲生:《胡适在现代中国》,广西师范大学出版社《中国大学学术讲演录》(2003 卷),亦见 http://www.bbtpress.com/homepagebook/574/b09.htm(2002年 2 月 18 日)。

③ 孙春芝:《略论洋务运动与中国教育近代化》,《山西大学学报》1996 年第3 期。

④ 王奇生:《中国留学教育的历史反思》,第 19 页。

教史纲》(香港基督教文艺出版社,1940),近来学界在此精力投入较多。章开沅早在 1989 年 6 月在华中师范大学发起召开了首届"中国教会大学史"国际学术研讨会,会后他与林蔚(美国)共同主编出版了会议论文集《中西文化与教会大学》(湖北教育出版社,1991)。1994 年初,章氏在华中师范大学创建了国内首家中国教会大学史研究中心。此后,"教会大学与中国教育现代化"研讨会、"韦卓民学术思想"国际研讨会、"教会大学与中国现代化"研讨会相继在南京师大、华中师大、四川大学召开,出版了《教会大学译丛》、《教会大学史研究》等论著,形成了大陆主导下的与港台及国外学者广泛合作的研究格局,如香港中文大学的吴梓明与大陆的陶飞亚、周洪宇、黄新宪、史静寰、王立新等人合作编著了"基督教教育与中国社会"丛书。在北美,北美华人基督教学会在 2001 年 6 月举办了第六届北美华人基督教学者学术研讨会;该会会长王忠欣主编的《多元化的中国与基督教》一书,收集了北美华人基督教学会于 1999 年在洛杉矶举行的第四届年会上的部分学术论文,已由加拿大恩福协会正式出版。

总体评价问题　学界基本肯定近代留美学生的相关功绩。首先,基本肯定他们的精神与地位,如周棉肯定"人才济济的留美学生群,对中国社会发展和学科发展的影响极大,已被还将越来越被中国社会发展的事实所证明"①,李喜所明确指出这一切"不仅是留美生的骄傲,也是中华民族崛起的一种标志"②;冯承柏则断言"留美学生是美国教育制度东渐的主要媒介",直接做出了"留美

---

① 周棉:《近代中国留学运动的形成》,《河北学刊》1996 年第 5 期。
② 李喜所:《近代留学生于中外文化》,第 332 页。

学生运动——文化交流的桥梁"①的定位。其次,正视到留美学生在具体传播与宏观建树上的利弊。王奇生理性地指出:"在中国现代教育的初创阶段,模仿现象是必然的,然而现代中国教育始终滞留于模仿阶段……比例失调。"②卫道治等人也总结性地说他们"无疑对中国教育体制由传统向近代转型起了推波助澜的作用,但不可避免地也给中国教育带来了不少弊端"③。连同早些时候台湾林子勋"留美学生之增多,故由客观之环境,但过度依存美国,固非我国留学教育适当之政策。……则吾国人于留美教育更宜深省"④的看法,至今仍令人深思。

国外研究概况:

国外学界继续集中研究留美学生本身、留学教育、著名教育家与大学,其中个案研究居多,以美国成绩最为可观。

在美国,勒法吉博士(Dr Thomas Lafague)较早展开专业研究,在国际反法西斯的硝烟中就出版了 *China's First Hundred*(华盛顿州立学院,1942)。留美学生虽仍未引起足够的重视,但相关研究一直没有停止过。高麟英、汪一驹、C. W. 海福德、J. 伊斯雷尔斯等博士,对处在中美教育交流中心的留美学生十分感兴趣,分别推出了他们的博士论文《大陆哥伦比亚师范学院毕业生的学术与专业成就》(哥伦比亚大学师范学院,1952)、《中国知识分子与西方》(北卡罗来纳大学出版社,1968)、《走向民众:晏阳初与乡村中国》(哥伦比亚大学出版社,1990)、《西南联大:战时和革命时期的一所中国大学》(斯坦福大学出版社,1999)。而克劳森则对1920年

---

① 冯承柏:《中国与北美文化交流志》,第131—148页。
② 王奇生:《中国留学生的历史轨迹》,第27页。
③ 卫道治主编:《中外教育交流史》,第181页。
④ 林子勋:《中国留学教育史》,华冈出版有限公司1976年版,第592页。

前的留美学生作过统计,著有《为了爱国:五四运动前留美学生概况(1872—1920)》(《西北太平洋中国社会历史年鉴》,第165—169页,1984)一书。较他们资历老得多的费正清、司徒雷登、拉铁摩尔,则在各自回忆录中对留美学生推进中美教育交流有着如实的记述。华裔美籍历史学家在这一方面有上佳表现,尤以2007年驾鹤西游的高宗鲁先生成绩与影响最为典型。高氏从1972年开始介入留美幼童研究,搜集译注了《中国留美幼童书信集》,翻译、增补并以《中国幼童留美史——现代化的初探》、《中国幼童留美史》在海峡两岸先后出版,不但搜集翻译了诸多史料,也奠定了"留美幼童"的专有名词,还使该项研究日益受到学界重视。此外,费正清还创建了哈佛大学东亚研究中心,戴德华、邓嗣禹等人组建了亚洲研究协会,李又宁女士还在1969年创办《Chinese Studies in History》季刊,高宗鲁发起中国留美幼童研究会,或为相关研究的展开提供了发表园地,或为规模培养提供了绝佳平台。

在欧洲,也有相似之处。英国有《中国季刊》与牛津大学中国学研究所,法国有法兰西学院汉学研究所(前身为中国学院)等机关与刊物。有关成果有R.海毫《中西教育合作》(《中国季刊》第104期,1985)与《教育与现代化:中国的经历》(《中国季刊》第139期,1994)、S.佩铂《20世纪中国的激进主义与教育改革:追寻理想的发展模式》(剑桥大学出版社,1982)等论著问世。法国国家科学研究中心的M.巴斯蒂女士长期从事中国教育史研究,发起或参与多次相关国际学术研讨会,出版有《20世纪初中国的教育改革》(巴黎社会科学高等学院,1968)等著作。

在日本,王欣对于留美学生在杜威来华及其思想宣传上用力颇勤,发表有《有关中国接受西学的研究——杜威访华及其教育学说的采纳》(《教育史研究》第4号,1995)与《关于中国对杜威教育学接受过程的研究》(《人间文化研究年报》(ず茶の水女子大学),1994)等论文;而铃木智夫在清朝派遣留美使团上有《清朝派遣赴美教育使团与在日本和美国华人》(《人间文化》(爱知大学)2卷13期,1998)与《清朝留美教育使团与旅日、旅美华人情况》(《人间文化》(爱知大学)1卷12期,1997)等论文发表;森时彦则在《中国近代化与留学生》(《爱知大学国际问题研究纪要》81卷,第287—328页,1986)有过连带分析。阿部洋则分别著、编有《中国近代学校史研究》、《日中教育交流之摩擦》,对近代学校及新教大学有过精到分析。

这一切表明,留美学生的研究受到大洋两岸、欧洲与日本的相当重视,世界范围内研究同时出现盛况,可谓当今学术热点之一。

资料出版情况　近二十年来,大陆出版了大量有关近代教育和留学教育的资料①,加上以前邰爽秋主编的《教育参考资料选辑》(教育编译馆1932—1935年版)、舒新城的《中国教育史资料》(上海人民出版社1961年版),以及台湾的《留学教育》(国立编译馆1970年版)、《中华民国教育年鉴》(宗青图书出版公司1991年版)、《抗战时期我国留学教育史资料》("国史馆"1994年版)等与《教育与文化》、《传记文学》以及《革命文献》等杂志,保存了大量资料,为研究奠定了坚实的基础。

总的看来,海内外学界对近代留美学生和中美教育交流的研究已有一定水平,并取得了不错的成绩,总体研究的繁荣态势令人乐观。但就已有的研究成果来说,只是不同侧面的涉及,尚无系统

---

① 资料较多,有关丛书主要有"中国近代教育论著丛书"(陈学恂总主编,人民教育出版社,1991—2002)、"中国近代教育史资料汇编"(陈元晖主编,上海教育出版社,1991)、"中华民国史档案资料汇编"(中国第一历史档案馆编,江苏古籍出版社,1991)等。

的专著问世;虽然研究起点较高,但依然值得继续多方努力:

一方面,具体研究有待扩展。第一,应开辟渠道查找外文资料,使国内外材料得到印证和利用,拓展新的研究领域,带动理论框架的重大突破。第二,应加强中外特别是中美之间的资料与学术的合作与交流,通过互通有无,取长补短,促使学术繁荣,共同进步。第三,点面结合,加强对典型留美学生的典型言行的论述,如重视对郭秉文、赵元任、晏阳初、胡适等在美国的推进中美教育交流方面各自成就的分析。

另一方面,宏观理论上亟待提高。第一,不能将留美学生从事的中美教育交流再定义在像以前那样的单方的向美国教育思想学习与宣传的层次,要多注意文化交流双向互动的一般特征;应彰显留美学生在汉学、现代中国学等学术文化层面对美国教育文化的能动性反馈,如实揭示中国教育文化的时代生命力;必须看到留美学生既是传播美国教育的主体又是接受美国教育的客体的同一性,应以此为突破口明晰留美学生之所以能高品位推进中美教育交流的原因。第二,要避免仅重个案研究而乏整体分析的研究状况,要解读成千上万的留美学生组织状况与集体力量,不应再把中美教育交流当成零落的教育现象,而应揭示留美学生沟通中美教育时的组织性,爬梳出官方、民间有组织交流的史实。

总之,以往研究虽然各有价值,但有关近代留美学生与中美教育交流的专项研究尚存不少遗憾,不够完整、系统、细致、深入,这是本书写作的一个重要原因。

三、写　作　思　路

笔者认为,近代留美学生群体无疑是中美教育交流的直接产物,兼具两国教育背景、熟悉两国国情与教情,素质较高,资信通达,毋庸置疑地成为中美教育交流中的主要的媒介和动力。而归国留美学生在近代教育界处于主导地位,全面输入、积极宣传美国教育思想,使国内新教育建设迅速向先进的美国标准看齐,其国际化、近代化程度大为提高。他们所推进的交流虽然重点是学习,但不乏反馈,更有提高:既有学术文化的交往,也有人才的对流,并在民间和政府间有组织的交流中立体进行;既在美国宣传自己的教育思想,还曾从美国募捐过不少教育经费;既曾服膺过杜威、孟禄等一代宗师,也曾指导过费正清,并曾在美国大学长期执教,还与众多美国学人有着密切交往。留美学生推动交流的场所遍及朝野上下,也存在于各类大学院校中,在持续不断地推进这项交流。而又因留美学生既是实地接受美国教育的客体、又是传播美国教育主体的同一性,中美教育才能相对顺畅、在较高品位上进行交流。鉴于这种情况,本书大力开拓研究视野,开发被遗忘的角落,把在读或已毕业的留美学生、中美大学与教育社团结合起来考虑,把中基会与华美协进社、世界教育联合会等朝野组织交流渠道纳入研究体系,把教育思想、教育人员、教育经费连为一体,充分昭显留美学生本身在中美教育交流中的地位及其作用,进而揭示近代留美学生推进的中美教育交流是一种双向的、立体的、进步的文化交流。

中美教育交流不一定非得由已毕业的留美学生来推动,在读留美学生也颇有贡献;中美教育交流也不见得非在国内进行,在读留美学生与留美学人就曾在美国大展身手;中美教育交流也非苑囿于大学、城市,在教育行政管理、平民教育资金的国际募捐等领域亦卓有贡献。当然,近代留美学生推动的中美教育交流,既有形式多样、方便灵活的自由交往,也有规模较大、相对稳定的组织交流。近代留美学生在公私朝野之间,在群体、团体乃至国际教育组织内,全面立体地推进中美教育交流,充分展现了教育、特别是高等教育的前瞻性,探索"中国教育之改造"之路的创造性,带头"教授下乡"、"博士下乡"的献身精神,以及反作用于美国教育的能动性。这一切虽不无缺点与遗憾,但充分体现了他们与近代中国教育的时代活力。

特别值得指出的是,近代留美学生既是实地接受美国教育的客体、又是传播美国教育主体的同一性,使中美教育交流的规模与速度同步提高成为可能。而且这种交流,尤富基础性与先导性,在推动教育发展的同时,也使中国传统的教育、文化乃至社会同异质的近代文明尤其是美国文明之间的文化壁垒逐渐消除。在对美国教育思想的输入与对美国教育思想的反哺与回报逐渐融为一体的同时,跨越大洋的天堑,使输入新知、再造文明成为可能。这在总体上说明,它不失为一种日趋公正、完整和进步的文化交流方式。

第一章　沟通中美的在读留美学生

近代中美教育交流是一种完整意义上的跨文化交流。在留美学生的全心努力下，这种交流不一定非要呈冲突与融合同在的状态，而可能长期在比较和谐的状态下随时随地进行。同时，近代留美学生推动中美教育交流，不一定非要等到回国后，也不一定要等功成名就之时，更不一定非要在国际舞台上闪亮登场。在读留美学生对这一切给出了一个圆满的答复。事实上，初次走出国门的他们，在被置之"庄岳之间"、初步感受到中美两种教育文化不同气息的时候，就开始在美国本土有力地推进中美教育交流。

第一节　在读留美学生概览

为挽救民族于危亡，近代国人逐渐认识到必须进行改革，包括进行教育改革，洋务教育也就应运而生。作为洋务教育的有机组成部分，留学教育无疑有着重大的战略意义。而作为留学教育的第一家与领头羊，留美教育的意义与地位更无可替代。留美学生在发达的美国教育的熏陶下，大多接受较为完整的学院训练，利用自身特殊的便利条件，有效地推进了中美教育交流。

一、留美日益成为一种浪潮

当传统教育成为中国社会发展的瓶颈、须寻求新的发展动力,但又无法从自身及时发掘到可供利用的充足资源的时候,眼睛朝外看就成了必然选择。留学(首先就是留美)就这样走上了历史舞台。留美后来虽然一度沉寂,但随着人们对中美经济、教育之间时代差距的认识水平的提高以及别的一些因素,赴美留学人数不断增加,日益成为一种时髦、一种浪潮。

当时,发达的美国教育对中国充满吸引力,留美学生刘廷芳清楚地认识到:"美国教育有四特点:'(一)有独立精神,不受何种牵掣;(二)能不息研究,美国教育研究历十年,犹未满意,仍积极进行;(三)无畏之试验,无论如何难点,不稍畏缩;(四)女子富有教育之能力,并负教育之责任。'"①恰好,中美两国外交一直相对友好,在教育政策上也时相契合,多有友好往来。《蒲安臣条约》第七条规定:"嗣后中国人欲入美国大小官学学习各等文艺,须照相待最优国之人民一体优待;美国人欲入中国大小官学学习各等文艺,依照相待最优国之人民一体优待。美国人可以在中国按约指准外国人居住地方设立学堂,中国人亦可以在美国一体照办。"②中美之间以国家条约的方式明确了留美与在华创建新教大学的合法性,这对留美的启动、中美教育交流的纵深进行都具有不可忽视的开拓意义。理学经世派首领曾国藩和归国留美学生容闳,借此

---

① 《记事》,《教育杂志》第 12 卷第 9 号,1920 年 9 月。
② 王铁崖:《中外旧约章汇编》(第一册),生活·读书·新知三联书店 1957年版,第 263 页。

机会先后派遣了三批官费幼童留美,不仅开始了有组织、有计划的留学,同时也开启了近代官费留学的先河。如果说官费生多是成批派遣的话,自费生则多是个别进行。根据集中留学的时间和归国后活跃的年代,以官费生为主线,二者大体还可归为三大批:

1. 容闳与留美幼童

首所西式学校马礼逊学堂①,1839 年 11 月 4 日正式开学,容闳、李刚、周文、唐杰等 6 名男生成为耶鲁大学 1832 年毕业生塞缪尔·布朗(Samuel. R. Brown)校长的第一批学生。后在布朗的帮助下,容闳、黄宽、黄胜②三人于 1847 年 4 月 12 日抵美求学,1854 年容闳获耶鲁大学文学士,是中国第一个留美文学士;而黄宽先留美,后留英,曾代理博济医院院长。

容闳归国后,几经周折成为两江总督曾国藩的一名幕僚。两种不同教育文化背景之人的结合,开辟近代教育史上的新篇章。

---

① 马礼逊学堂(Morrison School),当时又称马礼逊纪念学校、马公书院,为纪念马礼逊而创建,创办者马礼逊教育会(理事会主席为颠地,副主席为福克斯,查顿为司库,裨治文为通讯秘书,马礼逊儿子马儒翰为会议秘书),1836 年 11 月 9 日成立。最早设在澳门,1843 年迁往香港。参见吴义雄:《在宗教与世俗之间——基督教新教传教士在华南沿海的早期活动》,广东教育出版社,2000 年版,第337—342 页;刘羡冰:《澳门教育史》,人民教育出版社,1999 年版,第 11—12 页。

② 黄胜(1828~1902)字季甫,广东香山(今中山县)人,生于澳门。1834 年赴港读书,肄业于马礼逊纪念学校。1847 年赴美留学。返港后,曾在英文报纸《德臣西报》工作。后转入英华书院任教并兼任校长。1859 年任香港高等法院陪审员。1860 年与人合作刊行香港第一份中文报纸《中外新报》。1869 年参加筹办东华医院工作,被推举为倡建总理。1872 年与王韬合办中华印务总局。1874 年又与他在港创刊《循环日报》,同年为港督委为华人事务所委员。1876 年被委为考试委员会委员。1883 年获委为香港高等法院通事及太平绅士,翌年又被委为立法局非官守议员和该局法律委员会委员,系该局第二位华人议员,至 1890 年退休。1902 年病逝。著有《火器说略》等。

1870年天津教案发生后,前来充任译员的容闳把两年前撰就的"教育计划"当面送达曾国藩。在容闳等起草的条陈的基础上,曾国藩与李鸿章上奏朝廷,力陈留学的重要性:"宜博选聪颖子弟,赴泰西各国书院及军政、船政等院,分门学习,优给资斧,宽假岁时,为三年蓄艾之计,行之既久,或有异才出乎其间,精通其法,仿效其意,使西人擅长之事,中国皆能究知,然后可以徐图自强。"①以后曾又频频与总理衙门商榷,遂有两年后幼童留美的派遣。容闳目睹自己教育计划的初步实现,兴奋地说:"余之教育计划,方成为确有之事实,将于中国二千年历史中,特开新纪元矣。"②确实,四批留美幼童的派遣,在组织、规模、合法性以及留美自身的开启上都具有开拓性、示范性的战略意义,从此留学制度成为近代中国教育制度的重要组成部分。在此前后,有颜永京(Ngan Yung King)、宋耀如等个别由教会、传教士资助的自费生留美,但未形成规模。而其他低层次的旨在当买办的学习英语语言者虽不乏人,但不为主流所看重,这在曾、李二人奏折中便有所反映。

2. 清末民初的留美学生

虽然留美幼童被召回,但民间留美仍在悄悄进行,如颜永京送长子、次子分别到建阳学院、纽约法学院,又于1895年再送自己子侄赴美留学。留美人数到了1906年达600人。端方等地方督抚效法曾国藩,重派官费学生留美,打破了官方沉寂了20年的留美僵局,纷纷派人留学各国。难怪容闳会感慨地说:"自中日、日俄两次战争,中国学生陆续之美留学者,已达数百人。是一八七〇年

---

① 曾国藩:《曾国藩全集·奏稿(十二)》,岳麓书社1994年版,第7134页。
② 容闳:《西学东渐记》,中州古籍出版社1998年版,第153页。

曾文正所植桃李,虽经蹂躏,不啻阅二十五年而枯木复生也。"①此时,新兴的北洋大学堂也加入派遣留美学生的行列。1895 年盛宣怀"选北洋学堂毕业生九人,以美教士傅兰雅为监督,此即王宠惠、王宠祐、张煜全、陈锦涛、严锦镕、胡栋朝、吴桂龄、陆耀廷等"②。此后,该学堂美籍总教习丁家立也曾监督学生留美。新一波的留美浪潮起来了,它的顶端便是庚款清华留美学生,到 1915 年据黄炎培统计已有 1248 人③。由义和团反洋教失败而来的庚子赔款被用来兴办教育,恰同天津教案后容闳向曾国藩进言教育计划一样,都是"因仇教之恶果,而转得维新之善因,在中国国家未始塞翁失马,因祸得福也"④,这场历史的悲喜剧,从反面映衬出了留学与沟通中外教育的紧急性与重要性。

清末有三次全国性的庚款留美学生招考。第一次招考是1909 年 8 月举行的,630 人应考。先是初试,考国文、英文和本国史地,取 68 人;再复试,分别考物理、化学、博物、代数、几何、三角、外国历史和外国地理诸科,最后仅录取了梅贻琦等 47 人。同年10 月另加 3 名贵胄子弟共 50 人赴美,所学专业大多是化工、机械、土木、冶金及农、商各科。梅贻琦成为后来最著名的清华大学校长。第二次招考在 1910 年 8 月,仍分初试、复试。初试国文试题为"不以规矩,不能成方圆说",英文试题为"借外债兴建国内铁路之利弊说"。复试则考西洋史、植物学、动物学、生理学、几何和

---

① 容闳:《西学东渐记》,第 169 页。

② 陈学恂、田正平:《留学教育》,上海教育出版社 1991 年版,第 215—216页。

③ 黄炎培:《一九一四年至一九一五年留美学生统计》,《教育杂志》第 8 卷第 6 号,1916 年 6 月。

④ 容闳:《西学东渐记》,第 149 页。

世界地理等科。400多人应考,最后录取了胡适、赵元任、竺可桢等70人。1911年,又招考了第三批、也是最后一批庚款留美学生,一共有63人。三批庚款留美学生的派遣为中国培养了一大批优秀的科学家。

3. 民国留美学生

随着民国的成立,国人政治与教育现状在政策导向上发生变化,敬仰美国的民主政治和发达教育,不再以简单学习日本为满足,在读留美学生人数逐年增加,形成了声势浩大的留美浪潮。

民初庚款选送稍微曲折一点。辛亥革命后不久,随着清华学校自己学生毕业的到来,庚款留美由面向全国改为主要由清华派送。但在清华学校改建成大学后重又面向全国。截止到1929年,21年间共派出1279名,另有476名庚款津贴自费生,10名特别生,各机关转入清华的60人,四者之和共达1825人。美国退还的庚子赔款在庚款中所占比例虽然不大,但它的意义却不小。第一,它保证了清华的资金来源(当年北京各公立大学经常欠薪,清华是个例外),为该校聚集了一批杰出的教授,也为中国培养了一大批优秀人才;第二,它比其他国家先走一步,后来英国、日本、法国、苏俄等国相继退还庚款,显然与此有关;第三,它为我国当时的教育文化事业的独立发展提供了一种模式和可能。靠选派与预备学堂培养在一定程度上保证了在读留美学生有一个较好的留学前提,为顺利学习美国教育打下了良好基础。此外,又有稽勋局与各省选送的官费留美学生。这些官费留美学生,事实上仅是此阶段留美总人数的一小部分。在此期间历年赴美入大学、学院学习的人数达5362人,加上此前的留美学生,以及未入大学的预备生、技校生、实习生、中学生以及其他各种性质的赴美进修、考察、学习的人员,实际人数应超过 8000 人。民初留美学生人数激增,身在美国纽约的洪业则估计,20 世纪第一个十年间中国留学生"在美国为数两千左右"①。

南京政府成立后,一改对自费留美不闻不问的做法,加强了对朝野留美的管理,在一定程度上规范了留美秩序。1933 年,舒新城在研究留学史时客观地指出:"光绪二十九年而后,中国学生以赴日者为最多,现在仍然如故。而自清华成立后,赴美学生亦特多,其数虽不及日生,但在美国之外国学生中却占第一位,且占九十七国籍留学美国学生总数的百分之二零·七九。"②虽然留美学生的数量仍落后于留日人数,但已远远超出其他国家的中国留学生。留美学生以质取胜,情况较为乐观,基本取代了留日的龙头地位。

青山遮不住,毕竟留美去。留美浪潮日益壮大,连战火也不能将其阻断。抗战中后期以来,续有留美者,蒙思明等人就是二战中赴美攻读博士的。战后又有滕大椿等人留美。

就这样,留美学生成为引人注目的群体。在读留美学生朱庭祺根据自己的观察,得出如此结论:"我国学生留学西洋者,各国中当推美国为第一。"③

二、在读留美学生的学习情况

留美学生的学习情况令人满意。相对留欧的来说,整体人数

---

① ［美］陈毓贤:《洪业传》,北京大学出版社 1996 年版,第 50 页。
② 舒新城:《近代中国留学史》,中华书局 1933 年版,第 224 页。
③ 朱庭祺:《美国留学界》,《留美学生年报》1910 年。

较多;相对留日的来说,大学生多一些,博士生更多得多。相对二者投身政治的热情而言,他们更相信教育功能而专心学习,以致学习科目多,毕业学历高,构成多种多样,所学各有千秋,经费来源有官费、自费之分,学历层次也有高下之别。

1. 留美学生所习科目

相对说来,自容闳毕业以来的百年间,在读留美学生一向专心求学,学习兴趣广泛,从事学习的科目整体情况见表1-1-1。

表1-1-1 留美学生(1854—1953)所学科目人数统计简表

科目	男	女	未详	总计	排名
管理	1079	104	379	1562	1
经济	961	105	146	1212	2
教育	502	350	91	943	3
化学	589	182	83	854	4
工程	642	13	154	804	5
土木	647	1	129	777	6
艺术	453	158	136	747	7
机械	601	4	76	681	8
政治	501	32	82	615	9
电机	482	10	52	544	10
社会学	231	182	32	445	11
农艺	283	22	103	408	12
医学	303	54	16	373	13
英语	86	173	25	284	14
历史	165	90	14	269	15
法律	191	7	68	266	16

科目	男	女	未详	总计	排名
物理	217	16	22	255	17
数学	161	73	17	251	18
总计	14274	3693	2670	20906	

资料来源：据刘真主编《留学教育》(二)第719—721页改编。

从表1-1-1可以看出，留美学生更多地在学习经济管理与理工科，但学文者不少。习教育的(含学心理学的156人，其中男生74人，女生77人，性别未详者5人①)尤多，女生有350人，是其他门类女生的2—3倍，男女比例较为平衡。而学习艺术、社会学、政治、法律者亦不乏人，所习科目共有56门，基本涵盖了当时学科门类，所获得的是一种比较全面、正规的留学教育。回国后，各专业多有投身教育事业者。

无疑，这是社会进步、朝野共同认识的结果，1921—1925年间清华官费留美学生的学习状况足可反映留美学生整体的专业分布，见表1-1-2。

表1-1-2　1921—1925年间清华留美学生分科概况

科目	1921	1922	1923	1924	1925	小计	百分比	等第
工程	12	25	29	17	12	95	24.83	1
商科	10	12	15	1	11	50	13.08	2
经济	7	7	16			35	9.17	3
农科	4	1	8	3	11	27	7.07	4
政治	1	5	7	6		6	6.29	5

① 刘真主编：《留学教育》(二)，第721页。

科目	1921	1922	1923	1924	1925	小计	百分比	等第
教育	5	9	4		3	21	5.50	6
理科	2	1	3	5	8	19	4.98	8
文学		3	5	7	3	18	4.72	9
医科	2	1	3	2	3	11	2.88	11
军事		2	2		8	12	3.14	10
艺术	2		3	1		7	1.83	12
哲学		1	2	3	1	7	1.83	13
社会		3	2			4	1.57	14
法律		3	2	1		6	1.57	15
铁路	1	2			1	4	1.05	17
应用		5				5	1.31	16
新闻	1	2	1			4	1.05	18
机械		2				2	0.52	19
电机			1			1	0.26	23
兽医		2				2	0.52	20
航空	1	1				1	0.52	21
纺织	1					1	0.26	22
数学	1					1	0.26	24
宗教		1				1	0.26	25
外交			1			1	0.26	26
未详	18		2			20	5.24	7
总计	68	88	92	63	71	382	100.00	

资料来源：据舒新城《近代中国留学史》第253—254页第十四表改编。

清华官费留美学生所习学科数据虽与整体情况有所不同，更加重视对农科、理科的学习，但对商业、教育、经济等学科的兼顾同样明显。因此可以肯定说，留美学生更接近近代知识分子的标准，具有较高的学养,有资格、有能力推进中美教育交流。

2. 留美学生学历

官费生留美前有一个相对公正公开的考选,这无疑是对自费留美的一个指导性要求;另一方面,美国路途较远,花费较昂,不能随意留美,故留美学生历来就比留日、留法学生的学历要高。其实,在读留学生的学历高低从其出国前夕的学历统计就可见端倪。人往高处走,留学无论是为了镀金,还是为了得到更好的教育,最终都会表现在获取比国内学位更高一级的学历或学位。

表 1-1-3　1921—1925 年部分欧美国家自费
中国留学生学历统计简表

年份	国别	大学	专门	预科	中学	其他	未详	小计
1921	美	41	17	1	10	1	4	74
	德		6					6
1922	美	44	15		14	1	3	77
	法	3						3
	德	34	19		24	1	4	82
1923	美	57	11		6		8	82
	英	1						1
	法	1	3					4
	德	1	3		7			11
1924	美	93	7		10	2	18	130
	英	1	1		1		1	4
	法	5	13		6		4	28
	德	2	4	1			3	10

年份	国别	大学	专门	预科	中学	其他	未详	小计
1925	美	55	5		13		3	76
	英	4	2					6
	法	13	12		6			31
	德	1	2					3
	菲				3			3

资料来源:据舒新城《近代中国留学史》第238—239页第八表增补。

　　从表1－1－3可以看出,仅1922年留德人数稍高于留美人数,但他们拥有大学学历的反而较少;其余年份自费留美占绝对优势,有大学学历的则让留学其他国家的自费生望尘莫及。结合表1－1－4看来,因留学英、德、法等国的官费生名额无几,也因官费留美的学历比自费的要高;而留日生人数虽多但学历构成改善不大[1],所以该表深刻地体现了在读留美学生学历的含金量:所受教育较为完整,层次较高,学术性更强,潜力更大。

3. 在读留美学生的经济状况

　　留学生的经济状况,虽不是留学本身,但对留学生的学习与生活会造成很大影响。美国相对遥远,学费相对高昂,故在读留美学生多来自广东和江浙等地的家庭,自费生大体如此,官费生也差不多;这些地方不但较富,而且相对开放,还有大量教会学校,英语水平较高,耳濡目染之下有经济能力赴美,进而适应生活,不用像留法学生去勤工俭学,而能专心学习,对政治的热情也相对低一些。

---

　　① 1929年的2635人中67%为中学生出国,1930年3064人中读大学的仅647人。参见汪一驹著、梅寅生译:《中国知识分子与西方》,枫城出版社1978年版,第163—164页。

下面用政府方面统计表 1－1－4 来说明：

表 1－1－4　1931 年准给留学证书者的费别、省籍及其留学的主要国别统计

省别	英		美		德		法		日		全体留学生（含其他国家与地区）	
	公	自	公	自	公	自	公	自	公	自	公	自
粤		2	1	25		9		22		68	1	128
浙		2	1	24	2	8	1	14		28	4	87
苏		2	2	15		9		32	1	15	3	82
辽	4	1	2			5		1		30	1	44
闽	1	1	2	8	1	1		4		26	4	43
冀	1		2	6	1	6		12		14	4	38
川		1	2	8				13		16	2	38
湘		1	2	3	1	2		8		15	8	35
鄂		1	2	9	1	3		3		14	3	34
皖	3			8		4	2	4		14	5	33
鲁	4			6	1	3		2		12	5	24
赣			1	2		2		4		7	1	18
豫			5	2	3	1	1	5		9	10	17
陕		4		4				2		5		15
晋		1		4				2		4		11
滇			1	1				3		5	1	9
桂				1				2		4		7
甘								1		2		3
吉									4	2	4	3
贵										1		1
黑										4		1

省别	英		美		德		法		日		全体留学生（含其他国家与地区）	
	公	自	公	自	公	自	公	自	公	自	公	自
热										1		
绥												
察											2	
全国	9	19	22	124	10	57	4	134	7	296	53	675
											728	

资料来源：据蒋致远主编《中华民国教育年鉴》（四）第 1120—1121 页改编。

从表 1－1－4 可见，来自广东、江苏、浙江等省的最多，因为这些地方开放较早，经济发展较快，自费留美之人也就较多一些。而河北、四川等省因有留法的传统，两湖留学历来发达等因素，所以排名也相对靠前。留美是最令人期待的，官方也最为支持留美，留美的公费名额就占了全部名额的 41.51%。如河南、湖南、安徽等地因当局重视教育，公费就多些，留美的就多。也许，对于教育本身来说，个别的官费仅属杯水车薪，并不重要；但是对留美而言，却有重大意义。因为官费、自费的区别较为全面地反映了近代中国朝野对赴美的现实态度和潜在的期待，深刻地反映了当时国人的价值取向。这种对美国教育的向往，是近代中美教育交流的社会基础。因为家庭富裕，相对可安心上课，专心学习，成绩自然就上去了。若政府加以适当鼓励的话，效果更佳，故官费、自费赴美留学的越来越多。五四运动后的留洋情景就说明了这一点。

表 1 - 1 - 5　　1921—1925 年留学生的目的国别及其学费来源

	美	英	法	德	比	菲	奥	澳
官费	495	18	23	15				
自费	439	11	66	112	4	3	2	1
总计	934	29	89	127	4	3	2	1
百分比	68.90	1.73	10.32	17.08	0.63	0.47	0.32	0.17

资料来源:据舒新城《近代中国留学史》第 244—245 页第十一表改编。

表 1 - 1 - 5 中,虽无留日自费生数据统计结果,但据当时的《教育公报》报道,在 1918—1921 年间,留日自费生为 153 人;而留美自费人数有 213 人,占 436 名自费生的 48.80%。这个数字应说有一定的代表性,因为"此后反日情绪有增无减,自费留日人数比重特别丛集于美国"①。造成这个局面有很多因素,但也反映了20 世纪 20 年代留美在留学教育中的重要地位及国人的态度。5年后,国际局势发生了巨变,留洋格局也随之变动。相对表 1 - 1 - 4 来说,留美自费生急剧减少,自费留法则反弹。这有经济、政治等方面的原因。《中华教育界》客观地指出:"留美人数渐减的原因,最要紧的是 1924 年移民律的宣布,使中国学生入美的途径狭小,又各工厂中限制中国学生入厂实习,使学生失去工学的机会,而 1929 年股票风潮以后,美国产业日增其不景气,更使留美学生感到困难。"但又接着指出这反而相对提升了留美学生的学历层次:"在欧洲的学生,大抵为大学未毕业的学生(Undergraduate),美国则大多为深一步研究的大学已毕业生。"②

---

① 舒新城:《近代中国留学史》,第 236 页。
② 《中国在欧美留学生变迁状况》,《中华教育界·杂文》第 21 卷第 6 号。

三、在读留美学生的社会活动

与留日学生相比,留美学生的政治活动确实相对冷淡,但其社会活动并不平淡,基本上都因钦慕美国教育而专心学习,社会参与意识较强,基本上都有教育救国的热情。他们深感祖国落后,目睹美国各方面的发达,对留美的留学目的、学习任务及自身使命有着深切的认知,立下了宏伟志愿。

容闳尚未毕业时便"已预计将来应行之事,规划大略于心中矣。余之一身既受文明之教育,则当使后余之人,亦享同等之利益,……余后来之事业,盖皆以此为标准,专心致志以为之"①,为幼童留美埋下伏笔。1914 年,康乃尔大学学生胡适指出:"留学者,过渡之舟楫也;留学生者,篙师也,舵工也。……留学为一时缓急之计,而振兴国内高等教育乃万世根本之图。"②刚转到哥伦比亚大学、后成为知名汉学家的洪业,觉得留美中国学生"个个都以改造中国为己任"③。25 年后,张伯苓则勉励南开国外的留学生校友:"诸君旅外读书,负改造社会之重任,自当与美国学生之享太平极乐国者不可同日语。"④他们虽专注于学习,但因身负教育救国的职志,学术活动比较活跃,组织过许多学会团体,现举例说明:

1. 留美中国学生联合会

留美中国学生联合会是在各地留美学生小组织联合的基础上

① 容闳:《西学东渐记》,第 89 页。
② 胡适:《非留学篇》,《留美学生年报》1914 年第 3 季。
③ [美]陈毓贤:《洪业传》,第 50 页。
④ 张伯苓:《中国之现状》,《南开双周》第 4 卷第 4 期,1929 年 4 月。

成立的。北洋大学堂官费学生陈锦涛、张煜全等人,与以前的留美幼童在年龄、学历、识见、自由度上大有分别,颇想"联合各校中国学生,互通音问,研究学术,并协助侨民教授汉文汉语与其土生之子侄"①,于 1902 年 12 月 17 日在旧金山成立最早的留学生会——美洲中国留学生会。此后,各地留美学生组织纷纷成立。1903 年芝加哥地区成立"自主性甚强"的中美中国留学生会,1905年太平洋东岸又成立了美洲中国学生会。在东部,1904 年先有绮色佳中国学生会的出现,1905 年有东美中国留学生会的出现,两者在 1906 年 8 月实现合并,刊印中文年报、英文月报、留学同名录,"所办各事""均收善果",成为全美"人数最多,势力最大"的留美学生组织。它鉴于"各处已有中国学生会社出世,惟各立名目,各有宗旨,而未有相连之关系"②的情况,素来主张统一,并经多年努力促成了总会的成立,也是留美学界最权威、最广泛的联谊组织。

　　1911 年留美中国学生联合会成立,其旨在"联络友谊,交换智识,输渡美国之文明学术技艺于宗邦,且可以代表留学界全体与国人互通闻问"③。自总会成立后,留美学生多隶会籍,"当时会员约有八百余名",以后会员继续增多,1917 年时有 1500 人左右,"可云发达极一时之盛矣"④,其中有女会员 200 人,实现了全美留学生组织的统一。但因东西往来车费颇巨,不能常相会集,只能分东美、中美、西美三部自择相宜地点召集夏季大会,新旧学生到时讲学演说,比赛技术,倒也可以联络感情,交输知识。领导人先后有

---

① 《留美中国学生会小史》,《东方杂志》第 14 卷第 12 号,1917 年 12 月。
② 陈学恂、田正平编:《留学教育》,第 218、219、215 页。
③ 《留美中国学生会小史》,《东方杂志》第 14 卷第 12 号。
④ 陈学恂、田正平编:《留学教育》,第 220 页。

顾维钧、郭秉文、陈裕光等人。

除定期召开大会外,该会还有自己的机关刊物。鉴于"学生散处各方,声气不易贯通,故有月报之刊",除夏季三月不发刊外,全年九册,全用英文,内容有论说,有时评,有新闻,有布告,自1913 年起向会员赠阅。还发行年报,1914 年改组为季报,首任主编郭秉文,一年四册,用汉文发刊,仿杂志体例,旨在"使国人略知留美学界情形及美国之社会风俗"①。该会因而具有"绝大规模绝大影响",成为"美国留学界之第一总机关"②。

2. 科学社

与留美学生中国学生联合会不同,中国科学社是一个由在读留美学生组织的一个专业学术团体,1915 年 10 月 25 日由科学社改组而成,机关刊物为我国近代第一本以宣传科学、倡导科学为宗旨的杂志——《科学》月刊。

可以说,1915 年 1 月由上海商务印书馆(抗战中总部被毁,战后复原。新中国建立后总部迁往北京。本书把上海商务印书馆简称商务,下同)刊行《科学》杂志的创刊标志科学社的成立,它渊源于1914 年 6 月 10 日晚上一群康乃尔大学中国学生在任鸿隽的宿舍中对《科学》杂志的筹办,后在《科学月刊缘起》上签名的发起人共有 9 位,依次为胡达(1892—1927)、赵元任(1892—1982)、周仁(1892—1973)、秉志(1886—1965)、章元善(1892—1987)、过探先(1889—1929)、金邦正(1887—?)、杨铨(1893—1933)、任鸿隽(1886—1961)。它是基于当时复古逆流横行的国内"所缺乏的莫

---

① 陈学恂、田正平编:《留学教育》,第 221 页。
② 《留美中国学生会小史》,《东方杂志》第 14 卷第 12 号,1917 年 12 月。

过于科学"而"在现今世界里,假如没有科学,几乎无以立国"的现实创刊的,与稍后创刊的《青年杂志》颇多暗合之处,并列成为新文化运动的两大渊源。《科学》首期最前有"例言"、"发刊词",接着是"普通"栏目①,分类栏目则有"新闻"、"杂俎"、"附录",内容涉及科学方法、科学精神、科学组织、科学教育、科学史以及科学与社会之间关系的各个方面。他们共同抱着科学救国的理想,在留学时期节衣缩食,集资办刊,课余撰稿,向国人介绍最新科学知识。在今天看来,有些观点和论据显得有点浮浅或偏颇,在当时却难能可贵。它是留美学生在学习、消化域外科学文明的基础上针对国内的流弊与偏见而发的,富有革新锐气,很受读者欢迎。

　　任鸿隽以其资历②和能力,成为这个当时中国第一个综合性的民间科学团体的核心和灵魂,在改组时被推举为社长,与书记赵元任、会计胡明复以及秉志、周仁五人组成首届董事会(后改称理事会)。《科学》杂志编辑部原设在康乃尔大学,以后又移到哈佛大学校园内,一直坚持"为学之道,求真致用两方面当同时并重"③的办刊方针,借鉴西文格式在中国第一家实行了中文横排向右的排版方式,并首先在文章中使用了标点符号,以便于读者阅读,改变了中文期刊一成不变的古老格局,开创了中国期刊出版史上的

---

　　①　有任鸿隽《说中国无科学之原因》、赵元任《心理学与物质科学之区别》、胡明复《万有引力定律》、杨孝述《欧姆定律》、秉志《生物学概论》、过探先《中美农业异同论》、金邦正《森林学大意》、杨铨《加里雷倭传》以及《中国留美学生科目》等17文章。首期除例言、发刊词外共有31篇文章。

　　②　任鸿隽(1886—1961)四川人,清末秀才,当年追随孙中山投入辛亥革命,民初任职于临时大总统府秘书组。在孙中山让权给袁世凯之后,和杨杏佛等人以对革命有功被选作为"稽勋生"得以出国留学。曾任中华教育文化基金会总干事、四川大学校长。

　　③　《例言》,《科学》第1卷第1期,1915年1月。

先河。1918 年,随着"中国科学社"创始人和编辑部主要成员的陆续回国,《科学》杂志编辑部也迁回国内,获得了更大发展①,更大规模地宣传科学教育,成为掀起科学教育思潮的主要动力。

3. 秘密的兄弟会

在读留美学生的宗教组织比较特殊,种类较多;但因在公众场合秘而不宣,故时而被怀疑为"秘密组织的兄弟会等,以为回国包揽事业的根据"②。事实上,它们的动机开始大都非常正常、正义。当时他们远离故国,为了寻求集体安全与温馨,进而救国而立会。如刘廷芳、洪业等在 1917 年 6 月 24 日秘密宣誓成立"十字架与宝剑"会,口号是"联合起来振兴中国",目的是"要效法耶稣,以教育与政治来转化社会"③,故创始人都是学业成绩好的虔诚基督徒,包括陈鹤琴、涂羽卿、晏阳初等。后来还吸引了很多新会员,如蒋廷黻、张伯苓、周诒春、聂其杰、王正廷与归侨陈友仁,"是中国海外学生建立的若干秘密会社中最有成效的一个"④。当时有几个兄弟会,自视最高的一个叫 Flip-Flap,成员有顾维钧、宋子文等。其实,留美学生早在 1907 年成立了另一个以"大卫与约拿单"为

---

① 中国科学社社所先设在南京,后移到上海。初期出版有《科学》杂志,共发行 32 卷,每卷 12 期;1929 年 6 月创立中国科学图书仪器公司,设印刷厂于慕尔鸣路;1933 年 8 月创办第一本综合性科普期刊《科学画报》,由杨孝述总编;后出版《中国科学社丛书》、《中国科学社科学画报小丛书》、《中国工程师学会丛书》、《中国科学社通俗科学丛书》等多种丛书,以及《英汉化学新字典》、《汉译化学大纲》、《电工学》、《计算尺的原理与用法》等。非留美学生、社会科学学者相继加入,成为近代中国影响最为广泛的科学社团。

② 舒新城:《近代中国留学史》,第 218 页。

③ [美]陈毓贤:《洪业传》,第 51 页。

④ 费正清著,黎鸣、贾玉文等译:《费正清自传》,天津人民出版社 1993 年版,第 105 页。

名有同样口号的秘密兄弟会,拥有王宠惠、郭秉文、孔祥熙等名人。刘廷芳从王正廷处得知此情况后,提议两个兄弟会合并。"成志社"便这样成立了,并在北京、上海、香港设有分社,但"逐渐退化成散漫的、不关痛痒的学术界人士的组织,别号'博士社'"①,该社是由在读留美学生组织的一个非政治性的文教社团。

留美学生的言行较为中规中矩,较少热衷功名之士,也少奔走革命之人,基本都在教育本身范围内活动,为提高、锻炼自身教育素质打下了坚实基础。

当然,许多留美学生热衷研究教育。五四运动后,哥大师院的中国学生与纽约地区各大学教育专业的留美学生联合起来,在哥大校内成立中国教育研究会②,经常集会商讨教育上的重要问题。庄泽宣、张彭春、罗廷光都曾主持过该学会,屡请约翰·杜威保罗·孟禄等名流亲临指导,影响很大。

毋庸讳言,留美亦有不少缺陷,如应加强对自费生的管理,加强对数学、化学等专业的学习。黄炎培考察新大陆教育后提出"以吾国高等教育未能发达,派遣留学之举断不可废。虽然,亦须有方针、有规划,就国家、社会所急需,而尚未有留学或留学人数较少者,规定其学科及名额,用竞争试验法取之"③的建议对在读留美学生也有普遍的指导意义。在读留美学生就是在自我发展、自我管理的过程中逐步提高,为日后从事各种工作打下了良好的基础。

---

① 　[美]陈毓贤《洪业传》,第52—53页。
② 　庄泽宣:《哥伦比亚大学师范学院及中国教育研究会》,《新教育》第3卷第4期,1921年4月。
③ 　黄炎培:《江苏今后五年间计划书》,《江苏教育行政月报》第1号,1913年1月。

第二节　高素质的在读留美学生

在读留美学生不仅人数多,学习好,兴趣广,学历高,而且在正规大学学习中表现了较高的素质。这不仅与他们专心学习有关,也与美国发达的教育训练与众多名师的栽培分不开。

一、发达教育的熏陶

19 世纪末 20 世纪初,美国教育已经建立了自己完整的教育体系。在高等教育方面,采用双轨制:一种是旨在提供职业训练的两年制初级大学(或称地方大学),另一种是四年制的普通文理学院。高等院校大致分为初级学院(Community College)、四年制学院(Four-Year College)、大学(University)、专业学院(Professional School)四类,学制严整,学科齐全,名校林立,学位授予体系完整,可为美国发达的工商社会提供高效充分的高等教育。在教育指导思想上,有以杜威为代表的进步主义教育思潮、有以白璧德①为代表的人文主义教育思潮以及欧美色彩浓厚的赫尔巴特教育思潮,共存共荣。

美国众多名校拥有众多的名师,以及丰富的教学设备、充足的教育经费,有能力培养高素质的学生。纽约哥伦比亚大学(Colum-

①　白璧德(Irving Babbitt, 1865—1933)美国评论家,新人文主义运动的领袖,1894 年起即在哈佛任教,创办了比较文学系。他第一部著作为《文学与美国大学》,另有《现代法国文学批评大师》(1912 年)、《卢梭与浪漫主义》(1919 年)、《民治与领袖》(1924 年)等名著;特别提倡人类道德上的负责精神,批评想象的过度放纵,同时必须负起保证他人乃至社会的权利与幸福。

bia University)就是这样一所世界知名的综合性研究型私立大学。首先,该校除地理位置优越、规模庞大外,还拥有强大的师资阵营,哥大1912届博士顾维钧回忆道:"那时候,哥伦比亚大学有一支出色的教师队伍,由世界各地著名的学者组成。其中有研究宪法的伯吉斯,研究行政法的古德诺,研究经济学的塞利格曼,研究国际法和外交的穆尔,研究历史的比尔德,研究欧洲史的罗宾逊,研究社会学的吉丁斯,研究近东与西亚的杰可逊。我可以指出,所有这些学者都有国际声望"①;教育经费也十分充足,享有崇高的国际声誉,"不仅中国,而且亚洲国家及欧洲国家,都对哥大评价很高,很多人在他们离开祖国之前,就想要来哥大学习"②。

在读留美学生深受美国良好教育熏陶,加上在美留学时专心学习,刻苦钻研,拥有较好的学养,屡受奖励,素质较高。

第一批在读留美学生虽数量不多,但其成绩有目共睹。最早的容闳"素视算术为畏途,于微积分尤甚","每试常不及格后竟得越此难关,则赖有英文为助"。在布朗的教导下,容闳长于英文口头表达,是以"英文论说颇优,第二第三学期连获首奖,尤得以有余补不足。自经两次获奖,校中师生异常器重,即校外人亦以青眼相向"③。容闳归国后,曾国藩通过实践观察,以容氏"在花旗国居住最久,而志趣深远,不为习俗所囿,同治二年曾派令出洋购买机器,该员练习外洋风土人情,美国尤熟游之地,足以联外交窥秘

① 顾维钧著,中国社会科学院近代史研究所译:《顾维钧回忆录》第一分册,中华书局1986年版,第33—34页。
② 顾维钧著,中国社会科学院近代史研究所译:《顾维钧回忆录》第一分册,第33页。
③ 容闳:《西学东渐记》,第87—88页。

钥"①而上奏任命容闳为留美学生副监督。留美幼童虽被裁撤,并引起诸多非议,如吴嘉善面见陈兰彬时称"外洋风俗,流弊多端,各学生腹少儒书,德性未坚,尚未究必技能,实易沾其恶习,即使竭力整饬,亦觉防范难周,极应将局裁撤"②。但在开明学者、友好人士看来,幼童学习不错,在美国反响也较好。李圭在游历美国时就听人说容闳是"一位出色的绅士,中国的学者,住在哈特福德。……这许多孩子们,不仅在运动方面比我们美国人卓越,其他方面也要比我们强"③。就连美国前总统在力图挽回清廷召回幼童举动时也指出:"幼童在美颇有进益,……学期可成,若裁撤极为可惜。"④多年后李鸿章还上奏说他们"造诣有得,足供任使",⑤请求奖赏而被批准,也是一例迟来的对幼童学业及其过硬素质的肯定。

第二批留美学生的年龄总体上要比幼童们大,本国知识也较为丰富,加上出国之前有的经过了严格筛选,更重要的是赴美后又接受了连贯的美国教育训练,故整体素质要比第一批高一些。梁启超1904年游历新大陆的时候,就实地看到:"美洲游学界,大率刻苦沉实,孜孜务学,无虚嚣气,而爱国大义,日相切磋,良学风也。"⑥当时有几位学生的表现可为佐证,他亲眼看到耶鲁大学毕业生王宠惠因学习成绩第一而在领受毕业证时"代表全校四千余人致答词,实祖国一名誉也"⑦。历史学方面,洪业也比较突出。

---

① 陈学恂、田正平编:《留学教育》,第90页。
② 陈学恂、田正平编:《留学教育》,第148页。
③ 陈学恂、田正平编:《留学教育》,第124页。
④ 陈学恂、田正平编:《留学教育》,第146页。
⑤ 陈学恂、田正平编:《留学教育》,第162页。
⑥ 陈学恂、田正平编:《留学教育》,第170页。
⑦ 陈学恂、田正平编:《留学教育》,第168页。

作为"英华书院开办以来最具天赋的学生"①,他一直努力学习,在艾力克·诺扶教授(在国内也教过洪业)的影响下,逐渐抛弃了化学老本行,对历史产生了兴趣,较早对中西文化进行比较研究。1918 年,他在《留美青年》上发表了题为《失败者》的长文,认为孔子、苏格拉底、耶稣三位尽管"生时受尽非议,但死后却影响长远"②,社会上认为他们是"失败者"的成见需要重新考虑。该文可说是洪业早年融汇中西思想的一次尝试。从哥大毕业后,他还跟随燕京大学副校长路思义到处募捐,加深了对美国社会风俗民情的了解;又利用旅行的机会到处翻阅各种参考工具,如百科全书、索引、地图、统计表、年表、族谱等,"特地访问了《读者文摘期刊指导》的创办人,去研究怎样组织这类的刊物,也到美国国会图书馆去考察该处中文书如何编目"③,这对以后他从事的工作大有启发,对历史着迷的他果真后来在汉学研究领域上做出了独到的贡献。教育学方面,郭秉文不但长于演说,表现活跃,曾"为演坛健将,在马伯斯大学堂及中国留美学生大会时比赛连胜两次"④,又主编过《伍斯特之声》和中国学生联合会会刊《留美学生年报》,并于 1911 年当选为全美中国学生联合会会长;在学习主业上与孟禄及其指导老师斯特拉耶(G. D. Strayer)过从甚密,吸取了哥大师院(TCCU)的进步主义教育思想的精华,撰有博士论文 the Chinese System of Public Education,1915 年由母校出版,是第一部中国教育制度史方面的学术专著。郭氏对中国教育制度的述评虽然稍显生

---

① [美]陈毓贤:《洪业传》,第 44 页。
② [美]陈毓贤:《洪业传》,第 57 页。
③ [美]陈毓贤:《洪业传》,第 69 页。
④ 陈学恂主编:《中国近代教育史教学参考资料》(下),人民教育出版社1987 年版,第 210 页。

硬与简单,但在略古详今中有不少创见,提出了诸如发行通俗课本、推行官话、简化汉字等极具价值的建议,还对教育与国民进步、教育的法规与经费等问题作了探讨,并创造性地提出了"同文馆为中国近代学校的开端"①的观点和把它作为中国近代教育史开端的时代分期理论,还对民初国民教育的创建予以极大关注,具有极强的现实感与理论意义,闪耀着他在哥大所学习到的美国进步主义教育思想的光芒。黄炎培在为其中文版所作序中,曾赞这部论文"盖空前之作也"②。当时中国少有精通英文之学者,遑论再出版英文专著,郭氏这本专著即时由哥大师院和商务印书馆以双语出版,可算是中美教育交流的一大创举。它的面世,及时让美国人民了解到中国过去的悠久文明与当时正在进行的教育改革,教育史权威孟禄盛赞该书"不独表扬己国之事迹,且俾西人恍然有悟于中邦之变革"③,欣然作序予以大力推介。语言学方面,多才多艺的第二批庚款生赵元任"治哲学、物理、算数,皆精。以其余力旁及语言学、音乐,皆有所成就。其人深思好学,心思密而行笃实。和蔼可亲。以学以行,两无其俦,他日所成,未可限量也"④,当时便被胡适等学友们推为"留美人物"第一。胡适也是一位万事留心之人,1912 年 10 月 16 日,他在读 Paul S. Reins 的《知识分子与远东政治思潮》一书时,发现内有一篇论及中国二十年来学术思想变迁之大势,"由于人名年月稍有讹误,为纠正之,作书寄之著者"。他还对母校康乃尔大学的校史大感兴趣,自 1911 年开

---

① Ping Wen Kuo, *The Chinese System of Public Education*, Teachers College of Columbia University, New York, 1915, p. 65.

② 郭秉文:《中国教育制度沿革史》序,商务印书馆 1916 年版。

③ Ping Wen Kuo, "Introduction" in *The Chinese System of Public Education*.

④ 曹伯言、季维龙编著:《胡适年谱》,安徽教育出版社 1986 年版,第 96 页。

始写作《康南耳传》,并发表于《留美学生季报》1915 年春季第一号上;并与大学师长们相处融洽,1915 年 2 月 20 日与英文教师亚丹谈国立大学之重要性,4 月 25 日,应塔克教授 Prof. C. H. Tuck 之邀,往水牛城作题为《中国内地生活状态》的演说;1917 年 1 月 27 日,他甚至在费城代表康乃尔大学校长休满作题为"美国如何能协助中国之发达"①的演说,获得满堂彩。这四人后来都曾活跃于中美教育界,为中美文教交流做出过重大贡献。留美时所养成的出众学养使留美学生当中涌现出一批近代新学科的创建者成为现实可能。

　　20 世纪 20 年代以来,国内高等教育已有长足进步,第三批留美学生赴美时学历也前所未有的提高,在美各方面的表现更加突出。在政治上,五名留美学生代表"不仅参与了(九国会议)而且有巨大贡献。其中表现了外交家潜质的是蒋廷黻,他终成为驻苏大使及终身的驻联合国大使"②,这是一位亲临会议的在读留美学生所见所闻的历史见证。1924 年又有"数百中、美学生参加了有关中美关系的巴尔的摩会议"③,对促成太平洋关系学会(IPR)起了重要作用;在教育专业领域,如陈荣捷作为新兴的岭南大学的高材生,1924 年初到哈佛的时候,哈佛教务长劝其在第一年学习英美文学,1925 年他转回哲学。但他此前受到了白璧德等名师的指导,后又得到伍兹(James Haughton Woods,其英译《喻伽经》被列入东方丛书)的指点,加上学习非常刻苦,以庄子为题顺利通过了硕士论文的答辩。后来赴美之人中有的甚至在国内已是名动一

---

① 参见曹伯言、季维龙编著:《胡适年谱》,第 47、114 页。

② Chih Meng: *Chinese American Understanding, China Institute in America*, New York, 1981, p. 109.

③ Chih Meng: *Chinese American Understanding*, p. 110.

方,或已有著作出版,抵美后作的是有针对性的研究,提高极快。如罗廷光赴美前著有《普通教学法》(商务,1930)及诸多论文,在斯坦福大学教育学院"集中大量时间探讨欧美教育科学研究的发展",在哥大师院从凯德尔(I. L. Kindle)等教授研习比较教育;在业余时间经常参加野外调查工作,参观美国西部各州学校和其他教育机关,"获得了不少感性的知识",归国不久即任中央大学教育社会系主任,著作等身。又如陈东原,1935年赴美前任安徽省立图书馆馆长,著有《中国教育史》(商务,1930),归国后曾任国立女子师院院长。按理说,在中美教育两种文化的交互培育下,他们的总体素质自然比前辈们要高,可是因为种种原因,实际影响要比第二批小,但也对民国乃至新中国教育做出了自己的贡献。

二、特殊集群的加入

20世纪20年代以来,留学进一步受到各界欢迎,留美学生的成分更是丰富,用庄泽宣的话说就是:"及至前清末年民国初年之间,中国教育界发生一个大变化,这个变化是什么呢? 因为美国在一九零八年决定退还庚子赔款,于是中国人自动的决定将这笔款派送学生到美国留学,以前留学美国的学生很少,自从庚款退还之后,便有大批的送去。……所以当时程度稍好一点的,都想着去美国留学,……但是自费同去的却很多,当时也很受美国欢迎,到美国去可半工半读。其次,因为美国为民主国,中国也改了民主国,对日本有些看不起,渐渐的中等以上的学生都想着受美国的教育了。"①因而出现了三种特殊的留美学生。

---

① 庄泽宣:《如何使新教育中国化》,民智书局1929年版,第124—125页。

1. 先留日后留美者

因日本强大由学习外国而来,故日本教育在原创性与规模上自然要落后于欧美。走向共和的国人为追求更高的文明、加速近代化,转而趋向美国是理所当然;加上五四运动以来,日本侵华行径不断升级,国人仇日情绪与日俱增,留日学生再度留美也就不难理解了。1870 年,6 岁的孤儿金雅妹随养父美国传教士麦加到美国留学,是我国第一位女留学生;1881 年又被送往美国学医,四年后以优异的成绩毕业于纽约医院附属的女子医科大学,成为近代中国妇女界第一位大学毕业生。此后,她又在美国研究了一段时间后回国,就显微镜观察细菌问题公开发表过专门文章,引起了较大反响。她回国后先后在北洋女医学堂和协和医学院任教,桃李满天下。李待琛(1926 年任湖南大学校长)、许肇南(1915 年始任河海工专校长)、王子玕(1929 年始任湘雅医学院院长)等人先后留学日本东京帝国大学、明治大学等校,后又先后就读于哈佛大学、芝加哥大学等美国名校,北京师范大学的教授杨立庵也同属这种情况。还有一些著名大学校长也是先留日后留美的,见表 1 - 2 -1:

表 1-2-1　部分大学 * 校长留学情况简况

姓名	留日学历及事后职务	留美及毕业后主要职务简况
任鸿隽	东京高工,孙中山秘书	1913 入康乃尔大学,发起科学社。川大校长
李建勋	广岛高师,直隶视学	两次留美哥大博士。北高师校长,师大教院院长
张贻惠	京都帝大,北高师教授	1922 入芝加哥大学。北高师校长,师大理学院长

姓名	留日学历及事后职务	留美及毕业后主要职务简况
姜　琦	两次留日,南高教授	哥大硕士,暨南大学校长,留日监督
朱经农	弘文书院,创中国公学	哥大硕士,齐鲁校长、教育部次长,商务总经理
邓萃英	东京高师,北高师数理部主任	两次留学哥大,北高师校长,厦门大学校长
杨荫榆	东京女师	哥大,北京女子师范大学校长
齐璧亭	河北第一女子师范校长	哥大,河北女子师范学院院长

　　＊　北高师,北京高等师范学校的简称,下同。

　　他们在中日美三国教育之间进行比较与鉴别,选择与提高,在科学教育与师范教育方面成绩卓著。

2. 杨荫榆等七教授留美

　　在留美大潮日趋汹涌之时,1918 年 8 月 3 日教育部决定每年选派各大学、高等专门学校男女教授若干名赴欧美各国留学,当年选派刘复、朱家骅、邓萃英、杨荫榆等 7 人,本日在沪乘船赴美,"是为我国教授留学之始"[1]。邓、杨二位留美归来后,都曾任我国男女高师的校长,后者虽然办学态度粗暴,但后来办理中学有成绩,晚节可嘉;而前者则继陈宝泉为北京高等师范学校校长,招收女生,增设研究科,扩大建设,并在调和留日、留美学生之间的新旧矛盾维护高师的稳定发展上发挥了重要作用。刘复(半农)在1920 年 3 月又奉派赴欧洲深造,初入英国伦敦大学大学院,在语音实验室工作,9 月 4 日创作了一首题为《教我如何不想她》的小

---

　　[1]　陶孟和:《七教授出国留学》,《教育杂志》第 15 卷第 8 期,1918 年 8 月。

诗,将他在两个多月前刚刚创制的汉字"她"字引入诗句,由赵元任谱曲,风行全国。次年夏转至法国巴黎大学,专攻实验语音学,1925年获法国国家文学博士学位,被吸收为巴黎语音学会会员。他回国后续任北大教授,在保护文物、营救李大钊等事情上体现了正义感与民族气节,可惜英年早逝。而朱家骅后来留学德国,获柏林大学博士学位,为CC系骨干人物,先后出任广东省教育厅长、中山大学副校长、浙江省农工厅长及民政厅长、中山大学校长、中央大学校长(1930—1931)、中英庚款董事会董事长、教育部长、交通部长、浙江省主席、国民党中央组织部长等要职,成为著名的官办教育的代表。

3. 青年教师留美

在学习美国教育的大潮中,多有学校各自派遣青年教员赴美留学深造,以便回国更好为母校服务。如南京高等师范学校(简称南高师,下同)代理校长郭秉文鉴于"世界之学术日日进步,东西各国学校皆选派教员出国留学",曾于1917年补助英文教员张谔以江苏省费赴美国学习教育学、言语学,1918年又呈请以部定专额官费送体育教员卢颂思赴美国学习体育,"订定将来仍任本校教职"①。这对双方的权责都有明确约定,如张氏在哥大师范学院进修获得硕士学位,后因南高迫切需要教师1919年回国返校任教,后曾任中央大学教务长兼师范学院院长。北京师范高等学校(简称"北高师",下同)校长陈宝泉在与郭秉文一道考察过日本、菲律宾、美国教育后,思想境界大为开阔,也认识到"世界各国之

---

① 璩鑫圭、童富勇、张守留编:《实业教育　师范教育》,上海教育出版社1994年版,第1009页。

教育学说及科学研究日新月异,自应随时调查讨论,以谋进步"①,1917 年选送附中主任韩振华曾赴日本及斐利宾(即菲律宾)考查教育,韩氏后出任武昌高师校长;1918 年又选派数理部主任兼教育科教员邓萃英赴美研究教育,邓氏后来先后出任北高师与厦门大学校长。而清华为弥补美国教师过多的遗憾,曾经推行资助工作一定时间的教师赴美深造的制度。清贫的林语堂由此被吸引到清华服务三年得半费留学哈佛大学,后竟因施赞元个人的原因被取消公费,只得前往欧洲半工半读,顺带为华工识字计划奉献自己的一份心意,并在胡适的默默支持下,终于获得莱比锡大学的文学博士学位,后成长为一代文豪。

　　这些形形色色的留美学生的加入,壮大了在读留美学生的队伍,丰富了他们的社会阅历与教育经验,从专业教育角度来说与留法的勤工俭学生、留日留苏的政治培训不可同日而语。如果说,美国教育的先进教育训练是留美学生高学养的"后天"原因,那么三种特殊留美学生出国前积累的阅历与经验不啻于"先天的"的优势,不但大大壮大了在读留美学生的队伍,也无疑大大提高了他们的素质。

三、各方对在读留美学生的高度评价

　　在读留美学生的勤奋学习与刻苦钻研,除获得各自指导老师的赞赏外,更在大洋两岸获得了广泛的认同,屡获各种奖励和荣誉。

　　在美国高校系统中,奖学金大体可分为非服务性奖学金、服务性奖学金和学校贷款三种。其中以非服务性奖学金申请比率最

---

① 璩鑫圭、童富勇、张守智编:《实业教育　师范教育》,第 997 页。

大,其金额也最多。它包括学院助学金(Fellowship)、奖学金(Scholarship)、全免学杂费(Tuition & Fee Waiver)以及其他一些依学院本身而定的奖励(Awards)。助学金是一种金额最高、但竞争最激烈的非服务性奖学金,一般情况下如果获得一所学院授予的助学金,便是获得了全奖,即除了免学费杂费、住宿费、保险费、书本费以外,还给获奖学生一定金额作为其个人消费费用(Personal Expenses)。奖学金不像助学金只有一种形式,同一所大学可能设置几种甚至十几种不同形式的奖学金。一个学生有资格同时申请两种以上的奖学金,获得奖学金的几率通常要比获得助学金的机率大些,但前者的金额比后者要少一些。三得博士、三得"金钥匙"、被誉为"近代第一女学人"的李美筠,就是靠 1936 年首获华盛顿大学在中国设立的"营养学奖学金"赴美深造的。而罗廷光在哥大因江西省官费不及时而生活学习均感困难之际,正好获得师院免缴学费的奖学待遇。另外,为南高、东南大学做出重大贡献的郭秉文、陶行知双双获得过哥大师范院利文斯顿奖学金(Livingston Scholarships),后者因受孟禄赏识和推荐而申请成功,事后他还为此特地致信罗素院长征求建议。

在美国大学也有一些历史悠久的荣誉组织,如斐陶斐①,只要在美大学生成绩足够优秀,不分国籍都有可能得到,当然也可应邀加入。因为其会徽是一把黄色的钥匙,故俗称"金钥匙"。1909年,颜惠庆曾应母校弗吉尼亚大学校长奥尔德曼邀请,参加毕业典礼,被接纳为该校分会(1900 年毕业时尚未建立分会)成员。1913

---

① 斐陶斐,希腊字母 Phi、Tau、Phi 的译音,代表 Philosophia、Technologia、Physiologia(哲学、工学、理学)三种学术,为毕业生荣誉组织(Honorary Society of Phi Beta Kappa),成立于 1776 年,移植到中国后被称为中国励学会或斐陶斐荣誉学会。

年,胡适与胡达、赵元任同被举为 Phi Beta Kappa 会员,顾维钧、郭秉文、晏阳初也先后曾获此奖。李美筠 1937 年因功课门门全优,获得华盛顿大学的金钥匙,后同时获得康乃尔大学、密歇根大学的金钥匙,为此受到罗斯福总统和夫人的专门接待,罗斯福还当即为她签署自由出入白宫的通行证①。此外,还有全美优秀大学生等荣誉组织,一般只有学业优秀才能入会。而本国的清华学校也为学业优秀的清寒留美学生提供补贴,郭秉文、蒋梦麟曾受惠于此,陶行知等则得到半费奖学金。在读留美学生屡获美国大学的荣誉,说明他们的素质已真正得到美国教育界的认可与表彰。

毋庸讳言,留美也有不少缺陷,遭受过不少指责。但是,从教育史、中外文化交流和教学本身的角度来看,留美还是相对成功的。最主要的原因就是大多数在读留美学生接受了完整、正规的高等教育。

自晚清以来,对留学、留学生没有以一贯之的有效界定与约束,故出洋留学之人难免泥沙俱下,因留学目的不一而注重点不同,对正规教育及其大学教育的接收与消化大有区别。留日学生就是典型例子,人数虽然最多,但素质相对低不少。陈序经指出:"学生之赴外国者以到日本为多。然其所学的,十九都是速成科。"②庄泽宣也指证:"许多留日学生并不能读日本书,所得的不过日本新教育的皮相而已。"③梅光迪进一步指出:"吾国最初以西洋学术思想号于众者,大抵俗称之留东学生,与夫亡命之徒。前者急不能待,后者奔走于立宪或革命运动,无暇入彼邦高等以上之学

---

① 古月:《近代第一女学人》,《人民日报》海外版,2000 年 5 月 24 日。

② 陈序经:《教育的中国化及现代化》,《独立评论》第 43 号,1933 年 3 月。

③ 庄泽宣:《如何使新教育中国化》,第 10—11 页。

校,执弟子礼于名师之门,故于学术中各家之原原本本,长短得失,皆凭其未受训练之眼光以为观察。而又以唤醒国人刻不容缓,加之国人程度低下,无需高深,故彼等一知半解之学,亦聊胜于无。犹饥者以为食,渴者易为饮也。"①话虽尖刻了点,但分析起来却是一针见血。留美学生不少人念了硕博士,专心接受学校教育的情况与留日、留法学生基本相反②,职业革命家极少,勤工俭学的也不多,大多数人专心接受学校教育的洗礼。

表 1－2－2　1853—1960 年间留美学生学位调查情况简表

调查主持者	时间区间	有学位者				无学位者	总人数
		博士	硕士	学士	小计		
华美协进社	1853—1929				4463		
	1929—1954	1729	7221	4590	9334		
袁同礼	1853—1960	2789				40%—50%	22000 余

资料来源:据汪一驹《中国知识分子与西方》第 164—165 页增补。

可见,留美学生受过本科训练的有一半多,并有一大批硕博士涌现,且在经历多年正规的学校教育后,留美学生大多精通英语,多有著述,为立足国内讲坛并逐渐占据优势奠定了坚实的基础。

虽然留学生素质与能力参差不齐,但总体说来知识结构新颖,奉献精神强烈,喜创新,有热情,到清末已形成一支引人注目的新型知识分子队伍。清廷为了笼络人才,刷新政治,决定采取科举取

---

①　梅光迪:《论今日吾国学术界之需要》,《学衡》第 4 期,1922 年 4 月。
②　据袁同礼《中国留欧大陆各国博士论文目录》,1907—1962 年间留欧学生获得博士学位者,德国最多也只有 732 人,法国 581 人,意大利 102 人,瑞士 54 人,荷兰 52 人,比利时 33 人,西班牙 11 人,奥地利 9 人,共计 1754 人。总体上,留欧博士人数仍不能与留美博士持平,而且其中少有教育学博士,不太利于中欧教育交流。

士的办法对归国留学生加以考试,再给予功名,授予官职,为其所用。这样的考试共举行了四次:

1906年10月,第一次归国留学生考试,按学科门类考试,分两场进行,准许自由选用文字答卷。本次由唐绍仪、严复所主持的考试,对所有考生可说都比较公允,结果计录取32名,具体情况如表1-2-3:

表1-2-3 第一次归国留学生考试录取情况(部分)简表

姓名	年龄	籍贯	国别	学校	学科	平均分
陈锦涛	36	广东	美	耶鲁大学、加州大学	法学	98
颜惠庆	30	江苏	美	弗吉尼亚大学	文学	95
谢天保	31	福建	美	典化大学	外科	93
颜德庆	29	江苏	美	弗吉尼亚大学、利海大学	工学	92.5
施肇基	31	浙江	美	康乃尔大学	政法	86
李　方	30	广东	英	康伯立舒大学	法律	84.5
徐景文	22	广东	美	斐尔特斐尔大学	牙医	83
张煜全	28	广东	美	耶鲁大学、加州大学	法律	81.5

考列最优等8名,旨给某科进士出身,留美学生占87.5%。第一名为留美学生。

田书年	34	顺天	美	伟斯利大学	法律	75.5
施肇祥	28	浙江	美	康乃尔大学	工学	71
陈仲篪	37	广东	美	区妈夏医科大学	医学	71

考列优等5名,旨给某科举人出身,留美学生占60%,且位居前三。

曹志沂	45	江苏	美	长岛医科大学	医学	69.5
李应泌	27	江苏	美	圣路易医科大学	医学	68.5
徐廷爵	30	广东	美	乌毕佛纺织专科	纺织	60

考列中等18名,旨给某科举人出身,其他12人皆为留日学生。

资料来源:据刘真主编《留学教育》(二)第783—796页改编。

留美学生 13 人上榜①,反映了留美学生的总体水平较高的客观现实。这些年富力强、大多源出东南沿海的"海龟"已得到了国内社会的公开认证,特别是得到了社会上层的接受,他们的社会地位稳步上升。

第二次考试于 1907 年 10 月举行。因考试总裁张之洞注重本国文字,且须做中文论说,故参与者多为擅长中文之留日学生;且形同科举而非考评留学生,落第者不在少数。但仍未能遮掩留美学生的光芒,前四名仍为加州大学毕业生章宗元等人夺得,留欧学生名落孙山。第三、四届考试政策也有所变化,录取人数有大幅度上升,虽然留美学生所占比例大幅度下降,仍独占鳌头,考取进士数占总进士人数 45 人的 35.56%。在随后举行的两次廷试中,留美学生都取得了好成绩,第一届第一、二名与第二届的第二名都是留美学生。这几次考试,反映了留美学生的较好素质与美国教育的发达,必将刺激它的队伍进一步扩大。

在清末几次官方考试中,出现了留美学生量少而质精、留日学生考生人多第低的反比现象,折射出当年留学规划与管理的混乱、质量与效果不一的情况客观存在。这侧证了留学必须大加整顿,尤其须对出国留学之人及归国学生做出制度化的规范与考核。民初,黄炎培在考察美国教育后曾提出如下建议:"故余所欲为留学界与派遣留学机关告者,曰:学科宜专,宜组织介绍机关,宜逐年宣布留学统计。"②经

---

① 按:刘真主编《留学教育》(二)第 786 页"进士出身八人,全系游学美国之毕业生"处有误,实际上只有 7 人。其中第五名李方(30 岁,广东人,考分 84.5)并非留美学生,而是毕业于英国康伯立舒大学。

② 《一九一四至一九一五年留美学生统计》,《教育杂志》第 8 卷第 6 号,1916 年 6 月。也可参见田正平、李笑贤编:《黄炎培教育论著选》,人民教育出版社1993 年版,第 60 页。

过对留学 20 年来的理性思索,政府为加强教育管理、规范留学秩序、提高留学生素质,对归国留学生实行发放留学证书的制度,留学制度因此逐渐变得成熟起来,从 1931 年政府发放留学证书的统计表可窥一斑。

表 1－2－4　1931 年获得留学证书者学科分析

学科	性别	日	美	法	德	英	其他国家	小计
法科	男	99	26	48	6	7	19	205
	女	8	2	3	1	—	1	15
文学	男	23	18	27	—	6	4	78
	女	18	10	10		1	0	39
工学	男	35	17	21	26	4	11	114
	女	—			1			1
医学	男	29	5	5	17	3	—	59
	女	8			1			16
理学	男	9	15	8	7	1	3	43
	女							4
教育	男	13	8	—	4	2		27
	女	4	8	2	1			15
农业	男	14	10	4	1	2	6	37
	女	1						1
商业	男	15	12	3			1	31
	女	—						
未详	男	23	3	6	3	1	1	37
	女	4	2					6
小计		303	146	138	67	28	46	728

资料来源:据蒋致远主编《中华民国教育年鉴》(四)第 1114 页改编。

　　清亡 20 年后,留日学生的学历情况已经得到了较大的改善,但仍旧相对集中在比较易学、国内教学需求却已相对饱和的政法专业的学习上,对政府强调的理工科重视不够。与留日相比,留美基本合乎时代要求,且性别比例相对合理,比留日的要高出 6 个百分点。可见,留美学生颇具奉献与时代的意识。下面再从留学生所受的学校教育的情况来探讨在读留美学生的求学情况,以 1931年情况为例进行分析,见表 1－2－5:

表 1－2－5　1931 年获得留学证书者学历及其费别层次分析

国别	本科(公立/私立)			专科		中等学校 *			经费(自费/公费)		
	公	私	小计	公	私	新制	旧制	小计	公	自	小计
日本	70	85	155	16	11	58	26	115	7	296	303
美国	44	81	125	4	12	6	1	9	22	124	146
法国	46	45	91	4	12	19	2	22	4	134	138
德国	28	14	42	3	10	10	—	13	10	57	67
英国	14	7	21	—	—	1	—	3	9	19	28
全体	201	251	452	36	27	97	29	168	53	675	728

　　资料来源:据蒋致远主编《中华民国教育年鉴》(四)第 1112—1113 页改编。
　　注:中等学校:分为旧制中学与新制中学两大类。后者又包含高中普通科、职业科、师范科与中等职业学校、师范学校等。

　　从表 1－2－5 可以看出,留学美国的素质显著地强于留学日本的。留美学生本科生比重高达 82.88%,进中等学校的仅有6.16%。而留日学生进中等学校的较多,占 37.95%,其中旧制中学毕业生占本年旧制中学毕业生获证书者总额的 93.1%;且未上本科的约有一半,占 48.44%。留日、留美人数高居留学各国之首,后者人数虽只有前者的一半,但本科生与留日的相差无几,而且公费名额占留学总额的41.51%,显示了留美学生的整体水平,也得到官方的大力支持。在自费留学日本、法国和美国的学生居高不下的情况下,留美业已形成良性循环。

第三节　高水平的教育学博士论文

博士研究生毕业学位论文(简称博士论文,下同)的重要意义不言而喻。可以说,作为学校教育最高阶段的书面结果,它最能体现学生科研水平的高下,代表了研究生教育的最高水平。美国大学对博士论文质量及学位管理相对较严①。如博士生通过毕业答辩后,须及时将100本印刷好的论文上交学校②,一部分存档,大多数分送各大学及主要图书馆收藏以接受检验,如果合格将给予学位。而质量优秀的还可以被有关期刊、丛书发表、收录,甚至直接出版。可见博士论文在美国享有一定的学术地位和公众效应。

一、在读留美学生博士论文概览

据华美协进社调查,1929—1954年间,留美学生(含留学加拿大者),有9334人获得学位,其中有2789人次获博士学位,7221人次获硕士学位。造成累计人次大于综合人数的原因是诸多留美

①　参见汪一驹著、梅寅生译:《中国知识分子与西方》,枫城出版社1978年版,第164页。
②　胡适当年因急于返国参加新文化运动而未上交论文。论文后在上海亚东书局印好,由沈有乾代交哥大,迟了10年拿到学位。故袁同礼所编指南保留了这两个年份。

学生不止得一个学位,其中多有获得二三个学位者,如颜福庆、李美筠都得有两三个博士学位,黎兆寰等人曾获双硕士。这正说明他们所接受美国教育的程度及其较高素质。据袁同礼的统计,1905—1960 年间,留美学生获得博士学位者共计 2789 人次,人文哲社科学方面有 875 人次。人文科学方面共 327 篇,分布在 10 个学科门类之中:考古学 9 人,教育学 147 篇,历史学 51 篇,新闻学 1 篇,图书馆学 6 篇,语言学 10 篇,文学 23 篇,音乐 4 人,哲学 43 篇,宗教 33 篇;在 6 个门类的社会科学方面有 548 篇:经济学与商业管理 242 篇,国际法与国际关系 95 篇,法律学 40 篇,政治学 72 篇,心理学 46 篇,社会学 53 篇①。

　　留美学生本身就是中美教育交流的结晶,他们的博士论文尤其是教育学博士论文②集中代表了这一历史真实。在全部博士论文中教育学博士论文虽只占 5.27%,但考虑到近代百年留美重视工科、农科、经济等专业的因素,已占有很大的比重,甚至占人文学科类总额的 44.95%。这些博士们,当年多怀抱"以振兴教育为职志"③的信念来美学习先进教育,郭秉文甚至从伍斯特学院工科转学哥大师院,有学习教育的兴趣与动力,也渴望能推进中美教育交流。不应忽视的是,教育学博士论文以其独特研究的视角及其内容,尤其是探究高等教育的多元社会功能及其基础性、全局性、前瞻性的鲜明特点,对当时或今后推动中国教育乃至社会的近代化、

---

① 刘真主编、王焕琛编著:《留学教育》(三),第 1144—1145 页。
② 实际上到 20 世纪 30 年代始有教育学博士学位的授予。五四运动前后,教育专业博士生毕业后与哲学、宗教等学科及一些理工科专业的博士生一样被授予当时最广泛的哲学博士。为行文方便,本文将所有教育专业留美学生的博士论文统算作教育学博士论文。
③ 朱庭祺:《留美学生与中国教育前途》,《留美学生季报》,1916 年春季号。

纵深开拓中美教育交流都具有广泛而深远的意义,和不可替代的关键作用,无愧于留美博士毕业论文的重头戏。

二、开阔的研究视野

毫无疑问,留美学生的博士论文本身如同留美学生一样,都是中美文化交流的产物,集中体现了在读留美学生接受美国教育训练的最高水平。教育类的博士论文,则更是他们吸取美国教育思想的书面结晶。其实,留美博士研究教育时,要么研究自己熟悉的老家的教育,即中国的教育;要么研究外国的教育,当然主要是美国教育;要么不分国别,研究纯教育理论。这种视野开阔的研究方向清楚地表明了近代中美教育交流早从他们留学时就开始了,并未等到归国之后才有具体的交流行为。

考虑到高等教育尤其是博士生教育的相对独立性、连续性,以及1905年前基本没有从欧美拿回博士学位等因素,本书选取1905—1952年间获得美国大学教育学博士学位的98位中国学生的有关情况分析如下:

1. 研究祖国教育

留美学生对祖国教育相对熟悉,加上大多数人信奉教育救国,所以选择研究中国教育是很自然的,计有65人如此,占66.33%。

表1-3-1 1905—1952年间研究中国教育的博士论文

姓名	出生	毕业学校	时间	博士论文题目
郭秉文	1880	哥大	1915	中国教育制度沿革史
胡昌鹤		纽约大学	1917	中国教育体制总纲

姓名	出生	毕业学校	时间	博士论文题目
卫士生	1901	纽约大学	1935	中国教育哲学史
瞿世英	1899	哈佛大学	1926	从中国古代思想家对教育哲学用建设性的分析与推测来看生活与教育问题
罗荣宗	1902	南加州大学	1936	古代中国商朝时期的社会组织
殷芝龄	1897	纽约大学	1923	中国教育组织的改革
张彭春	1892	哥大	1924	中国的教育近代化
萧恩承		纽约大学	1925	中国现代教育的历史
朱有光	1902	哥大	1935	中国教育一些国家体制上的问题
庄泽宣	1895	哥大	1922	中国教育体制民主化的趋势
钟鲁斋	1899	斯坦福大学	1930	中国现代教育的民主化趋势
赵冕	1903	哥大	1946	民主化中国的教育
阮康成	1911	哥大	1940	促进中国转型的一个教育计划
慎微之	1896	宾州大学	1945	教育在战后中国的作用
王如珍	1917	密歇根大学	1945	建议中国教育改革的批评
蒋梦麟	1886	哥大	1917	中国教育原理研究
陈震东	1915	哥大	1951	中国文化与教育中的一些争论
蔡任渔	1910	Fordham	1951	现代中国教育的主要问题
程其保	1896	哥大	1923	中国充分支持公共教育的财政能力
陈友松	1903	哥大	1935	中国公共教育财政：主要问题的实施分析
耿元学	1905	哥大	1951	通过基督教提高中华民族的经济福利
曾作忠	1899	华盛顿大学	1932	革命后中国现代教育在对民族主义与实用主义的特殊运用
曾昭森	1901	哥大	1933	二十世纪以来中国学校中民族主义

姓名	出生	毕业学校	时间	博士论文题目
江文汉	1908	哥大	1948	中国学生运动的意识形态背景
刘宝庆		纽约大学	1927	中国江西省的教育进步
张仁济	1930	北达科他大学	1951	中国城市社区与学校行政的特定关系
张伯谨	1899	康乃尔大学	1935	中国县级教育系统的行政改革
李美筠	1908	康乃尔大学	1945	对四川彭山县的社会、经济、政治的分析
朱炳乾	1915	哥大	1947	对中国县级中学系统中的管理模式的建议
黄敬思	1897	哥大	1925	基于中国精选省份的县级专业调查
谭仁梅	1908	加州大学	1940	现代中国中等教育史
袁伯樵	1902	科罗拉多学院	1939	关于中国中等教育的改革
宋　恪	1905	康乃尔大学	1940	对中国甘肃中学课程的研究
魏永清	1906	哥大	1943	预备给中国河北中学驾驶的一个计划
方同源	1900	宾州大学	1945	战后中国中等教育的一个提高计划
孙怀谨	1904	科罗拉多大学	1949	对华中等教育改革的推荐计划的研究
沈亦珍	1900	哥大	1936	有关中国高中天才儿童的建议性计划
陆麟书	1896	芝加哥大学	1922	中国初等教育的地位
戴伟金	1898	纽约大学	1940	中国的青春期教育
傅葆琛	1895	康乃尔大学	1924	中国农村小学课程适应乡村需要的改革
范崇德	1913	哥大	1948	中国农村的课程改革
王震辉	1908	George Peabody	1941	与中国儿童玩耍兴趣相关的某种因素
夏瑞卿	1899	哥大	1928	中国小学儿童的社会性研究

姓名	出生	毕业学校	时间	博士论文题目
吴南轩	1895	加州大学	1929	影响中国儿童精神效率外部因素的影响
许桂英	1904	哥大	1931	中国高级研究所对妇女某个问题的研究
胡　毅	1904	芝加哥大学	1928	中国成人阅读习惯试验性研究
陈维伦	1897	纽约大学	1935	中国成人教育的社会化基金
程锡康	1907	哥大	1942	中国成人教育计划
欧阳湘	1898	俄亥俄州立大学	1935	中国初级水平师资训练的改革
范益之	1914	印第安纳大学	1952	中国师资教育的视听计划研究
王素意	1881	西北大学	1924	西北大学音乐实验室音乐考试的标准化
李抱枕	1907	哥大	1948	对京师大学堂音乐教师教学的建议性计划
黄奉仪	1918	哥大	1952	现代中国学校里的音乐教育
张汇兰	1907	衣阿华大学	1945	中国体育的合理课程结构的事实与规律
黄国安	1897	哥大	1937	在华新教高等院校的自然科学教育
司徒丘		纽约大学	1927	中国传教士教育的历史性的危机问题
陈继平	1907	哥大	1940	给岭南大学宗教教育建议的一个计划
陈矜赐	1907	衣阿华大学	1940	中国现代教育中神学教育的重要性
俞秀文	1908	哥大	1940	对中国基督教中心的青年的指导性计划
刘桂焯	1911	哥大	1940	向岭南中学教职员建议
段仁德	1902	邓伟大学	1952	对齐鲁大学广播教育的一个建议计划

姓名	出生	毕业学校	时间	博士论文题目
吴淑班	1907	俄亥俄州立大学	1934	实验主义哲学与高等教育的关联
黄方刚	1901	斯坦福大学	1931	中国教育改革中日本的影响：1895—1911
汪通祺	1918	威斯康辛大学	1952	孙中山的教育理念
戴清旭		哈佛大学	1952	蔡元培的一生及其事业

资料来源：本节表格均据刘真主编《留学教育》（三）第 1147—1165 页译编增补。

从表 1－3－1 可以看出，在读留美学生研究中国教育通史的有 3 篇论文（在表中自上而下排列，下同）；古代教育史的 2 篇；研究近现代教育史的 10 篇；研究教育原理及教育学分支的有 6 篇；有 3 篇涉及了学校中的民主主义及学生运动；对省县级教育论述的有 6 篇；论及中等教育、小学儿童教育的各 7 篇；对妇女、成人教育论述的有 4 篇；对师资、体育、音乐教育也给与了相当的注意，有 6 篇论及，而在华教会教育也占有同样的比重。这种研究方向全面兼顾的分布较为合理，薄古重今，体现了民主开放的进步态势；体现了对中小学教育、成人教育的空前重视，这对他们回国改善祖国的国民教育大有帮助，既重视师范研究，又顾及到了在华新教教育的后续发展。单从字面上看，"进步"、"试验"、"实验"、"改革"、"提高"、"民主化"、"近代化"、"建议"等字眼充斥，既表明在读留美学生急于奉献的精神与爱国热诚，又表明了对祖国教育改革的价值取向，充满了美国进步主义教育思想的色彩。此外，还有两点值得注意：一是孙中山的教育理念、蔡元培的生平事业被写成博士论文，说明他们已经意识到要研究这两位当代人物的巨大影响；二是以中国为基点，吴淑班、黄方刚对中美、中日教育作了不同程度的比较教育的考察,说明他们已经具有横向比较的世界眼光。

总体说来,在读留美学生身处异国他乡,眼界比较开阔,思想比较先进,在接受美国教育的现代训练的同时,能深入考察祖国教育的实际情况,并在理论上做出了一定的系统解答。

2. 研究美国教育

除开熟悉的祖国,美国教育最为在读留美学生所注重,情同第二故乡。当时就接受美国教育的他们,尤其是教育专业的,对美国教育思想、理论与方法特别感兴趣,美国教育也很自然地进入他们的研究视野。故也有 21 篇博士论文论及美国教育。这个国度里学历最高的华籍学生们,对其教育主要从 5 个方面进行了论述,具体情况见表 1-3-2:

表 1-3-2   1905—1952 年间研究美国教育的博士论文

姓名	出生	毕业学校	时间	博士论文题目
林 立	1883	衣阿华大学	1915	美国城市学校管理者的权利与职责
何清儒	1901	哥大	1928	美国科学家的人事研究
李建勋	1884	哥大	1928	美国教育公共控制的几个方面
刘彭年	1901	哥大	1944	美国主要城市的教育研究
曾炎申	1892	加州大学	1932	美国大学分校的地位、组织与经费扶助
洪高煌	1902	斯坦福大学	1932	1889—1890 年度至 1929—1930 年度州立大学的学费与费用
杨亮功	1895	纽约大学	1928	美国州立大学理事会的组成、功能与责任的研究,在华相似机构应用
李树棠		纽约大学	1928	美国大学合作办学在华运用的社会学研究
陈锡恩	1902	南加州大学	1939	美国大学课程的发展模式

姓名	出生	毕业学校	时间	博士论文题目
李　燕	1895	哥大	1929	美国单师制学校组织的考察
李培圃	1899	南加州大学	1934	对美国学校群体教学的一个批判性研究
王培祚	1908	科罗拉多	1950	吐尔门格式塔形学习理论研究
赵佩文	1914	斯坦福大学	1945	1890—1940 年加州教师资格证书政策与程序
陈叔圭	1899	哥大	1933	美国高中的荣誉与奖品
谭维汉	1897	加州大学	1936	美国教育在中等水平的关联的发展
陈廷宣	1905	斯坦福大学	1940	美国加州的中学的服务指导
尚仲衣	1902	哥大	1929	为美国小学挑选外国故事的方式
陈帝贺	1905	俄亥俄大学	1947	檀香山高中个人问题与课程改革间的联系
杨寻宝	1904	哥大	1944	美国协作农业善后服务的研究
温联忠		俄亥俄大学	1932	与杜威教育哲学特别相关的文化概念
欧阳子祥	1912	多伦多大学	1942	约翰·杜威有关教育的实验概念

　　留美学生最先注意到的是美国城市教育行政管理,继林立之后又有3位哥大师院博士生作这方面的研究;有5篇论及大学的组成、功能、费用与地位、课程设置与办理方法等,其中2篇还谈及中美教育比较的问题;有李燕等4人述及美国师范、师资及其教学及教学评价;陈叔圭等5人研究分析过美国的中小学教育;温联忠和欧阳子祥则对杜威教育哲学的有关概念做过相关探讨。论文的探究方向反映了他们对美国教育的全面把握与理解,基本涵盖了美国教育的主要方面,为中美教育交流有效展开打下了基础。

3. 研究华侨华人及留美学生

　　自 20 世纪 20 年代以来,留美已成为不仅是一种教育现象,更是一种社会现象,一种文化现象,受到了各界广泛注意。留美学生博士论文也开始研究它,此后美国华侨华裔教育也开始被注意,并占有一定比重。

表 1 - 3 - 3　1905—1952 年间研究留美学生、华人的教育类博士论文

姓名	毕业学校	时间	博士论文题目
朱斌魁	哥大	1922	美国的中国留学生的成功与质量相关
叶崇高	芝加哥大学	1934	留美学生的就业问题
郭锡恩	哥大	1946	美国大学里的中国留学生
高麟英	哥大	1952	大陆哥伦比亚师范学院毕业生的学术与专业成就
石宪儒	加州大学	1937	对旧金山高中的第二代华裔学生的社会、职业调节
张敷荣	斯坦福大学	1936	对 1885 年前旧金山中国公立学校儿童分离变迁的研究
马仪英	加州大学	1945	进中文语言学校旧金山儿童的影响
钟文会	南加州大学	1952	变动中的洛杉矶华人社区社会文化系统
韩庆濂	明尼苏达大学	1942	中、美公助高等教育行政的比较批评
滕大椿	科罗拉多大学	1950	法、英、美、中师资教育的比较研究

从表 1 - 3 - 3 可见,有 4 人论文围绕留美学生的质量、就业、专业学术成就及整体概况展开论述。哥大博士生较早较集中地探讨这个专题。该专题以后继续得到留美学生的关注,芝加哥大学 1957 届博士汪一驹著有《中国知识分子与西方》。进入 30 年代后,中国的国际战略地位逐渐得到国际重视,在美华侨华裔的教育也受到留美博士的重视。有 3 位来自加州的留美学生以旧金山地区华裔儿童教育的有关情况为题进行过集中分析。10 年后,来自

东西部大学之外的韩庆濂、滕大椿则以美国教育为原点,进行国际教育比较研究。

此外,留美博士生对纯教育理论也给予了一定的重视。古今中外的教育现象都成为教育类留美博士论文的研究客体。博士毕业论文写作,就是在读留美学生沟通中美教育的小试其锋,并使其整体学养有进一步的提高,也为今后传播美国教育思想、沟通中美教育打下了坚实的基础。

三、可喜的面世情况

在读留美学生精心撰写的博士论文一般质量都比较高,屡屡得到导师的高度评价,许多论文得以公开出版,有的在美国或是欧洲出版,有的以双语(国外英文、国内汉语)出版;有的在美国的杂志发表,有的被美国的丛书或 MA 摘要收录,产生了较好的反响,从而使其学术成果广泛地走出校园,走向世界,突破了以前保守、封闭的局面,是一种可喜的现象。

1. 国外公开出版

有些优秀的留美学生博士毕业论文在美国即时出版,有着较好的学术影响,如孟禄就曾盛赞郭秉文的论文"不独表扬己国之事迹,且俾西人恍然有悟于中邦之变革"①,欣然予以大力推介。其余在国外出版的论文如表 1 - 3 - 4:

---

① Pin Wen Kuo, *The Chinese System of Public Education*, Teachers College of Columbia University, New York, 1915, Introduction.

表 1 - 3 - 4　1905—1952 年间在国外出版的教育类博士论文

姓名	毕业时间	博士毕业论文题目	出版情况
郭秉文	哥大 1915	中国公共教育制度史	哥大师院 1915,209:64
朱斌魁	哥大 1922	美国中国留学生的成功与质量相关	哥大师院 1922,55:127
张彭春	哥大 1924	中国的教育近代化	哥大师院 1923,92:137
邰爽秋	哥大 1927	用于决定学校管理效率的客观标准	巴黎 L. Arnette1927:104
何清儒	哥大 1928	美国科学家的人事研究	哥大师院 1928,59:298
夏瑞卿	哥大 1928	中国小学儿童的社会性研究于中国精选省份的县级专业调查	哥大师院 1928,64
尚仲衣	哥大 1929	为美国小学挑选外国故事的方式	哥大师院 1922,46:398
黄溥	哥大 1930	尺度评价英语作文的错误与进步	哥大师院 1930,67:417
黄国安	哥大 1937	在华新教高等院校的自然科学教育	纽约 1937,105
刘彭年	哥大 1944	美国主要城市的教育研究	皇冠出版社 1945
江文汉	哥大 1948	中国学生运动的意识形态背景	皇冠出版社 1948
陈锡恩	南加州 1939	美国大学课程的发展模式	南加州大学 1940
叶崇高	芝大 1934	留美学生的就业问题	芝加哥 1934,127
李培囿	南加州 1934	对美国学校群体教学的一个批判性研究	Comacribl1937—236

　　注:出版情况栏排列分别为出版的单位及其时间、篇幅页数,哥大师院《教育贡献》丛刊的卷次。其中陈锡恩论文另发表在南加州大学《教育专论》第 10 期。

14 篇中有 11 篇的作者是哥大师院的毕业生,这集中反映了哥大师院教育训练及学术的发展水平,而在读留美学生的高素质在这里也得到了印证,前四人后来成为国内或国际学界或教育界的风云人物,其余的各有所建树。有 7 人的论文为其母校哥大出版,其中有 6 人的论文被收入师院丛刊《教育贡献》。有 2 人的论文被皇冠出版社(King's Crown Press)出版,另有 1 人的论文在法国出版。近一成的博士论文被即时出版,基本涵盖了前述的研究方向,可以说这些论文基本代表了留美学生所能够对美国教育的理解,体现了中美教育交流所能达到的高度。

2. 陆续在国内出版

在国外出版的留美学生教育学博士论文,具备相当的学术价值,自然能吸引外国出版商的注意。但中外思维方式毕竟有一定距离,优秀的不一定都能在国外出版,而且能被出版的毕竟是少数。随着时间的推移,国内出版事业的发展,以及国内高等教育的中国化,不少留美学生的博士论文多有在国内出版的,其情况如表 1-3-5:

表 1-3-5　1905—1952 年间在国内出版留美学生教育学博士论文

姓　名	毕业时间	博士论文题目	出版单位—时间
蒋梦麟	哥大 1917	中国教育原理研究	商务 1918
庄泽宣	哥大 1922	中国教育体制民主化的趋势	商务 1922
萧恩承	纽约大学 1923	中国现代教育历史	北京大学 1932
殷芝龄	纽约大学 1923	中国教育组织的改革	商务 1924
黄敬思	哥大 1925	根据优秀州特殊调查对某县的初步观察	北京文化协会 1927

姓　名	毕业时间	博士论文题目	出版单位—时间
李建勋	哥大 1928	美国教育公共控制的几个方面	商务 1927
李　蒸	哥大 1929	美国单师制学校组织的考察	中华 1929
钟鲁斋	斯坦福 1930	中国现代教育的民主化趋势	商务 1933
黄方刚	斯坦福 1931	1895—1911 年中国教育改革中的日本影响	作者书店 1933
陈友松	哥大 1935	中国公共教育财政：主要问题的实施分析	商务 1935
朱有光	哥大 1935	中国教育一些国家体制上的问题	商务 1933
曾昭森	哥大 1933	二十世纪以来中国学校中民族主义	南华晨邮报 1933

　　12 篇论文的出版集中在 1923—1933 年前后,商务出版了 7 篇,其余由中华书局等分别单独出版。它们的内容似乎更加趋向于国内教育,虽然出版要比发表论文稍迟,但其作者也都是中国教育界未来的杰出人物,如蒋梦麟是北京大学校长,而李建勋、李蒸、陈友松对师范教育做出了重大贡献,庄泽宣、黄敬思曾任教育系主任或教育研究所所长,其素质与活力不容小视。

3. 教育学博士论文其他面世情况

　　留美学生的博士论文除被出版外,还有一些或被公开发表,或被摘要收录,除表 1 - 3 - 4 外,其他在美国面世的论文可参见表 1 - 3 - 6:

表 1-3-6 部分在美 1905—1952 年间发表、被收录的博士论文

姓　名	毕业时间	博士论文题目	在美面世情况
齐泮林	芝大 1936	个性估价的可靠性与价值	实验教育杂志 v.5（1937）
陈矜赐	衣大 1940	中国现代教育中神学教育的重要性	宗教教育 v.37
樊星南	哥大 1949	与教育理论联系的二分法测验	MA v.10（1950）no.2
刘静和	哥大 1950	文化背景对儿童道德判断的影响	MA v.10（1950）no.4
陈震东	哥大 1951	中国文化与教育中的一些争论	MA v.11（1951）no.3
袁永生	纽约 1951	影响城市公立学校老师参与改良事业的个人与教育背景因素的联系	MA v.11（1951）no.4
张伯谨	康乃尔 1951	中国县级教育系统的行政改革	Ithaca,1935,10p. Abstract
王震辉	毕保德 1941	与中国儿童玩耍兴趣相关之因素	Nashville1942,6

按：第二栏中芝大、衣大、纽约、康乃尔分别为芝加哥大学、衣阿华大学、纽约大学，毕保德师院（George Peabody）1979 年并入范德堡大学（改名毕保德教育学院）

有 4 篇被 MA 收录，有两篇被摘要发表，另有两篇则被校级期刊发表。在 1955 年后多有被 DA 摘要收录。

在 147 篇博士论文里，有 34 篇以各种形式公开面世，"优秀率"达到了 23.13%，产生了较好的学术影响和社会反响。之所以有这么好的结果，主要是在读的教育类留美博士在美国教育的培育下有着较高的学养与素质。当时美国有着不同流派的教育思潮，便于他们比较、选择，加上杜威、孟禄、白璧德等众多名家的当

面教诲,故他们的水平提高很快。而且教育类的博士论文不像文学、哲学那样能自由选题取材,需要做更多理性的、全面的思考,需在中美、中外教育之间做更多的比较教育研究,需要美国先生们的更多指导,故他们的教育学素质较好,而其论文质量也较高,更能推进中美教育交流,也就更能代表沟通中美教育的留美学生。

其实,教育学科之外的在读留美博士也在沟通中美教育,毕竟教育科学包含不少分支学科,如教育心理学、教育社会学、教育文化学、教育技术学、教育经济学、教育伦理学。中国科学社成立伊始,就大力宣传科学教育,如顾维钧博士是为报效辛亥革命后的新政府提前毕业,其博士论文答辩得以提前是其导师替他安排的,其论文是按导师的建议节录原稿的第一章提交的①;而且他们的论文也大量在美公开面世,同样对美国社会做了多方面的分析与探讨,同样是对美国大学教育学术的重要贡献。下面举数例予以简单说明,见表1-3-7:

表1-3-7　1853—1953年间公开面世的部分非教育学科博士论文

姓　名	留美简况	毕业论文题目	出版或发表概况
桂质柏	芝大 1931	美国图书馆因添加中文图书而来的目录与管理问题	Leader Press,1931
李田意	耶鲁 1950	伍德罗威尔逊的中国政策	堪萨斯大学 1952
郑德超	宾大 1946	美国华人储蓄:费城的研究	费城,1948 年
严鹤龄	哥大 1911	中国宪法史考	历史经济公共法律学刊 vol. 40
陈焕章	哥大 1911	孔门理财学	同上 vol. 40

① 参见顾维钧著,中国社会科学院近代史研究所译:《顾维钧回忆录》第一分册,中华书局 1983 年版有关章节。

姓　名	留美简况	毕业论文题目	出版或发表概况
顾维均	哥大 1922	在华侨民的地位	同上 vol. 50
潘序伦	哥大 1924	美国对华贸易	纽约中国贸易局，1924
冯友兰	哥大 1925	从东西哲学看生活理想的比较研究	商务印书馆，1924
郭舜平	哥大 1953	中国对外来侵略的反应	DA v. 14（1954）
刘廷芳	哥大 1920	博学中国的心理学家	北京，1924

　　注：第二栏中大学分别指芝加哥大学、耶鲁大学、宾夕法尼亚大学、哥伦比亚大学

　　非教育专业留美学生的博士论文因为学科众多，所以研究课题众多，涉及了东西哲学的比较，论及中美两国各自的侨民，也包括美国对华政策、对华贸易以及彼此之间图书馆事业交流等中美关系的内容；具体到美国，则包含的社会情形更广泛，当然也更多更方便地向美国介绍中国的古老文明及近代变革、当代成就。这些都是非教育类的在读留美学生运用美国教育培育的思维和研究方法写就的，对促进中国了解美国、让中国走向世界有一定意义，当然也是一种较高层次的中美教育交流。

　　不管是否是教育类的博士论文，都基本预示着留美学生今后的研究走向，都是中美教育交流最前沿、最直接、最具体的结晶与象征，自然值得中美两国珍惜。如若在两者之间作一比较的话，那么，非教育类的博士论文涉及的事件更生动，写作内容更丰富，篇数也较多；而教育类博士论文理论性更强，论述更深刻，内容更专业，更贴近于中美教育交流的本质，更契合中美文化交流的时代大潮。在读留美学生尤其是教育类博士生，自然是美国教育训练的成果，表现了较高的素质；但同时他们又回报了美国教育，至少他

们的博士论文可说明一些问题。他们既是教育传播的接受者，又是主动传播教育者，在他们身上不仅体现了中美教育交流，也集中体现了传播与交流主客体之间的同一性。正因为主客同一，故中美教育交流在他们身上短期之内就可开花结果，博士论文便是中美教育交流凝结在他们身上的一朵奇葩。

在经历了 20 世纪的大起大落之后，我们今天对传统文化也许可以抱着更为平和、宽厚的心态，也许可以放弃文化交流中冲突与融合难以并存的惯性思维，因为教育交流是一种相对独立于政局与民族主义的潜移默化的交流；也可以放弃推进中美教育交流的留美学生就是归国留美学生纯粹学习美国教育的成见。规模庞大的在读留美学生以其高素质的博士论文丰富了美国的教育文库。可以说，这是在读留美学生推动中美教育交流的鲜活成果，有力地表明他们无愧于中美教育交流的主力。

第二章　崭露头角的归国留美学生

随着近代留美学生不断归国，一支规模壮观的新型知识分子队伍出现了，挟其所学在多个方面逐渐占据了优势地位，对近代中国发挥出重要作用。整体而言，崭露头角的他们首先在教育界取得优势地位，对正在进行的新教育建设作用最大，并以其独特优势无可替代地成为推进中美教育交流的主力军。

第一节　壮观的归国队伍

留美开始成为时代大潮，近代留美学生开始在 20 世纪 20 年代初大规模归国。他们积极进取，组织团体，而且也在走向联合，队伍规模颇为壮观。

一、留美学生归国的规模与比率

近代百年留美大潮所产生的留美学生，归国者愈来愈众，也越来越深地融入社会，发挥其应有作用。

1. 留美学生归国统计

留美学生归国者数以万计，据袁同礼统计，1853—1960 年间留美学生共有 22000 名①，内有博士 2789 人②；据梅贻琦、程其保统计调查，1850—1953 年间共约 20636 人③。笔者认为截止到 1949 年正式的约有 14000 人④。至于归国留美学生的数目，从留美学生滞留美国的情况大概可以推论出来。

初期留美学生的滞留人数较少。1905 年前，国内科举制尚在继续实行，对知识分子仍有极大的诱惑力，留学生们多次参加廷试就是明证。而且此时的留美学生，不是靠官费，就是靠教会、传教士资助成行的。前者受到官方的严厉控制，后者则受到神恩的感召，基本上都归国了。但是因中美教育之间等客观落差的存在，一些留美学生出于种种原因，没有按清廷指令规范自己的言行，甚至更有滞留未归者。1904 年，"舆论界之骄子"梁启超到新大陆游历，不知不觉中发现："中国初次出洋学生，除归国者外，其余尚留美者约十人，余皆尽见。舍叹息之外，更无他言。内唯一郑兰生者，于工学心得甚多，有名于纽约。"⑤这时滞留率虽有 5% 左右，但绝对数并不大。而后，留美学生人数因各省官费的派遣而增长

---

① 汪一驹著、梅寅生译：《中国知识分子与西方》，枫城出版社 1978 年版，第 164—165 页。

② 刘真主编、王焕深编著：《留学教育》（三），第 1144 页。

③ 陈学恂、田正平编：《留学教育》，上海教育出版社 1991 年版，第 688 页。

④ 据梅贻琦、程其保统计总数，减去后四年人数，再加上未详的历年平均数与漏计幼童数，计得 13639 人。即使 1850—1910 年间每年赴美人数不足 100 人，但 1910—1949 年里的未详平均数也不会达到 1000 人。进一步推测的话，若台湾以每年 300 人的规模留美，那么 1954—1960 年中又会产生 2100 名，这与袁同礼博士的统计也相吻合。袁氏统计应该可信，其有关博士人数统计完全以美国大学档案资料为依据，从胡适博士论文时间注以毕业时间、领受文凭时间解决学术议案一例便可见严谨。笔者不予考虑那些未受正规学校教育的语言学校学生、考察人员、工厂实习生及其他短期培训之学生，故以约 14000 人计。

⑤ 陈学恂、田正平编：《留学教育》，第 167 页。

较快,1906 年达 600 人。以留美中国学生会的会员数而言,1911年成立时有 800 余名,1914 年夏天近 1300 人,1917 年则有 1500多人①;但因当时的留美学生并未全都入会,故实际人数不止这些。这与洪业回忆约有 2000 人的数目大体相吻合。滞留美国的人数虽有所增多,但国内新文化运动的展开,自由民主意识的勃发,以及国内新教育事业的呼唤,更多的留美学生踊跃归国,投身于新生的中华民国的各项建设。

　　民国以降,自费赴美留学的人迅速增多,归来后的就业也形式多样,官方统制色彩大减,更多地倾向于自由择业,但滞留下来寻求更好机遇和待遇的亦不乏其人。除开功利的现实选择外,中美教育交流越来越成为一种时代趋势,即使是幼童,也"有归化的倾向,与政治毫不相干"②。此后别的留美学生滞留下来定居美国更多,这是种很自然的现象。如晏阳初的同学李绍昌留了下来,1925年时就已是夏威夷大学的中文、历史学教授,曾作为中国代表参加了第一次太平洋关系学会③。官费生滞留者亦不少,如 1937 年在清华同学录所列 1152 人中至少有 21 人在美国有永久居留权,这就意味他们此前已在美国居住了 14 年,到 1957 年他们大多数仍住在美国④。战后,国民政府放松了对自费留美的限制,自费学生因而激增。他们或厌恶政治争斗,或为躲避内乱,或为寻找更好的工作机会,滞留猛增,尤其是 1949 年后,更有大批人滞留未归,冯家升、杨联升就是这种情况,另有一部分人更是临时去了美国。这些不归之人对中国的货币支付、教育学术事业来说,"楚材晋用,

①　据《东方杂志》第 14 卷第 12 号《留美中国学生会小史》一文统计。

②　汪一驹:《中国知识分子与西方》,枫城出版社 1978 年版,第 170—171 页。

③　参见吴相湘:《晏阳初传》,岳麓书社 2001 年版,第 94 页。

④　参见汪一驹:《中国知识分子与西方》,第 170—171 页。

似乎是中国的损失"①,颇令人遗憾。

但必须看到,绝大多数的近代留美学生是爱国的、敬业的。值得说明的是,赵元任、洪业、李方桂等早早去美讲学,却滞留未归,那是少数著名学者的个案,应另当别论;倒是从长远看来对留美学生队伍的规模并无损害,反而促进了中美教育交流。令人瞩目的是,与1949年人才流失正好相反的是:1950—1951年约有1000多名学生回国参加新中国的建设,如朱士嘉于1950年归国。此前一年聂崇岐则谢绝恩师洪业的好意,迫不及待地返回新解放的北京城②。总体来说,留美学生始终保持较高的回国比率,保持着推动教育改革、沟通中美教育的庞大规模。

2. 社会对归国留美学生的愈益接受

留美学生的庞大规模,是随着社会对他们的愈益接受而不断扩大而来的。最先"天朝上国"对异质文化所培育的留美知识分子有一种天然的排斥感,容闳当初急于报效祖国,但连基本的中文都说不好,自然进入不了正统社会;而在掉头投奔"天国"时,后者也仅与之虚与委蛇。故他只能游离于相互敌对的两个政权之外,成为社会的边缘人物。而曾国藩等与容闳推动幼童留美的合作,也仅是当时社会极少数开明人士对留美学生和外国文明的部分肯定而已。容氏不能得到全权委托、幼童留美半途而废二事就可说明一些问题。在容氏回国后的40年间,留美学生一直不太为社会所接受,如归国幼童就业分配专业不对口,职位较低,很难得到当局的重视;教会系统的归国留美学生只能在本系统就业,也很难在

① 汪一驹:《中国知识分子与西方》,第170—171页。
② 参见[美]陈毓贤:《洪业传》,北京大学出版社1996年版,第160页。

传统社会立足,结果一度出现了官费的唐国安、自费的颜惠庆同时栖身于教会学校圣约翰书院的诡异现象。

　　随着中外文化交流的增多,以及社会对新式知识分子的需求,当局对他们逐渐重视起来。光绪三十三(1907)年,袁世凯奏请清廷对已做出巨大成绩的詹天佑等留美学生与新式知识分子赐予进士出身,结果得到允准。四人情况见表2-1-1:

表2-1-1　詹天佑等四人留学时间及归国后贡献

姓名	出生	毕业院校	当时职位	备注
詹天佑	1878	耶鲁大学	京张铁路工程司	工程师学会首任会长
吴仰曾	1880	纽约大学	开平矿务局总办	游学生考试副主考
屈永秋	1862	香港大学	北洋医学堂总办	参与创办北洋女医学堂
邝荣光	1878	美国矿务大书院	湘潭煤矿华总勘矿师	著有直隶地质图:最早地质图

资料来源:据刘真主编《留学教育》(二)第971页增补。

　　对近代留美学生给予科举制下最高功名的奖励,表明他们“研精一艺,蔚成绝业之家,讨论文典,沟通中西之径”的贡献开始得到最高当局的正视,多年来的“沉沦下位,表彰弗及者,所在多有”[1]的情况开始改变。如果说在近代文官制度不健全和多数人正统观念并不淡薄的中国,廷试是在正式检测归国留学生留学所得后给予一定社会认可的话,那么对詹天佑等四人的赏赐则纯是清廷及其重臣公开宣扬他们的社会贡献、确立他们实际取得的社会地位的一项举措。以前那段相当艰难的日子逐渐过去,“以故

---

　　[1]　刘真主编、王焕深编著:《留学教育》(二),第973页。

数十年间,吾同学登仕版者,文武两途,类多通显"①。留美学生成长起来了,其作用开始被各界人士所认识,愈来愈在关键岗位上发挥作用,如唐绍仪先以能力和经验颇受清廷的赏识而成为第一次留学生考试的主考官,后又成为民国第一任总理,活跃在当时的外交、文教、军政舞台上。这标志他们的社会地位得到了显著的提高。

更重要的是,在民初基础教育勃发、高等教育大发展的情况下,素质较高的归国留美学生愈益被人们重视,形成留美浪潮,昔日被中途召回的窘况一去不复返了,留学成为一种变相的科举,甚至在社会上形成了"西洋一等,东洋二等,本国三等的偏见"②。加上开展中美教育交流的扩大与留美学生的高素质,留美学生极受社会欢迎与尊崇,留美博士尤为吃香,在多个行业逐渐占据主导地位。社会对归国留美学生的接受程度越高,他们发挥的空间就越大,其作用就越显著。反过来也就刺激了留美浪潮的不断高涨,归国队伍也就越大,其贡献也愈多,社会评价也越高,社会与留美学生之间已形成现实的良性循环。

二、活动繁多的社团组织

随着地位的逐渐提高,归国留美学生队伍日益壮大,表现日益活跃,组织了一些联谊组织与诸多的专业学会。

1. 寰球中国学生会

寰球中国学生会(The World Chinese Students Federation),

---

① 陈学恂、田正平编:《留学教育》,第110页。
② 舒新城:《近代中国留学史》,第210—211页。

1905 年 8 月 1 日由印尼归侨、耶鲁毕业生李登辉等在上海发起成立。其宗旨是"团结世界各地的中国留学生"①，下设有董事会，会董有严复、唐绍仪、曾子介等，会员散布于世界各地，朱绍屏自 1916 年起长期为总干事。它在上海拥有自己的会址，并于 1906 年 6 月办有双月刊《寰球中国学生报》，主编时为李登辉，总发行所设在上海白克路 562 号。该报设有论说、社说、译丛、选稿、词林、学务摘要、文苑等栏目，兼收西方著述。

作为留美学生在国内公开成立的第一个联谊性质的社团，寰球中国学生会规模不是很大，却极为活跃，并致力于帮助国内青年出国留学。它还专门设有中学，为有志于出国留洋的青年提供服务。1919 年 3 月，毛泽东率领湖南公民驱张请愿团往北京请愿，特地绕道上海送蔡和森、蔡畅、向警予等新民学会的战友赴法国勤工俭学时，便曾寓居该会。是年底，该会还为赴法学生举行欢送会，聂荣臻曾参加，会后还合影留念。孙中山对该会活动十分注意，1912 年 10 月在该会"光复纪念会上"演讲"凡事须论公理不必畏惧"，6 年后又在此演说《救国之急务》。它团结了众多留学生以及各界热心、关心留学的人士，从另一个角度壮大了留美学生队伍的声势。

2. 绵延至今的欧美同学会

留学生归国后，多设有同学会之类的组织，大多规模较小，活动不多，成效不彰。为改变这种状况，在梁敦彦、周诒春、颜惠庆、王正廷、顾维钧、詹天佑等人的发起和赞助下，京津两地的同学会

----

① 颜惠庆著，吴建雍、李宝臣、叶美凤译：《颜惠庆自传———位民国元老的历史回忆》，商务印书馆 2003 年版，第 48 页。

合并,于 1913 年 10 月创建了欧美同学会,以总统顾问、海军副司令、留美幼童出身的梁敦彦中将为首届会长,以修学、游艺、敦谊、励行为宗旨,致力宣传爱国思想,倡导留学报国,曾发起和支持"勤工俭学运动",开展学术性、交际性的会务活动。成立后先租西交民巷民居为会所,1924 年梁氏倡议集资购得石鞑子庙(今北京市东城区南河沿大街 111 号)修建会所。而梁氏的继任者颜惠庆则募集资金建立设备齐全高等级俱乐部,又对会址进行扩修,成为国内众多重要学术团体的诞生地,中国工程师学会、中国地质学会、中国化学学会、中华医学会等都到此借址办公;颜氏还主持过华洋义赈会、政治学会,后来又办有自己的图书馆与会刊。顾维钧"通过芮恩施的努力,从卡内基基金会"拨出 3000—5000 美元"开始成立政治科学图书馆"①,陈设中西文报刊资料以供借阅。欧美同学会创会以来,发扬爱国主义和留学报国的精神,积极参加"五四运动",声讨"五卅惨案",积极参加抗日救亡运动,倡导教育救国、实业救国。

该会曾积极推动国民外交,大力敦进中西文化交流和友谊。他们邀杜威来会演讲,并由胡适任翻译。此后,印度诗人泰戈尔、英国哲学家罗素,都曾应邀前来演讲参加研讨。1925 年后接纳在北京的外籍学者和名流为会友,其中有燕京大学的校长司徒雷登及其教授博晨光、步济时,另外有华洋义赈会的塔德、清华学校教授麻伦、上海《新闻报》大股东兼北京政府总统府顾问福开森,清逊帝溥仪的英文教师庄士敦、北京政府总统府顾问端纳等。抗战

---

① 顾维钧著,中国社会科学院近代史研究所译:《顾维钧回忆录》第一分册,第 79、136 页。芮恩施(P. S. Renisch),前威斯康辛大学政治学教授,1913—1919年间任美国驻华公使。1920—1922 年间曾经两次来华。

中该会活动暂时中止,战后又重建组织,会长为胡适,有大量教育界和医学界归国留学人员参加,会员达 700 余人,但其会务远未达到战前水平。但是,它从总体上使留学生自上而下第一次真正抱成团体,赢得了广泛的社会认可与声望,烘托了留美学生在知识界的核心地位。该会继续发展,绵延至今,成为当代中国历史最悠久、会员基础最广泛、最具影响力的留学人员民间团体①。

此外,哥伦比亚大学的留美学生同学会曾在杜威、孟禄访华讲学时做过不同程度的贡献。

3. 斐陶斐荣誉学会

欧美同学会是后来才有"洋会员"的,而斐陶斐荣誉学会从一开始就是中美人士共组的。该会于 1922 年 5 月 4 日成立,原名为中国斐陶斐励学会,嗣后更名为斐陶斐荣誉学会(The Phi Tau Phi Scholastic Honor Society),更名后会章规定以"选拔贤能,奖励学术研究,崇德敬业,共相劝勉,俾有助于社会之进步为宗旨"②,寓意更为积

---

① 欧美同学会,"文革"时停止活动,1982 年恢复重建。1986 年 12 月选举产生了第一届理事会,会长依次为茅以升、卢嘉锡、吴阶平、丁石孙、韩启德。首届名誉会长为严济慈、孙越崎、何长工、陈岱孙、陈翰笙、周培源、费孝通、钱端通、雷洁琼。现任名誉会长有吴阶平、丁石孙、成思危、宋健、经书平、张劲夫、钱伟长、程思远、雷洁琼、熊向晖,海外名誉会长为丁肇中、李政道、杨振宁、林同炎、林家翘、朱棣文、崔琦。自 1996 年起,一年一度的"欧美同学会二十一世纪中国研讨会"吸引了留学人员的广泛关注,也得到政府的关心与支持。2003 年经中央批准增冠为"欧美同学会·中国留学人员联谊会",有各省市区及留苏、留美、东欧、北欧、德奥、拉美、澳大利亚·新西兰、留法、留英、意大利、加拿大、瑞士、朝鲜等分会,以及留日同学会。参见该会、欧美同学会企业家联谊会等网站及张仲田《涓涓学子情拳拳报国心》(《人民论坛》2000 年 8 月)一文。

② 《斐陶斐荣誉学会创立经过及宗旨》,http://www.phitauphi.org.tw。

极。1921年5月25日,北洋大学美籍教授爱乐斯①致函国内各大学,倡议发起全国励学会。不久就有大会筹备会的成立,由爱乐斯氏任总干事,教育总长范源濂与胡适、张伯苓与南京高等师范学校(简称"南高",下同)郭秉文等留美学生,与司徒雷登、卜舫济、包文等三位美籍新教大学校长为筹备员。1922年5月4日下午该会第一次全国大会在上海青年会举行,有14位代表到会。开会后,即由到会代表通过各项议案、会章,并举行第一届董事会。选举郭秉文为会长,司徒雷登、唐山交通大学教授李斐英为副会长;圣约翰大学牛惠生为总干事,上海交通大学张廷金为副总干事,出任董事的有包文、张伯苓、卜舫济等人。后来张伯苓长期担任董事会会长。

4. 专业学会团体

当时,留美学生在学术界、高等教育界最为活跃。在在读留美学生开始大联合的同时,也涌现了一些影响巨大的归国留美学生团体。早在1913年詹天佑就发起成立"中华工程师学会"并担任会长,还出版了《中华工程师学报》。而初创于美国的中国科学社搬回国内后,迅速发展成最大的科学社团,当时由王琎负责。后来的中国气象学会、中华医学会、中国经济学社、中国社会学社、中华图书馆协会、中国心理卫生协会等学会无不由留美学生发起,当时分别由竺可桢、颜惠庆、马寅初、孙本文、袁同礼、艾伟等人负总责②;而

---

① 爱乐斯(Joseph H. Ehlers)中国斐陶斐荣誉学会创始人之一,康涅狄克州哈德佛(Hardford,Connecticut)人。先后在加州大学及康乃尔大学毕业。1920年他来到中国,在天津北洋大学结构工程系任教。并曾担任过黄河部门工程师,及中国政府荣誉工程顾问。他一生最重大的贡献,即是创立中国斐陶斐荣誉学会,这也是中国大学最早的荣誉学会。著有《远方的水平线———个工程师的旅游日记》一书。

② 蒋致远主编:《中华民国教育年鉴》(四),第1137页。

教育专业团体如中国测验学会、中国社会教育社、中华儿童教育社、中国教育电影协会也是如此,由留美学生萧孝嵘、俞庆棠、陈鹤琴、吴南轩等人担任首席领导人。他们坚持参与国际教育活动,如中华儿童教育社曾参加国际新教育同盟、世界教育专家组织会议,中国测验学会曾订正多种美国测验表格;中国社会学社曾派罗廷光出席伦敦世界教育会议。

　　留美学生通过带回来、再出去等方式,在有共同志趣的新知识分子群体中加强了联络与协调,壮大了自己的队伍及其声势;鼓励、帮助后来者留学继续学习世界先进教育,宣扬了美国教育的先进形象,为即将到来的中美教育交流高潮做了初步的思想准备,并奠定了坚实的干部基础。

三、值得注意的两个群体

　　留美学生的队伍是逐步壮大起来的,而且留美学生大多极力帮带自己的师弟师妹。曾经幼童留美的唐绍仪"对于目前在美国学习的年轻人十分关注,不遗余力地引荐他们到政府机构任职"①;而容闳更是切实发起幼童留美,让后来者同受新文化的洗礼。除从分散走向整体的中华教育改进社这样权威的专业团体外,众多的地域性或家族性教育群体更能具体入微地反映留美队伍由小到大的发展过程。

1. 开榛辟莽的早期群体——珠海留美学生
1871 年（同治十年）清廷接受容闳（原籍香山县，今珠海

---

① 颜惠庆著,吴建雍、李宝臣、叶美凤译:《颜惠庆自传》,第63页。

市南屏镇人）的建议，同意选拔 120 名幼童分 4 批派送美国留学，并由容闳主持在美留学事宜。为了保证选派幼童的英文水准，促使中美教育有效衔接，清廷在上海创办一所预备学校，由全国各地选派聪颖子弟入学预修，然后通过考核选拔优秀者赴美留学。当时中国虽有洋务运动的进展，但多限在一小部分地方的开明官员中进行，而广大农村对"洋"仍非常排斥。郭嵩焘只是代表政府临时出使英国，时人便百般讥讽，更别说公开承认向洋人学习了。何况当时信息交通不便，也难以让他们知晓派遣幼童留学之事，而且绝大多数地方之人也不会让自己的子弟出洋学习。正因为广东省得风气之先，加上有容闳、唐廷枢、徐润等思想较为开明人士的告知与引荐，所以入上海预备学校者大多数是粤籍儿童，尤以香山县为众，而多集中在容闳老家的周围。此后，当地风气渐开，加上容闳挚友、殷实侨商、著名侨领董兼驻檀香山首任领事陈芳携子回国，留学成风，较早就形成了一个庞大的珠海留学生群体队伍。

表 2－1－2　清末民初部分珠海留美学生简历

姓名	出生时间	镇	学校	时间*	主要社会活动	备注
容　闳	1828	南屏	耶鲁文学	1847	驻美公使馆副使	
容觐槐	1879		耶鲁毕业	1902	技士	容闳之子
容永成			耶鲁			容闳孙子
容　揆	1860		耶鲁	二	使馆代办，驻美学生监督	容闳堂侄
容星桥	1865		耶鲁	三	汇丰银行总经理	容闳堂弟
容启东	1906		芝加哥大学	1937	博士，爵士	容星桥子

姓名	出生时间	镇	学校	时间*	主要社会活动	备注
唐国安	1860	唐家	耶鲁法律	二	清华首任校长	
唐元湛	1861			二	上海商业银行经理	
唐绍仪	1862		哥大文科	三	首任总理,北洋大学堂督办	幕僚出身
梁如浩	1863		史蒂文工学院	三	交通总长,北洋大学堂督办	
唐有恒	1884			1907	北京农专校长	
陈席儒	1859	前山	耶鲁		广东省省长,1922	陈芳次子
陈庚虞	1860		耶鲁		香港富商	陈芳三子
陈庆云	1897		空军		国民政府航空委员会主任	
蔡绍基	1859	拱北	耶鲁法律	一	北洋大学堂	
徐振鹏	1860		耶鲁法律	三	海军部次长	
蔡廷干	1861	金鼎		三	中将,留美学生会会长	袁世凯秘书

　　资料来源:据《历史名人》(珠海第一网 http://www.cn－no1.com)增补。

　　*　数字一二三代表留美幼童的批次,分别是 1872、1873、1874 年。陈氏兄弟 1890 年才到达祖国。蔡廷干 1919 年后历任中国红十字会副会长、外交总长、内阁代总理、华盛顿会议中国代表团顾问等。1927 年后转而研究国学,著有《老解老》和《唐诗英韵》等,并在美国出版。

　　留学是从东南一带开始,由点及面走向全国的。这从珠海、澳门一线留美学生队伍的壮大过程就可得到很好的显示,如容闳家族、陈芳家族的形成。须知当时国人对出国留学不像今天一样趋之若鹜,反而视之为异途。是容闳通过唐廷枢、徐润等马礼逊学堂时期的同学的现身说法,先后说服多位家乡父老同意送其子女留学,容氏家族就有多位留美学生。有了珠海的留美学生队伍,才成就了当地"中山模范县"的美誉,才有当时幼童、乃至日后广泛留学的规模,其中徐润的侄子、侄女较早自费留美,不无启示意义。意味深长的是,与曾国藩、张之洞、康有为三代政治人物均有深交的容闳与时俱进,倾向革命,并特别称誉孙中山"其人宽广诚明有大志,余勖以华盛顿、弗兰克林之志"[①],辛亥革命后派儿子回国投效孙中山,对珠海留美学生群体的壮大及其后代均具深远意义。而陈芳长孙陈永安是留日学生,曾任民国香山的第一任县长。他们的活动遍及中央与地方各界,甚至跨越中美,因此区域性的珠海群体在全国特具典型的、先导性的意义。

2. 横跨民国的鲜活群体——梁启超家族

早期留美有相当风险,故留美为少数开明人士所推动,在南方出现地缘性的珠海群体后,在北方又有一个特殊的血缘群体——梁启超家族诞生了。梁启超虽出生在广东,但长期居住在天津;曾游历新大陆与战后的欧洲,阅历丰富,思想活跃,兴趣广泛。他的博学非常人所能及,主张中西文化"结婚",力倡中西文化交流。故他在大学育人的同时,也注重家庭教育,同时力遣子弟出洋留学,结果梁氏家族满门俊秀,贡献卓著,留美学生甚众,实为中国近代教育史上的一大奇观。

表 2-1-3　梁氏家族部分成员简历

家属 *	留学时间及其学位	主要工作或职位	备注
长女思顺	日本		其夫周希哲哥大博士外交官

---

① 刘成禺:《世载堂杂忆》,中华书局 1960 年版,第 114—115 页。

家属 *	留学时间及其学位	主要工作或职位	备注
长子思成	宾大 1924 建筑硕士	清华大学建筑系主任	其妻林徽因同学于宾大、耶鲁
次子思永	哈佛 1923 考古硕士	中央研究院考古工作	夫人李福曼
三子思忠	西点 1926 炮兵	十九路军炮兵上校	1932 年抗日牺牲于上海
次女思庄	哥大 1930 图书馆学	燕京大学图书馆馆长	其夫吴鲁强麻省 1930 化学博士
四子思达		经济调查与研究	南开大学经研所首届硕士
三女思懿	美 1941 历史	红会对外联络部主任	1949 年归国, 在美与张炜逊结婚
幼女思宁		山东济南农业部门	1940 年参加新四军, 其夫章柯
幼子思礼	美 1941 理博	火箭设计	夫人赵青
弟弟启勋	哥大 清末 经济学	梁启超学术助手	民初回国, 词学名家

　　资料来源:据罗俭秋《新会梁氏》(中国人民大学出版社,1999)与吴荔明《梁启超的九个子女》(《中华读书报》1998 年 10 月 14 日)有关内容改编。

　　* 梁启超的弟弟梁启勋、长女分别出生于 1876、1893 年, 其余都是 20 世纪出生, 时间分别是 1901、1904、1907、1908、1912、1914、1916、1924 年, 其中思顺青少年时随父亲长期寄居日本, 思庄 1925 年赴加拿大依附长姐读中学。梁思成 1927—1928 年曾到哈佛准备攻读博士学位, 和二弟曾是校友。梁思礼博士毕业于辛辛那提大学。

　　近代中国虽有宋耀如家族、颜永京家族等可与梁氏家族媲美, 但在留学方面梁氏家族更具代表性: 第一, 时间跨度上, 覆盖整个民国。最先留学的是梁启超长女及小其 3 岁的二弟启勋, 后者清末即在哥大学习经济, 前者自小随父流浪, 曾毕业于日本夏田歌子女校。最末是三女于新中国建立前夕归国。这表明留美与中美教育交流已成为一种常见的教育现象、文化现象、社会现象。第二，留美是主流。即使梁家子弟有留日、留加学生，也有听信何廉劝告而成为民办的南开大学的首届硕士，更有直接投奔新四军的巾帼英雄，也未改变这种构成。鉴于长女夫妇身在北美、几个儿子也在留美，梁启超觉得"全家都变成美国风，实在有点讨厌"，故对思庄在加拿大学习感到高兴，特望她"特别注重法文，将来毕业后最少留法一年"①；但留美已是大势所趋，事情并未按梁氏设想发展，思庄还是转学美国，连同女婿、儿媳至少有 11 位留美学生。第三，专业多元化。梁启超具有百科全书式的气派，强调求真与致用的统一。他说："单有常识，没有专长，不能深入浅出。单有专长，常识不足，不能触类旁通。……专精同涉猎，俩不可少。"②故在得知次女专业时高兴回信说："庄庄学生物学和化学好极了！家里学自然科学的太少了，你可以做个带头嘛。我希望达达以下有一两个走这条路。"③结果，梁氏家族所学专业涵盖了建筑、美术、考古、图书馆、历史、经济、军事、法律、理学、化学等学科。至于家属，长媳搞美术，长婿从事外交，二女婿是化学博士，三女婿则是著名儿科医生。第四，工作成绩突出。梁氏家族中除思忠在"一·二八事变"英勇捐躯外，名声稍弱的长女也有《艺蘅馆词选》问世，其弟亦为词学名家；其余人在各自领域中成绩突出，为时代辉煌写下了浓墨重彩的一笔，其中梁思成、梁思永同时于 1948 年当选为中央研究院人文组院士，45 年后，梁思礼也成为中科院院士。第五，在教育界贡献良多。虽然宋家、颜家投身教坛亦不乏人，但其子女多往

① 梁启超：《梁启超未刊信稿手迹》（下），中华书局 1994 年版，第 705 页。
② 梁启超：《中国历史研究法》（补编），《饮冰室合集·专辑之九十九》，中华书局 1989 年版，第 33 页。
③ 梁启超：《梁启超未刊信稿手迹》（下），第 830 页。

商界、政坛发展;与之不同的是,梁家子弟大多终身活跃于教育界,在近代中国教育史上极具典型意义。

两个横跨南北的群体的形成,一方面说明:第一,工作职业化,从教的越来越多。珠海群体兼跨军政两界,教育还只是个别人的专业或暂时的兼职;到梁氏家族时教师已普遍成为终身职业。第二,留学专业全面化。前者多学文科,后者亦涉及图书馆学、考古等科技含量高的专业,这说明民国以后,中国学术与教育开始进入综合多元发展的新阶段。第三,留美学生群体不断出现,为中国政治、经济、军事的近代化做出了重大贡献。相对其他留学生而言,留美学生对教育的贡献尤大。另一方面也说明:留美从点到面,留美学生队伍也从弱到强。留美学生的社会形象的好转、社会团体的增多及其代表性群体的形成,都反映出留美日益成为一种社会风气,留美学生队伍不断壮大,发挥作用增强。这既为中国近代化提供了一支高素质的人才队伍,也为近代教育的发展、中美教育的交流奠定了干部基础。

第二节 在教育界的优势地位

清末民初,随着基础教育、高等教育的大发展,新教育愈益受到重视,留美学生在教育界也崭露头角。20 世纪 20 年代,随着留美浪潮的到来,归国留美学生人数大增,投身于教育的也显著增多。在他们努力进行教育近代化的建设过程中,所谓的学非所用、专业不对口等负面因素被极大克服,从而在教育战线上发挥着巨大的作用,确立了他们在教育界的优势地位,在新教育、师范教育的建设中更是居于领导地位。

一、振兴祖国教育的职志

近代留美学生最初投身于教育事业，与当时社会对他们重视不够有关，与社会不够发达有关；后来在整体上并未像留日、留苏、留法学生一样在政坛扬名，则与他们留学时所受的美式系统专业训练与工作热情有关。其实，这与派遣幼童徐图自强的初衷并不相符，可以说留美的主要预期目的并未达到；但也应该看到，这是近代中国教育大发展的客观需要，更是留美学生自己的主动选择。

1. 留美学生献身教育的热望

在走向近代的过程中，留美学生从一开始就立志发展祖国教育；当他们清楚认识到中美两国教育之间存在有客观的鸿沟时，觉得大有从新改革与建设的必要。

归国留美学生怀抱"教育救国"的主张，早就众所周知。如容闳从实际遭遇中深切感受到中美的差别与教育改革的必要，"学生既被召回国，以中国官场之待遇，代在美时学校生活，脑中骤感变迁，不堪回首可知。以故人人咸谓东西文化，判若天渊；而于中国根本上之改革，认为不容稍缓之事"①，当初毕业时就决意要"藉西方文明之学术以改良东方之文化，必可使此老大帝国，一变为少年新中国"②。留美幼童就是他的教育计划的发展。

此后的在读留美学生也有类似表达。谢鬘禹曾发誓"学成归

---

① 容闳：《西学东渐记》，中州古籍出版社 1998 年版，第 169 页。
② 容闳：《西学东渐记》，第 149 页。

国,无论居何种地位,总要以振兴教育为职志,而提倡诱掖之"[1],另一在读学生胡明复希望自己和他的同学们成为"科学家、经济家、工程家、制造家与政治家,欲其归国后实施所学为宗国教育上、实业上、社会上、政治上之建设改革,非徒欲其专一职司一业自给其身也"[2]。而且当时"那一代的中国留学生踌躇满志,对自己将来在中国的地位非常有信心"[3],当时便涌现出两个不约而同地以"联合起来振兴中国"为口号的秘密兄弟会。值得注意的是,康乃尔大学学生胡适发表《非留学篇》,深刻指出了"留学生日众而国中高等教育毫未进步",就是"盖以仅有留学而无大学以为传布文明之所耳"[4]。在读留美学生并非空发议论,如胡明复在成为哈佛大学第一个中国籍博士之前,参与创建科学社,回国后历任多所大学教授,参与创办中国公学、大同大学;而胡适在北京大学校长任上为中国大学追赶世界一流大学而精心撰写《争取学术独立的十年计划》,引起了巨大的反响。

2. 留美学生投身教育的比率

留美学生献身教育的言行是一以贯之的。就其所学专业与就业去向来说,据汪一驹调查,留美学生在 1905—1954 年间所习专业以工科为多,约占总数百分之三十至四十;……工科留学生中,约占百分之二十八点七当教员;百分之十六点七任公职;百分之三十以上进入工商界,……学教育和理科留学生,多以教书为职业,

---

① 谢鋆禹:《留美学生与中国教育前途》,《留美学生季报》1916 年春季号。
② 胡明复:《论近年选派留学政策》,《科学》第 1 卷第 9 期,1915 年 10 月。
③ 陈毓贤:《洪业传》,第 47 页。
④ 胡适:《非留学篇》,《留美学生年报》1914 年第 3 季;又载于《甲寅》月刊第 1 卷第 10 号,1915 年。

大学没缺教中学,人文和农科也以教书为多①,应该说从事教育工作的留美学生相当多。庄泽宣在谈到清华庚款学生的就业分配时说:"前几年美国第一次退回庚子赔款,中国答应用来派留学生,并自订其中百分之八十须学实科。据民国十三年调查,回国学生五○二人中学工程者二○六,商业者九三,自然科学者四八,医科者一九,农科者三一,共三九七,即百分之七十六。但学工程而在工程界任事者二零六人中仅七十八人,学商业而在商界中任事者九十三人中仅五十三,学农而在农界中任事者三十一人中无一人,大多数人教育界中任事,即五○二人中一七六人。"②其实,早在几年前就露出了这种倾向。清华选派考生包括甄别生、在校生、女生以及专科生等 4 类留美学生共 1031 人,到1926 年虽然暂时只有 516 人回国,但其就业去向也基本相吻合,见表 2－2－1:

表 2－2－1　1909—1925 年清华留美学生归国人数及就业主要方向 *

年别	甄别	在校	专科	教育专业	女生	1	2	3	4	5
1909	47				—	16	3	7	7	7
1910	70				—	24	6	11	17	6
1911	62				—	16	2	12	11	13
1912		16				1	1	5	3	1
1913		43				11	2	14	5	2
1914		34			10	11	2	8	2	
1915		41				8	2	12	5	5

① 参见汪一驹:《中国知识分子与西方》,第 166—167 页。

② 庄泽宣:《如何使新教育中国化》,民智书局 1929 年版,第 86 页。

年别	甄别	在校	专科	教育专业	女生	1	2	3	4	5
1916		32	10		10	8	3	11	1	4
1917		35	7		14	2	11	4	1	
1918		67	7		8	24	2	4	7	3
1919		63	8		16	3	7	6	2	
1920		79				8	1	2	3	1
1921		76	10	5	10	1			1	
1922		63		9						
1923		81	4	5						
1924		63								
1925		70		3						
总计	179	762	47	35	43	156	36	104	72	45

资料来源：据常道直《留美学生状况与今后之留学政策》(《中华教育界》第15卷第9期)、《清华一览》(1926)、舒新城《近代中国留学史》(第251—255页)等论著编制。

＊ 本表1、2、3、4、5代表高校、其他教育职业、商科、工矿、政治5种职业。1含属于高校的技士、盐务、官吏；2含高等、中等学校教职员，其他教育事务，编辑；3含公司，洋行，银行，银行，铁路，银行，盐务；4含铁路38人、技工16人、工厂11人及工业研究、工务、矿务、盐务；5含部员45人，即官吏、外交官、军官。

从教、从商、从政乃他们当时的三大出路，尤以从教最多。根据舒新城的统计，在1031人中，学习工程及工艺的人最多，有95人，占24.83%；商科第二，有50人；经济有35人，占9.17%。第四农业类，有27人；第五乃政治，有24人；第六为教育，有21人。除开有55人职业未详外，学习教育仅占5.50%，但从教的竟达192人，乃所学本专业的3倍多，占1926年已经归国就业516人的37.21%。其余从业工商的有176人，占34.11%；从政45人，占8.72%；另外清华留美女生4.17%，当然也是从教的居多。

留美学生一向以振兴祖国教育为职志，以较高热情与比率投身教育。虽然归国后很少有扎根农村的，不能不说是一个遗憾，但也从另一个方面反映了他们对高等教育的专注与热情，以悖论式的逻辑强化了自身在教育界的优势地位。

二、清末民初的高校校长群体

百年大计，教育为本，留美学生大多热爱教育事业，甘愿清贫，或默默兴办学校，或奔波于大洋两岸，致力于促进中国教育近代化、推进中美教育交流的大业。其实，对留美学生而言，清末民初时的教育环境远算不上优越，当时科举制仍残存影响，社会对留美学生仍不无歧视。此外，政治经济不够开明发达，自由民主的空气淡薄；而且，留日学生和日本教习还一度占据教育界的主导地位。就是在这样艰难的环境中，仍多有潜心于教育、学术研究和中美文教交流的留美学生，并取得了一定的成就。

早期留美学生中官费比例较大，在毕业后分配极不合理的情况下，先在教会学校与公立学校中站稳脚跟。最著名的如唐国安，从圣约翰转往清华，于1912年5月23日经报准将游美学务处撤销，统一学堂的事权，后将清华学堂复课；1912年10月17日将学堂更名为清华学校，出任第一任校长；还两次扩充校园，并强调专款只能专用；曾自动拒绝同乡好友唐绍仪的荐引，潜心教育工作，一贯忠于职守，思想开明，待人诚恳，爱护学生，惜积劳成疾，天不假年。与继任者周诒春同是深受师生们的爱戴的著名教育家，总体表现参见表2-2-2：

表 2 - 2 - 2 1920 年以前部分留美学生开始在高校任职情况简表

姓名	籍贯	赴美留学简况	教育界职务	备注
颜永京	上海	教会资助,建阳学院	约翰书院第二任院长 1883	翻译《心灵学》
林联辉	南海	幼童,天津总督医学堂	北洋军医学堂总办 1894	第一个官办医校校长
周自齐	单县	1896 年赴美,哥大	清华学堂首任总办 1909	庚款留美主持第一人
唐国安	珠海	幼童,耶鲁 法律	清华学校首任校长 1912	使美,驻美学生监督
周诒春	休宁	威斯康辛大学硕士	清华学校校长 1913	清华校长
唐绍仪	珠海	幼童,哥大文科	北洋大学堂督办 1903	庚款谈判鸣谢特使
梁敦彦	珠海	幼童,耶鲁	北洋大学堂督办 1904	参与庚款谈判
梁如浩	珠海	幼童,史蒂文工学院	唐山路矿学堂总办 1905 北洋大学堂督办 1907	天津、上海海关道台
蔡绍基	珠海	幼童,耶鲁	北洋大学堂督办 1908	天津海关道台
赵天麟	天津	留美	北洋大学校长 1914	后创办耀华中学
张煜全	南海	耶鲁 硕士	清华学校校长 1918	随傅兰雅留美
周长龄	新安	幼童	山海关铁路学堂总办	爵士,重建学校
方伯梁	开平	幼童,哈佛 博士	唐山路矿学堂总办 1903	
金韵梅	宁波	纽约医院附属医学院	北洋女医学堂总办 1907	女,在美发表过论文

姓名	籍贯	赴美留学简况	教育界职务	备注
赵士北	广东	哥大	唐山路矿学堂总办 1912	
温秉忠	新宁	幼童	暨南学堂总理 1909	考察美国教育
唐有恒	珠海	1904 年赴美康乃尔博	北京农专学校长 1912	北京协和医学院校长
郭秉文	江浦	哥大　博士	南高首任教务长 1914	1918 任第二任校长
许肇南	贵阳	哈佛	河海工专　1915	
胡敦复	无锡	康乃尔大学	大同学院　1912	兄弟皆校长
李登辉	归侨	耶鲁,1899 毕业	复旦公学校长 1913	发起寰球中国学生会
张伯苓	天津	哥大师院	南开大学校长 1919	多次考察美国教育
钟荣光	广东	哥大师院进修	岭南书院副监督 1917	在美国多次教育募捐
沈祖荣	宜昌	纽约图书馆学校	文华大学图书科 1920	首次学习图书馆学

　　当时的国立高校有北京大学、北洋大学、山西大学(规模小)、清华、南北高师及一些专门学校。在此时期,留美学生不仅开创了国立西医教育的先河,还占据了国立高等学校阵地的半壁江山。而胡敦复、李登辉、张伯苓等又在私立高校中崭露头角,也有一部分教会系统出身的归国留美学生参与了教会大学的创建,如颜永京、钟荣光、沈祖荣相继在学监、教务长、学科主任等位置上崛起,甚至成为教会学校的副监督、校长。可惜当时的教会学校多处于大学的酝酿升格时期,尚无严格意义上的大学出现,再过几年才迎来他们出任教会大学校长的时机。

还有一些人虽然没有在高校正式任职,但在留美学生事务及教育学术方面有过巨大贡献,如容闳倡议并护送、监督幼童留美,创议预备学校和留学事务所,为近代留美、留学做出了开拓性的贡献;而第三批幼童蔡廷干在从政之余,曾担任欧美同学会首任会长、赴美留学生会会长(1925),著有《唐诗英韵》、《老解老》并由芝加哥大学出版,为中国文化的西传做出了一定的贡献。此外,当年为留美幼童当翻译的邝其照在自学之余编成了《英文成语词典》,有利于留美学生对英语语言的把握与运用;而"进士"颜惠庆为上海商务印书馆(简称"商务",下同)编辑了一部《英华字典》,方便了国人学习英语。至于梁诚与美国谈判退还庚款用于教育事业的事迹将在后面陆续谈到。

留美学生随着自身的成长与国内高等教育的发展,逐渐占据了国立高等学校的半壁江山,在私立高校中也逐渐崛起;还在女子高等教育独领风骚,如第一位女大校长、金陵女子大学校长吴贻芳、华南女子大学校长王世静、北京女子师范大学校长杨荫榆、河北省立第一女师校长(1929年继为新成立的河北女子师范学院院长)齐国樑都是留美学生。早期的留美学生为中国近代高等教育的各方面发展做出了自己的贡献。

三、国民政府时期的领导地位

中国近代教育的发展是以模仿日本开始,以学习美国而告终的。如果说前期多由来华日本教习指导贯彻的话,那么后期则由留美学生亲手推动完成。自新文化运动以来,留美学生在教育行政、教育思想上越来越居于主导地位,国民政府时期在教育界的领导地位完全确立。在中央,第一任教育部长蒋梦麟就是哥大师院博士,尔后的教育部长陈立夫、杭立武,长期担任教育次长的段锡朋、顾毓琇、朱经农等人也都是留美出身,在他们的主持下基本确立了美式现代教育体制。在高等教育界,留美学生的行政主导地位愈益突出。

1. 各类大学的主要领导

众所周知,大学在国家教育中占有重要地位,随着在华教会大学的立案工作基本结束,全国大学教育体系基本完成。当时人们十分看重大学教育,普遍把发展大学教育作为强化民族素质的捷径、提高民族教育与文化水平的主要途径、带动中小学教学的有力武器。留美学生也极为重视大学的作用,认识到大学"就其声教所暨者言之,则充其极可以为国家文化之中心,可以为国际思潮交流与朝宗之汇点"[1],故他们在愈益掌握大学办学主导权的同时,设法努力办好大学,使之成为他们推动中美教育交流的最好公共空间,并使跨国交流与国内大学发展之间形成了互动和互荣的关系。到1931年,以蒋梦麟、梅贻琦为代表的留美学生已成为中国"知识界的头面人物"[2],掌控了中国高等教育的行政领导权。

表2-2-3　1932年国立、省立、教会、民办大学校长一览 *

学校	姓名	籍贯	留学之经历(专业)	备注
中央大学	罗家伦	浙江	美普林斯顿大学哥大	后留欧,前清华校长
北京大学	蒋梦麟	浙江余姚	美哥大　哲学博士	前教育部长、浙大校长

[1]　梅贻琦:《大学一解》,《清华学报》第13卷第1期,1941年4月。

[2]　费正清著,黎鸣、贾玉文等译:《费正清自传》,天津人民出版社1993年版,第282页。

学校	姓名	籍贯	留学之经历（专业）	备注
北师大	李蒸	河北滦县	美哥大　哲学博士	前教育部社会教育司长
清华大学	梅贻琦	河北天津	美吴志伟学院　学士	前清华留美监督
浙江大学	郭任远	广东潮阳	美柏克利大学　博士	前复旦大学副校长
山东大学	赵畸	山东益都	美哥大戏剧	即赵太侔，1946 年再任
交通大学	黎照寰	广东南海	美宾州大学、哥大硕士	由副校长升任
中山大学	邹鲁	广东大埔	日	
北平大学	徐诵明	浙江	日九州帝国大学	
四川大学	王兆荣	四川秀山	日东京帝国大学	
武汉大学	王星拱	安徽	英伦敦理工学院	
同济大学	翁之龙	江苏常熟	德法郎夫大学医学博士	
暨南大学	郑洪年	广东番禺		
河南大学	张广舆	河南巩县	美密苏里大学	
东陆大学	华秀升	云南通海	美硕士	
湖南大学	胡庶华	湖南攸县	德柏林大学	
广西大学	马君武	广西桂林	德柏林工业大学博士	
山西大学	王禄勋	山西临汾	英伦敦大学工学博士	
安徽大学	程演生	安徽	留法	
吉林大学	李锡恩		德柏林大学	
东北大学	张学良	辽宁海城		负责之秘书长萧恩承留美
东北交大	张学良			
燕京大学	周诒春	安徽休宁	美耶鲁大学	前清华校长

学校	姓名	籍贯	留学之经历(专业)	备注
金陵大学	陈裕光	浙江鄞县	美哥大哲博	前北师大代校长
沪江大学	刘湛恩	湖北汉阳	美哥大哲博	美邓礼森大学法博
东吴大学	杨永清	浙江镇海	美南方大学法学博士	
岭南大学	钟荣光	广东中山	美哥大旁听	举人
齐鲁大学	朱经农	江苏宝山	美华盛顿大学　硕士	哥大研究一年
华西协和	张凌高	四川壁山	美西北大学　硕士	
华中大学	韦卓民	广东中山	英伦敦大学哲学博士	前副校长。美国哈佛硕士
中法大学	李煜瀛	河北高阳	法	
震旦大学	胡文耀	浙江鄞县	法	天主教大学
辅仁大学	陈垣	广东新会		
南开大学	张伯苓	河北天津	美哥大肄业	多次赴美考察募捐
复旦大学	李登辉	福建同安	美耶鲁大学	发起寰球学生会,归侨
大同大学	曹惠群	江苏宜兴	英伯明翰大学	
光华大学	张寿镛	浙江鄞县		举人,留美生廖世承副之
大夏大学	王伯群	贵州兴义	日中央大学	留美学生欧元怀副之
中华大学	陈时	湖北黄陂	日本中央大学	校址在武昌
国民大学	吴鼎新	广东开平	日东京高师	广州
广州大学	金曾澄	广东番禺	日	
厦门大学	林文庆	福建同安	英爱丁堡大学	归侨

资料来源:据蒋致远主编《中华民国教育年鉴》(四)第25—121页整理增补而成。

　　* 表中"学校"一栏(自上而下),至东陆大学之上为国立,湖南大学至东北交大为省立;燕京至辅仁为教会大学,以下为民办。

从表2-2-3可以看出,42位大学校长中,留日者6人,留英者5人,留法、留德者皆3人。其中,留学英、法、德的共占26.19%,而留日学生仅占14.29%。留美者18人,人数最多,占42.86%;有哥大背景的共10位,占23.81%。他们掌握了13所国立大学中的7所,包括北大、清华、北师大与中央大学等校校政;在华教会大学立案大学的11位校长中也有最重要的7席;在资质参差不齐的民办大学中,最好的"南复旦、北南开"两所大学校长也是留美出身,东北大学、光华、大夏三所大学情况实际上差不多。如说教育部长可掌控教育政策的制定,那留美学生大学校长群则可以主导大学的办学方向,这自然加大了大学办学的美国色彩,也有利于美国教育思想在当时大学的传播。

2. 师范院校的主要领导

近代中国的高等师范教育一直有着自己独特的序列。五四以来,郭秉文与邓萃英、李建勋掌校的南高与北高师遥相呼应,完成了由日本式高师向美国式高师的改革与转型。自南高改制为东南大学以来,近代高师教育的声势有所削弱,但留美学生一直没有停止过加强高师教育的呼吁。终于在抗战中后期,他们的建议被政府采纳实施,廖世承担任了新设的国立蓝田师院的首任院长,续后不断有留美学生出任独立的师院院长。

表2-2-4　三四十年代师范学院院长简况

级别	学校	地址	创建时间	首任院长	首任院长学历
国立	北平师范学院	北平	原北师大	李蒸	哥大
	国立师范学院	南岳	1938	廖世承	哥大、布朗哲博

级别	学校	地址	创建时间	首任院长	首任院长学历
国立	湖北师范学院	武汉	1940	张伯谨	哥大哲博
	南宁师范学院	南宁	1942	曾作忠	华盛顿大学哲博
	贵阳师范学院	贵阳	1941.7	王克仁	哥大、芝大
	昆明师范学院	昆明	46	查良钊	芝大、哥大
	西北师范学院	兰州	源于北师大	易 价	
	长白师范学院	长春	1946.12	方永蒸	哥大
	女子师范学院	重庆	1940	张邦珍	
国立	社会教育学院	无锡	1941.8	陈礼江	哥大
省立	江苏教育学院	苏州	1928.3	俞庆棠	哥大
	四川教育学院	重庆	1933	甘续镛	
	河北女子师范学院	天津	1929	齐国樑	哥大
	台北师范学院	台北	1946.4	李季谷	东京高师、剑桥

资料来源:据蒋致远主编《中华民国教育年鉴》(八)第185—218页增补。

从表2—2—4可以看出,相对于掌握大学近一半的校长岗位,留美学生在高师教育中更占有优势。这些院长们比表2—2—2中的校长更多在第一线任教,直接传播美式教育思想;而且更有系统教育思想,在教育专业内的影响更为深远。

留美学生在普通高校与师范学院中都占据主导地位,既推动着中国高等教育、高师教育与整个教育界主动向美国教育学习,快捷向国际教育前沿看齐;也有利于美国教育模式向全国的传播,促进了中美教育交流的进行。

3. 教师队伍的脊梁

在留美出身的校长(院长)呼风唤雨的同时,有更多的留美学生把教师当成终身职业，默默耕耘，为教育科学的科学化、学科化、科层化、国际化奉献光和热，为中国近代教育的发展添砖加瓦。南高——东南大学、南开大学、清华大学等众多大学无不由留美出身的教师充任脊梁。1930年后，留美出身的教师占有更加重要的地位。当时教师职称评定有一套严格的规则，由教授与副教授、专任讲师与兼任讲师、助教及其他人员组成，其中教授为终身职衔，是课堂教学与学术研究的主力，代表师资队伍的水平和发展走向。下面以北平师范大学教授群为例来考察当时教师队伍的水平。

表 2-2-5　1935 年秋北平师范大学师资情况

学院院长	学系	系主任	教授的留学情况			其他教师留美情况	全校	
			美	日	欧		教师	学生
教育学院—李建勋	教育系	李建勋	7	2	—	6	15	104
	体育系	袁敦礼	2	2	—	1	19	52
文学院—黎锦熙	国文系	钱玄同	—	1	—		12	85
	历史系	李飞生	2	1	—	3	14	88
	外文系	杨宗翰	3	—	—	7	17	84
理学院—刘拓	数学系	赵进义	1	—	1	—	14	59
	物理系	文元横	2	1	—	1	20	62
	化学系	刘拓	2	—	1	2	17	67
	生物系	郭毓彬	3	—	—	1	8	66
	地理系	刘玉峰	—	1	—	4	12	63
总计		6人留美	22	8	2	26	148	730

资料来源：据《国立北平师范大学校务汇录》第 149 期（1936 年 2 月）编制。

从表 2－2－5 可以看出，全校当时的 36 名教授，有 22 人留美，占总数的 61.11%；148 位教师中有 48 位留美，占总数的 32.43%；而师生比例约为 1/5，较为合理。值得注意的是，一是北平师范大学并非留美至上，也重视其他人才的作用，如代理文学院院长黎锦熙便没有留学经历，而生物系还有 2 名练习生的加盟；二是有些教师为提高自己的学术素养，不满足于日式的高师训练而再赴美国深造，如教育系的李建勋、常道直与物理系的张贻惠、杨立庵便属于这种情形，而教育系杨荫庆留美后曾赴欧研究。北平师范大学的个案表明，该校教授（留美出身多）"多系国内教育学术专家"，视"教育救国，为刻不容缓之图，培养师资，尤为教育根本"①，爱岗敬业，自达达人，培养了大批优秀毕业生，不愧为培养师资的师资，堪称"学为人师，行为世范"，为近代教育的普及与发展做出了历史性的贡献。

4. 教育学术界的领导人

当时，留美学生在教育学术方面非常活跃。早在五四运动前后，郭秉文等人发起的中华教育协进社，对国内新学制的草拟、重大教育问题的讨论、国际教育组织的参与均有重大贡献。而各省教育联合会也比较活跃。1933 年初，中国教育学会正式成立，坚持以研究教育学术为中心，十年后已有会员千余，由常务理事会负责推动会务。

---

① 李溪桥主编：《李蒸纪念文集》，中国社会科学出版社 1996 年版，第 65、66页。

表 2－2－6　**1933 年中国教育理事会成员简历**

姓名	籍贯	出生	学历	本职	备注
朱经农	宝山	1887	华盛顿大学硕士	湖南省教育厅长	留美学生监督处书记
常道直	江宁	1897	哥大硕士	北师大教授	中央大学教育系主任
程时煃	新建	1890	哥大硕士	江西省教育厅长	早年东京高师毕业
陈东原	合肥	1902	哥大硕士	安徽省图书馆馆长	1937 年回国
章　益	滁县	1902	华盛顿大学硕士	复旦大学校长	
袁伯樵	嘉兴	1902		芜湖萃文中学校长	科罗拉多学院博士
罗廷光	吉安	1896	哥大硕士	湖北教育学院院长	
陈鹤琴	上虞	1892	哥大硕士	中央大学教授	儿童教育社理事长
刘季洪	丰县	1904	华盛顿大学	教育部社教司司长	教育硕士,博士
胡定安					

资料来源:据蒋致远主编《中华民国教育年鉴》(九)第 844 页增补。前 7 人为常务理事,后 3 人乃常务监察。

　　表 2－2－6 中绝大多数人曾经留美,学历比当年的全国教育会联合会头面人物的学历要高,要单一的多,具有极深的美国教育的影响。这在中国教育学术团体联合会(1944 年由教育团体联合办事处扩充而来)的领导组成上也有清晰的反映:

表 2-2-7　1944 年中国教育学术团体理事会领导人

姓名	籍贯	出生时间	学历	本职	备注
张伯苓	天津	1876	哥大	南开大学校长	理事长
常道直	江苏	1897	哥大硕士	中央大学部聘教授	总干事
郝更生	江苏	1867	春田体育	国民体育委员会主委	
马客谈	江苏				主编《少年科学文库》
李清悚	江苏			中学校长	东南大学毕业
朱经农	江苏	1887	哥大硕士	光华校长、商务总经理	前齐鲁大学校长
李　蒸	河北	1895	哥大硕士	西北师院院长	前社会教育司长
黄炎培	江苏	1878	举人	中华职教社社长	考察美国教育

资料来源:据蒋致远主编《中华民国教育年鉴》(九)第 847 页编制。前 5 人为常务理事,后 3 人为监事。

随着蔡元培等学界元老的故去,留美学生已经掌握了教育学术界的绝对领导权。这不仅有利于中美教育交流向纵深发展,提高教育的学科地位,也促进了教师的职业化。这突出表现在教师节与儿童节的倡议与宣传中①,各地先后热烈庆祝,也一度得到了政府的默认与支持,后来更是公开合法化。他们的创见加速了与国际接轨的过程,促进了近代教育的发展。

留美学生的这种主导地位,对近代中国高等教育带来深刻的积极影响,师资与学生同步增加,教育投入也随之不断增多。

---

① 蒋致远主编:《中华民国教育年鉴》(六),宗青图书出版公司 1991 年版,第 396 页。

表2-2-8　1912—1931年间中国高等教育概况

年别	高校数量				教员			在校学生			经费（元）
	合计	本		专		合计	本	专	合计	本	专	
		公	私	公	私							
1912	115	2	2	77	34	2312	229	2083	40114	481	39363	3971361
1916	86	3	7	55	21	2036	420	1616	17241	1416	15795	3673155
1925	108	26	24	42	26	7578	4669	2909	36321	25278	11043	15446338
1928	74	28	21	20	5	5214	4567	647	35198	21786	3412	17909810
1931	103	36	37	20	10	7053	6183	870	44167	33966	10201	33619237

　　资料来源：据蒋致远主编《中华民国教育年鉴》（四）第15、20—21页编制。

　　从表2-2-8可以看出，1925年本科高校达50所，是10年前的5倍，教员人数剧增，从1916年的420人增至4669人，标志北洋政府时期的高等教育达到历史的最高水平。此后，高校数虽一度急剧减少，虽有取消"野鸡大学"并要求私立大学立案两个重要因素在内，但政局与政策的变更也是不容否认的缘由。南京政府重视教育经费的投入，重视大学的办理质量，阵痛之后各项指标缓步改善，大学教育有了长足发展。

　　留美学生不但热心于本国教育事业，而且作为中国教育界对外活动的代表，积极热情参与国际教育活动。五四前后，新文化运动的开展使流派各异的教育思潮和教育实验在中国先后展开；而杜威、孟禄等名家相继来华，数量众多、组织化程度很高的知识分子社团也出现了，并普遍开展对外交流，有的设立了交际、交际干事等类的职位，专门负责国内外的联络，如江苏省教育会、中基会；有的甚至下设国际教育组的机构，如著名的中华教育改进社。活跃的归国留美学生基本占有此类全部职位,郭秉文就是其中最著名的一个。他屡屡担任上述组织的交际部主任、国际教育组主任,甚至担任考察国际教育团的主任,成为中国教育界的首席对外代表。

留美学生的主导地位使中美教育交流的开展有了极好的操作平台,并有利于该交流的开花结果,促进了中国近代教育的发展。留美学生的在教育界的优势地位和巨大能量,是引进美国教育思想的无穷动力,为中美教育交流提供了一支拥有强大潜力的干部队伍。

第三节 哥伦比亚大学师范学院毕业生

哥伦比亚大学①作为常春藤盟校之一,是一所尊贵、悠久、整齐的研究型名校,初名国王学院,1897 年迁至今址,1907 年更名为哥伦比亚大学,培养了宋子文、顾维均等在中国近代政坛风云一时的众多名人,还培养了陈焕章、陈达、胡适、冯友兰、李权时、马寅初等学人。该校的师范学院堪为全美乃至全世界教育学重镇,在 20 世纪初年影响已遍及全世界,培养出一个庞大中国毕业生群体,在近代教育界的地位尤为突出,影响极为深远。

---

① 哥伦比亚大学,创始于 1754 年,与哈佛、耶鲁都是常春藤联盟的老资格大学,位于纽约曼哈顿北部的上哈林区晨边高地(Morningside Hights)116 到 120 街之间,1914 年有教职员 907 人,学生 9840 人。它的师范学院是相对独立的,经费、人员、学生、课程都是如此,校舍也设在哥大校园之外。1983 年才招收女生。2001 年有教师 315 位,留学生 5014 人,来自世界 80 个国家,全年经费 7000 万美元。巴特勒图书馆、东亚图书馆、罗伊图书馆以及教育学院的 Milbank Memorial Library 都较为有名。

一、毕业于哥大师院的中国博士

哥大师院(TCCU)是当时设立最早、规模最大、水平最高、名气最响的二级师范学院,办学经费充足。1925 年,学院董事部拟定 1925—1926 年度预算为"二百八十三万六千八百十六金元"①。拥有一批著名教育学大师,院长相继为教育行政专家罗素(J. E. Russell)、教育史学大师孟禄(Paul Monroe)。此外还有教育行政学者斯特拉耶②(G. F. Strayer,郭秉文、陶行知的毕业论文指导教师,后任全美教师联合会主席)、F. 麦克麦利兄弟(美国赫尔巴特教育思想流派的头面人物)、设计教学法权威解释者克伯屈(William Heard Kilpatrick)、教育心理学家桑戴克(Edward Lee Thorndike,当年有时译为商戴克)等;可谓名师荟萃,流派纷呈,思想自由,学风开放,"是世界上研究教育最著名的地方,教育学问之渊博,教育学科之丰富,学生人数之众多,世界上任何大学都找不出来"③,堪为全美乃至全世界教育学重镇。在 20 世纪初年其影响已遍及全世界,建院以来有毕业生 8 万余人,其中有 5 万人是留学生。该院思想自由,流派纷呈,学风开放,师生关系良好,留美学生对它评价较高,许多人都选定它"作为自己

①《哥伦比亚大学师范院之常年预算案》,《教育杂志》第 17 卷第 7 号,1925 年 7 月。
② 孟禄著有《教育史教科书》(1905)、《教育简史》(1907)、《教育百科全书》(1910—1913)等,郭秉文曾评价他"著名于教育历史,渊博无伦",又说斯特拉耶"精于教育管理法,名德之士也",见郭秉文《记欧美教育家谈话(二)》,《新教育》第 2 卷第 2 期,1919 年 10 月。
③ 梅克、陈秀云主编:《陈鹤琴全集》(六),江苏教育出版社 1992 年版,第 593 页。

留学美国的最终目标"①,受名师亲炙的近代中国的哥大师院毕业生群便是民国教育界的一大景观。1905—1960 年间,留美学生共计 2789 人获博士学位(包含少数加拿大大学学位);人文科学 327人,其中教育类有 149 人(含刘锡恩、刘廷芳),社会科学 548 人。哥大为中国培养了 101 个博士,占人文社科类的 11.54%,占总数的 3.62%;其师院为中国培养人文哲社类博士做出了无与伦比的重大贡献。

表 2-3-1　哥大师院为中国培养人文哲社类博士
(1917—1949)情况简表

时间	全美	教育类	哥大	哥大师院	贡献(%)	教育类贡献(%)
1917	13	4	10	2	15.38	50.00
1922	26	9	19	4	15.38	44.44
1925	54	18	29	9	16.67	50.00
1931	78	37	41	18	23.07	48.65
1937	121	62	53	26	21.49	41.94
1940	144	73	59	30	20.83	41.10
1945	173	88	64	34	19.65	38.64
1949	210	101	75	42	20.00	41.58

资料来源:据刘真主编、王焕深编著《留学教育》(三)第 1147—1165 页编译整理。

从表 2-3-1 可以看出,毕业于哥大师院的博士,在留美学生(尤其是博士层次)中占有重要地位。可以说,在 5 个人文类博士中该院就有 1 个,10 个教育类博士之中该院便占了 5 个。自从郭

---

① 华中师范大学教育科学研究所编:《陶行知全集》(一),湖南教育出版社1984 年版,第 24 页。

秉文于1915年从该院毕业以来,该院为中国培养了大批教育人才,到1931年输送博士已达18名,在整个人文类博士中的比例从零上升到23.07%。高学历的美国教育类博士越来越受社会欢迎,1929年前毕业的博士地位最为显著,见表2-3-2:

表2-3-2　1905—1929年间毕业的哥大师院博士的地位及影响

姓名	毕业	大学职务	在文教界的地位
郭秉文	1915	南高校长、东南校长	世界教育会议副会长,华美协进社社长
蒋梦麟	1917	浙大与北大校长	《新教育》主编、教育部长;《西潮》
刘廷芳	1920	燕京大学神学院院长	与司徒雷登校长关系甚笃
庄泽宣	1922	中山大学教育系主任	"新教育如何中国化"
朱斌魁	1922	厦门大学教育心理系主任	即朱君毅
刘湛恩	1922	沪江大学校长	因抗日被日寇暗杀
程其保	1923	中央大学教育学院院长	世界教育会议职员,华美协进社社长
张彭春	1924	清华教务长	梅兰芳赴美演出总导演
黄敬思	1925	山东大学教育学院院长	后转北师大
邰爽秋	1927	暨南大学教育系主任	热心教育史资料的收集与出版
钟道瓒	1927		
夏瑞卿	1928		
何清儒	1928		《教育杂志》社编辑
李建勋	1928	北高师校长	出席1923年世界教育会议
李　蒸	1929	北师大校长	教育部社会教育司长
尚仲衣	1929	北京师范大学教授	

　　资料来源:据刘真主编、王焕深编著《留学教育》(三)第1147—1165页编译增补而成。新增刘廷芳、刘湛恩,其博士论文分别是《博学中国的心理学家》、《用于中国的非直接的智力考试》。

可见,哥大师院毕业的中国博士归国后,迅速在教育界崛起,不但成为新教育建设的一支重要师资力量,还逐渐走上大学校院系三级领导岗位;又积极参加各种教育社团的活动,到处宣传美国教育思想,在推进教育改革、促使中国教育走向世界的过程中做出了重要贡献,成为归国留美学生的杰出代表,在新教育建设、中美教育交流中发挥了独特的作用。

二、国内教育界的主导地位

哥大师院在近代中国一直散发引人注目的影响,它在吸引张伯苓、钟荣光这样的学校负责人前往取经,也在诱惑李建勋、朱经农等前留日学生前去深造,还吸引了俞子夷学者前往旁听学习。哥大师院毕业生除博士外,还涌现了俞庆棠这样的优秀本科学生,拥有陶行知、常道直、郑宗海这样的硕士校友,他们普遍参与国内新教育建设。自郭秉文登上最早的四高师之一的南京高等师范学校教务主任的高位以来,归国哥大师院毕业生在近代中国教育界地位迅速提高起来,作用愈益显著,推动了近代中国的教育加速向前发展。

1. 20 世纪 20 年代初的优势地位

新学制颁布前后中国的高等教育进入一个新的勃发期,新的大学纷纷出现,多有由留美学生出任校长的事例发生,如张伯苓、邓萃英、郭秉文相继出任南开大学、厦门大学、东南大学的首任校长,当时蒋梦麟以总务长身份长期代理北京大学校务,加上特殊的清华,主导着当时并不发达的高等教育的半壁江山,其影响最深最广之处是由哥大师院毕业生全面掌控的南北高师

（即当时被简称为南高、北高师的南京高等师范学校、北京高等师范学校）。

南高成立于 1915 年元月，留美学生在此一直实力很大，开明的首任校长江谦聘任郭秉文（前留美中国学生会会长）、陈容两位哥大毕业生为学监、教务主任，此后在郭秉文的大力主持下，"一切用最新式组织，条理井然，……职教各员，多经留学欧美，学有专长"①，"号称东南学术文化中心，……设备亦臻完善"②，从而成功改建为东南大学（简称"东大"）。北京高等师范学校虽在 1912 年 5 月率先成立，但留美学生掌握校政的时间反而要慢，1920 年 12 月首任校长陈宝泉上调教育部后，由先留学日本东京高师、后留学哥大师院的邓萃英接任校长，翌年 10 月由另一位哥大师院毕业生李建勋接任校长。这样，南北高师都处于留美学生的领导之下，参见表 2－3－3：

表 2－3－3　　1921—1923 年间南北高师教育行政建制简表

学　　校	学科名称	主持人	备　　注
南高—东大 校长：郭秉文	教育专修科		1918 年创建，后发展为教育科
	教育科	陶行知	哥大师院硕士，首个教育科
	心理	陆志韦	留美
	体育	麦克尔	主任，美国人，曾派卢颂恩留美
	1923 年东大有 5 科 28 系，1600 余学生，教职员 200 余		

① 《教育部咨江苏省长正式委任郭秉文为南京师范校长》，《教育公报》第 6 卷第 10 期，1919 年 8 月 29 日。
② 南京大学校庆办公室校史资料编辑组、南京大学学报编辑部：《南京大学校史资料选辑》，1982 年刊印，第 133—134 页。

学　校	学科名称	主持人	备　注
北高师 校长：邓萃英、李建勋	教育专攻科		
	教育研究科		首次设立，导师有杜威夫妇等19人
	心理	张耀翔	哥大硕士，1920年首个心理实验室
	体育	袁敦礼	1923年赴哥大师院
	1924年升格为北师大，其教育研究科1920年建，招32人，16人毕业		

资料来源：据《东南大学史》与《北京师范大学校史》有关章节增补。

南高教育科在中国属于首创，事实上相当于二级学院的编制，下设几个系，后演变成中央大学教育学院。北高师教育研究科授予的虽是"教育学士"学位，但开创招收研究生的先河；原定两年毕业，实际上学了2年零3个月，开设有哲学、美学、心理学、教育学、教育史、教授法原理、物学、社会学、教育卫生、教育统计、教育行政、心理测量、社会问题、道德哲学、实用心理、各国教育制度、教育调查法等24门课程①；毕业生中有后来影响卓著的王卓然、康绍言、常道直、方永蒸、薛鸿志等。在郭秉文、邓萃英的办理下，南北高师成为影响最著的两高师。他们还聘请杜威夫妇、麦克尔等外国专家学者以不同的方式在南北高师讲学授课，为中美教育交流做出了贡献。

2.1931年在高师教育中的地位

新学制的颁布，教会大学立案注册的基本完成，标志中国民族教育有了一个相对发展、比较完整的近代体系，很多留美学生担任

---

① 黄公觉：《中国第一次授教育学士学位典礼纪盛》，《教育丛刊》第1卷第3集，1922年5月。

了大学的领导,在教育界中的地位与作用进一步增强,对教育学科和高师教育的发展有深远的影响,一个重要标志就是有广泛担任教育院系的领导。见表2-3-4:

表2-3-4　1931年部分高师教育行政建制表

单　位	院长及其学历	师	生	系(科)设置及其主任简目
北师大	李建勋　哥大师院	42	295	教育李建勋、体育袁敦礼。全校生1288、师178
中央大学	程其保　哥大师院	53	452	4系1科4专:教育行政常道直、教育心理艾伟
暨南大学	谢循初　芝大	27	155	教育部爽秋、心理张耀翔,师资专修科谢兼
大夏大学	陈选善　哥大师院	8	492	教育行政鲁继曾、中等教育倪文亚、社会教育马宗荣。陈兼教育心理,师资专修科欧元怀
山东大学	黄敬思　哥大师院	4	58	教育行政、乡村教育
江苏教院	高阳　康乃尔大学	31	157	民众教育赵冕、农事教育李积新,2专修
河北女师	齐国樑　哥大师院	39	225	教育胡国钰

资料来源:据蒋致远主编《中华民国教育年鉴》(四)第1—84页有关内容编制。

15个院长有7人留美,6人有哥大师院学历;至少有10位系、科主任有哥大师院学历;数量上虽不足一半,但事实上占有绝对优势。而表中前五所大学校长李蒸、罗家伦、郑鸿年、王伯群、朱经农除郑、王外都有留美经历。碰巧的是,另外八个学院的学生总数比师大的1288人还少72人;教师总数情况也大体相同。何况,该8院中如川大教育系主任刘绍禹,东北大学体育系主任郝更生,厦门大学教育心理系主任朱君毅和教育行政系主任姜琦都有哥大师院学历,而教育方法系主任杜佐周也是留美学生。其师生情况参见表2-3-5:

表2-3-5　其他8所教育学院(含独立学院)简况

学　校	校长	院长	教师(人)	学生人(人)
四川大学	王兆荣	邓胥功	37	287
东北大学	张学良	姬振铎	14	187
华中大学	韦卓民	薛世和	3	10
厦门大学	林文庆	孙贵定	10	108
沪江大学	刘锡恩	林卓然	11	68
辅仁大学	陈垣	张怀		61
湖北教育学院	罗睿		39	225
山西教育学院	郭象升		25	270

资料来源:同表2-3-4。

除15个教育学院外,另有26个教育类学系,除燕京大学的由高厚德担任外,全部由国人担任。北京、浙江、中山、金陵、南开、大同、光华、复旦、广州、国民、岭南、齐鲁、燕京等大学与之江、甘肃、金陵女子等学院的系主任分别由杨廉、郑宗海、庄泽宣、王凤岗、刘逦敬、冯文潜、胡敦复、韦悫、章益、谭祖荫、陈嘉霭、朱有光、王长平、高厚德、黄式金、董健宇、钱用和等人担任;武汉、安徽两大学设哲学教育系,由高翰、郝耀东任主任。另外,吉林、河南、湖南、东陆、东吴、中华等大学与民国学院设有教育系,福建协和学院设有教育心理学系,中国学院设有师范科。其中也有留美学生,不乏哥大师院出身的系主任,参见下表:

表 2 - 3 - 6　1931 年民国部分高校教育学科系主任简况

大学	校长	系别	系主任	系主任学历	师	生	系主任备注
北京	蒋梦麟	教育	杨廉	哥大博士			1933 年安徽教育厅长
浙江	郭任远	教育	郑宗海	哥大师院硕士		49	后来作教育学院院长
南开	张伯苓	哲教	冯文潜	芝加哥大学硕士		2	哲学家,图书馆长
大同	胡敦复	哲教	胡敦复	康乃尔大学博士	2		胡氏兄弟所办私立大学
光华	张寿镛	教育	韦悫	芝加哥博士	6	59	曾留英,后来参加新四军
复旦	李登辉	教育	章益	华盛顿大学硕士		63	后以教务长继任校长
中山	邹　鲁	教育	庄泽宣	哥大师院博士			曾任教清华、北师大
岭南	钟荣光	教育	朱有光	哥大师院博士	4	30	
燕京	吴雷川	教育	高厚德	哈佛大学博士	7	27	前华北协和大学校长
安徽	刘文典	哲教	郝耀东	斯坦佛大学硕士		57	后首任陕西省立师专校长

资料来源:同表 2 - 3 - 4,并加以增补。

　　虽然北京大学等大学的教育院系设置不太稳定,但留美学生的地位越来越得到加强,如北大文学院院长胡适不久就兼任该校教育系主任,支持别人写作新的教育史;而北师大在二李的领导下克服困难,作为唯一的师范大学坚持办学,在西北分化出西北师院,复员归来,经霜犹茂,凝聚成半部半个世纪的高师成长史;程其保继韦悫出长中央大学教育学院,后调整院系设置(设教育心理、教育行政、社会教育 3 系,艺术、体育 2 专修科),广延名师,他聘来的艾伟、徐悲鸿、常道直三位教授先后被评聘为部聘教授,继郭秉文与陶行知之后树立一个依靠综合大学二级学院办理高师教育的成功典型。后来的国立师院体制,也由哥大师院毕业生群体提议并为国民政府所采用和推行。这一切无疑都表明,近代教育学科化,教师职业化,先进的美国教育思想也因而更加广泛传播,近代高师教育也在全国范围内相对均衡发展。

三、真金不怕火炼的教育工作者

哥大师院毕业生代表留美学生在正确把输入先进美国教育思想、建设本国新教育作为加速近代化捷径的同时,力行教育世界化,其身影常出现在国际文教舞台上,如郭秉文、孟治、程其保三代社长先后主持华美协进社,在美国建立一个影响极大、成就较高的中美文化教育交流的前沿阵地,从而得到了广泛的国际赞誉。1929 年 11 月 29 日,哥大决定在其建校 175 周年纪念时对"于学术上或社会服务有特殊牢记或贡献"的中国校友授以"名誉奖章"。特别指出的是,在哥大"第一次将此奖项授予外国籍之毕业生"①时,中国哥大

---

① 《美哥伦比亚大学授本校教授奖章》,《燕京大学校刊》2 卷 12 期。15 人名单为:燕京大学的刘廷芳、吴文藻,北京协和医学院的朱友渔,太平洋国交讨论会秘书严鹤林,中国公学校长胡适,华美协进社社长郭秉文,前清华大学教授陈达,铁道部长孙科,教育部长蒋梦麟,天津工程司侯德榜,奉天矿务局长王正孚(王正廷之弟),汉口工程司王宠佑(王宠惠之弟),厦门大学余泽兰,沪江大学校长刘湛恩,金陵大学校长陈裕光以及驻纽约总领事。亦可见燕京大学校友校史编写委员会编:《燕京大学史稿》,人民中国出版社 2000 年版,第 1215 页。按:熊崇志(广东梅县人,清末留学哥大,硕士)1927 年 9 月署驻纽约总领事。1928 年 7 月转任国际联合会中国代表办事处秘书长。1929 年 9 月再任驻纽约总领事。1930 年 2 月兼代驻芝加哥总领事。

毕业生获得了 47 枚中的 15 枚。此外,在华的司徒雷登等人也同获此奖章。母校的奖励无疑是对他们推进中美教育交流的热情与贡献的最好认可与鼓励。

五四以来,随着归国留美学生的不断增多及其对美国教育思想与方法的输入与传播,并在全体教育界同仁的协同努力下,设计教学法、道尔顿制、教育测验在中国得到不同程度的试验与推广;还通过著书立说、贯彻新学制等方式,以大学为传播美国教育思想、培育人才的主要基地,促进了教育学的科学化、专业化,增强了教育学的学术性与社会性。而众多教育类院系的设置、教育调查的力行、乡村教育的推进,都标志近代中国教育在各个方面取得长足进展,加快了近代化与国际化的步伐。

归国留美学生由于在学习、传播美国教育文化中难免会有种种缺失与局限,频遭政府、国联(美国未参加,代表欧洲看法)与留欧学生的非议或打压;但他们仍在努力探索中国新教育建设的途径,或形成了"生活教育"及其"教学做合一"理论,或发出"中国教育之改造"、"如何使新教育中国化"的呐喊,都曾引起当时教育界的震动与热烈反响。他们全心投身于中国教育事业,把它当成终身职业而为之奋斗,通过办学等实践,团结、锻炼、巩固和壮大了自己的队伍,在培养了大批人才、为新教育中国化做出了巨大贡献的同时,为中国学习美国教育、推进中美教育交流打下了良好的基础。

第三章　留美学生与美国
　　　教育思想的传播

　　留美学生对中美教育交流的贡献,重点就是回国后在各种场合、通过种种方式宣扬、介绍、传播、贯彻美国教育思想。这种重在对美国教育学习的态势,符合中美教育活力的客观对比,也符合文化交流的发展规律,故由他们传播的美国教育思想在神州大地生根发芽,在促进近代中国教育大发展的同时,推进了近代教育科学化、学科化,加快了中国教育国际化的步伐。

第一节　掀起传播美国教育思想的浪潮

　　留美学生自文明强势、教育发达的美国归来,再次目睹到祖国的落后局面,积极、无私地传授、宣传留美所闻、所见、所学,是极为自然之事。就在五四前后,留美学生开始大批归国,从教育内容、教育目的、教学方法、考试制度的设计以及建构新型学校等方面进行全方位的学习与宣传,掀起了传播美国教育思想的高潮。

一、一以贯之的传播自觉

　　美国教育思想的传播能掀起如此浪潮,与当时历史氛围下留美学生的传播自觉分不开。

　　传统教育发展到近代,弊端尽显。一方面,学而优则仕的教育宗旨狭窄,导致了实用主义、功利主义的盛行,求知、求真的科学精神的匮乏,不利于教育的自身发展。而四书五经范围的硬性规定,也导致了读死书、死读书,教育与社会发展脱节,手脑分离、劳心与劳力的脱离之类严重的弊端,缺乏素质教育与应用教育的充分发展,使所学之人成为书呆子,极大缩小了教育自身的功能。另一方面,虽有书院式的自由教学,虽有"循循善诱"、"温故知新"、"教学相长"、"因材施教"、"有教无类"等教育言行,但在近代要求教育与社会一同、甚至是先期完成近代转型的时代呼声下,到处充斥三家村似的刻板教育,注入式、满堂灌、死记硬背、考试至上等习气盛行,思想上远落后于时代的发展,而且缺乏专门的师资训练系统,因而远远满足不了国民教育亟待提高以及发展学术的需求。但是同期的美国教育、尤其是其大学教育,在巴特勒、威廉·哈珀等人的推动和相关法律的支持下,已达到较高的水准,具有自己的完整体系。民初黄炎培考察美国教育时就指出其独特之处在于"美国教育理想异于他国者,如下:甲、平民主义　乙、个人主义　丙、社会服务　丁、效率"[1],还说明造成这种现象的原因是"凡此不同之点,皆本于其思想,而方法从之。故方法不足究,亦不胜究也。愿治教育者究其本而已"[2]。对此,国内民众也认识到美国教育代表了近代化的标准:"一等强国,其理想制度,在可以左右他国,而为他国之楷模。为教育先进之国,非特往昔已有悠久光荣之历史,即在今日仍可傲视全球,美国化高唱入云。"[3]

---

① 蒋致远主编:《中华民国教育年鉴》(六),第439页。
② 黄炎培:《东西两大陆教育不同之根本谈》,《教育杂志》第8卷第1期,1916年1月。
③ 蒋致远主编:《中华民国教育年鉴》(六),第438页。

　　针对中美教育之间存在客观鸿沟,归国留美学生明确指出了学习美国教育、提倡新教育的必要性。早在 1917 年留美学生就认识到,"洎乎近世,文化濡滞,国威不振,海禁既开,美雨欧风,卷浪而来",决意"奋扶扬袨,急起直追,求同进化,以竞生存"而负笈留美,求取"其哲理新思,实业技艺……补吾所不及"①。15 年后,陈序经对此更予以理论说明:"中国即使要在这种新的时代过日子,中国就不能不提倡,而且不能不特别提倡新的教育。……换句话来说,就是中国教育的新时代化,或是现代化。……新的时代的中国,也要有新的教育现代化的国情是现代的环境,并非中国独有的,更非中国所固有的。这么一来,中国教育之要现代化,不但是理论上所必然的,而且事实是所不免的。"②故为了实现中国教育现代化,有必要向发达国家、尤其是留美学生的第二故乡——最发达美国的教育看齐。留美学生也确实自始至终是这样认为的。容闳早在 1852 年就发誓:"以西方之学术,灌输于中国,使中国日趋于文明之境。"③自此以后,学习美国教育思想用以改造中国,成为留美学生的坚贞职志。

　　中美教育交流,不是一般的文化交流,传播主体必须要具有一定的素质,最好是受过良好的教育学专业训练,否则难免买椟还珠,甚至空入宝山;也须熟悉中美两国的教情、国情,才能事半功倍。正如庄泽宣博士所说:"教育是一种科学,所以这种学问不是人人可谈,必有专门研究人才行,所谓科学,是专门学问,要经过多年的研究试验才能成为专家。譬如一个受过师范训练和一个未

---

①　《留美中国学生会小史》,《东方杂志》第 14 卷第 12 号,1917 年 12 月。
②　陈序经:《教育的中国化及现代化》,《独立评论》第 43 号,1933 年 3 月。
③　容闳:《西学东渐记》,中州古籍出版社 1998 年版,第 89 页。

受过师范训练的教员其结果就不同。"①他本人留美时就自觉地为新学制的制定献计献策,归国后始终服务于教育界。

归国留美学生拥有庞大的队伍,其中还有一大批拥有教育学硕博学位之人;不仅素质较高,而且曾留学海外,被置之庄岳之间,眼界开阔,较为清楚中外教育的优劣短长,相应了解也较深刻,比较有资格、有能力、有热诚来宣传、学习、研究美国教育。他们广泛投身于中国教育界,有许多人在大学充任教授、院系领导甚至是校长或部级领导,较别人更能掌握教育思想宣传的方向与力度,当然也就更能动员现有的一切资源,甚至包括改革学制、办学方向,自觉为传播美国教育造势开路,全面学习、传播美国教育思想。

二、进步主义教育思潮

归国留美学生对于美国教育的学习与传播,不是临时的,也不是片面的,而是始终如此;并在五四运动后的中国社会产生了广泛影响而成其为时代思潮,其中最主要的、也是归国留美学生掀起的第一个向美国教育学习的浪潮,就是进步主义教育思潮。

进步主义教育思想兴起于 19 世纪和 20 世纪之交,脱胎但又不同于赫尔巴特的教育思想,拥有完整的理论体系与实践过程,在约翰·杜威、孟禄、克伯屈等哥伦比亚大学(简称"哥大",下同)师范学院教授的影响下在美国教育界占有压倒性的优势,其中心是杜威的民主主义教育思想。留美学生尤其是人多势众的哥大师院的留美学生在美国所接受、回国所传播的美国教育思想也自然大多是该派思想。它的传播,契合新文化运动中得到大力弘扬的

---

① 庄泽宣:《如何使新教育中国化》,民智书局 1929 年版,第 138—139 页。

"民主"口号,暗合国人要求国家与社会进步的心理,故盛行一时,并随着杜威到中国访问和讲演而达到最高潮。

杜威(John Dewy,1859—1952),1894年到芝加哥大学做哲学和教育科的主任,1912年到哥大任教,认为凡是能成功地适应环境的经验,凡是有用的理论,就是真理,因此他的民主主义教育理论实际上是一种实用主义、"工具主义",又因"他的教育学说,就在这个实验学校里实地试验"①而被称为"实验主义"。他注意以课堂为中心、以教科书为中心、以教师为中心,强调纪律和教师的权威,提出了一套系统的新型教育理论,强调教育对于社会进步的作用,适应了资本主义社会工业生产和科学技术的发展,对美国教育由传统向现代转型过渡起了积极的推动作用,对全世界新教育浪潮也有重要的指导意义。随着归国留美学生的言传身教,五四前后"教育即生长"、"教育即生活"、"学校即社会"、"教育即社会"等纲领性的口号在中国教育界得到了广泛的传播,蔡元培、黄炎培等人也接受了杜威教育思想,加上杜威、孟禄来华,进步主义教育成长为一种得到社会广泛认可的教育思潮。

在留美学生中,胡适、陶行知在不同角度对该思潮的发展与壮大做出了自己的贡献。

1. 胡适对实用主义教育哲学的忠实传播

杜威的实用主义教育哲学虽属于主观唯心主义,但强调立足于现实生活,强调科学精神,重视功利,尊重个人的自由选择,相对于

---

① 实验学校指杜威"在芝加哥创办一个试验的学校,起初只有初等小学,后来一直办到大学预科",1902年被芝加哥大学合并为教育学院。参见姜琦:《杜威先生略传》(载《现代西洋教育史》,商务印书馆1935年版)页首。

传统教育文化而言,具有无可争议的进步意义。胡适终生服膺杜威思想,自承业师杜威"是对我有终身影响的学者之一"①,连将幼子的名字也取名为"思杜"。有意思的是,胡适与实用主义是不打不相识。他在参加康乃尔大学批判杜威哲学的时候,反而对被批判者产生了浓厚的兴趣,结果竟然如他自己所说:"在 1915 年暑假,我对实用主义作了一番有系统的阅读和研究之后,我决心转学哥大向杜威学习哲学。"②他在杜威门下学习了两年,急急回国积极参加新文化运动,就任北京大学教授,从此终生原汁原味地传播杜威主义。

就在五四运动发生前的一个月,胡适在《新青年》上发表《实验主义》一文中指出杜威哲学"这种新哲学完全是近代科学发达的结果",呼吁广大青年学子不应迷信权威,而应坚持独立自由的思考:"一切主义,一切学理,都该研究,但可知人做一些假设,不可认作天经地义的教条;只可认作参考印证的材料,不可奉为金科玉律的宗教;只可用作启发心思的工具,切不可用作蒙蔽聪明,停止思维的绝对真理。"③加上此前刚出版的《中国哲学史》的不断重版,以及胡适等人欢迎杜威来华发表的系列文章、胡适等人对杜威演讲所持晦涩语言的明白晓畅的翻译,实用主义教育哲学在广大学生及进步青年脑中生根发芽,影响巨大,傅斯年、罗家伦等激进青年组织的"新潮社"就是显例。

此后,胡适提出的纲领性口号"研究问题,输入学理,整理国故,再造文明"④就是对杜威等实用主义教育思想纲领化的简洁表达。而胡适平时爱写的"大胆的假设,小心的求证;认真的作事,严

①　胡适:《胡适口述自传》,华文出版社 1992 年版,第 102 页。
②　胡适:《藏晖室札记》,亚东书局 1939 年版,第 5 页。
③　胡适:《实验主义》,《新青年》第 6 卷第 4 号,1919 年 4 月 15 日。
④　胡适:《新思潮的意义》,《新青年》第 7 卷第 1 号,1919 年 11 月 1 日。

肃的作人"的对联,也是他对杜威思想简练的阐述,因富有教育意义而广为传颂。至于人们大抵只记得上联,只是外人对它的不完全理解或对其人生观教育意义的漠视,已非胡适与杜威主义的罪过。

胡适大力对杜威实用主义教育思想的忠实宣传,符合五四精神,进一步解放了人们的思想,改变了人们的价值观念,给了人们以怀疑的勇气,使之迅速成为指导进步知识分子的思想、行为的普遍原则与方法,成为指导教育改革的有力武器。

2. 陶行知对进步主义教育思想批判性传播

如果说,胡适对杜威思想的宣传可以说是亦步亦趋的忠实传播,而且只是在大学和城市中学理层次上的宣传的话;那么,陶行知对杜威教育哲学的传播则非始终的全盘接受,后来既有学理的阐述,也在实践中发展,甚至日益以乡村为中心,发展成系统的生活教育理论。

开始的时候,陶行知也是杜威的忠实信徒,回国到处宣扬美国进步主义教育思想。如 1918 年陶行知回到安庆,在省立第一师范和省立第一女子师范作《师范生应有之观念》的演讲,开宗明义指出"教育乃最有效之事业",因"教育能改良人之天性,人之性情。……教育能养成共和之要素……教育为制造社会需要之事业。教育为改造社会而设,为教育社会人才而设"①,指出学生不可能再像古代那样躲进寺院两耳不闻窗外事,而要充分发挥教育的社会功能,为个人的进步、为社会的进步而求知,全文充满了美国进步主义教育思想的精神影响。

---

① 上海市陶行知研究会、上海市陶行知纪念馆、上海师大陶研会编:《陶行知佚文集》,四川教育出版社 1989 年版,第 3、4、7 页。

　　陶行知比胡适进一步的是,在实践中批判性地发展了杜威的思想,如 1918 年在南京高等师范学校(简称南高,下同)建议将"教授法"改为"教学法",并在全国推广。他鉴于学习美国教育建设新教育过程中的弊端,从中国国情出发,对杜威的学说加以改造,"把它翻了半个筋斗",发表系列文章,不断开展实验,提倡"生活即教育"以代替"教育即生活",提倡"社会即学校"以代替"学校即社会",提倡"教学做合一"以代替"从做中学",形成了"教学做合一"为方法论的新型的"生活教育"思想。在这里,他重视学生的自动精神及其主体地位,强调教育要与生活实践结合,教与学都必须以"做"为中心,把教、学、做一体化,"一面做,一面学,一面教",体现了教学法与生活法的合一,充分发挥教育的社会功能,努力探索一条寻找普及大众教育、提高国民素质的切实可行的道路,既具有先进性和时代性,又具有民族性和现实性,简明、深刻地揭示了当时社会与教育的客观规律,散发着现代教育思想的光辉。

　　就在胡适桃李满园的同时,陶行知教育思想也对当时各界产生了重要影响。如果说张伯苓参与了陶氏"教学做合一"思想的创造过程,那么陈鹤琴则以其"活教育思想"深化了这一理念的话;而东南大学教育系主任汪懋祖毅然回到家乡苏州,办起省立苏州中学,更提出"教育源于生活","似乎更深入了一步"①。至于"师范教育的目标之二:学校与社会沟通,并造成'教''学''做'三者合一的环境,使学生对于教育事业,有改进能力及终身服务精神"②的官方规定也明显受到了陶氏影响。而非留美学生梁漱溟

---

　　①　汪安琦:《"懋庄"旧话——记苏高中创始人汪懋祖先生》,《苏州杂志》2000 年第 3 期,2000 年 6 月。

　　②　李桂林:《中国现代教育史教学参考资料》,人民教育出版社 1987 年版,第 298 页。

也得到陶氏派来的张宗麟的实地传授。

留美学生掀起了学习杜威的实用主义教育思想的高潮,还部分突破了以课堂、书本、教师三中心为主体的美式思想的范围,进一步阐明了教育与人、生活实践、社会进步的关系,大大开拓了中国教育的视野与研究范围,契合当时中国要求个性解放、要求社会进步的社会呼声,引起举国的共鸣,从而迅速风行大江南北,成为当时最大的一种教育思潮,并在哲学等方面对中国社会产生了巨大的影响,至今具有启示意义。

三、平民教育思潮

平民教育思潮是 20 世纪 20 年代掀起的一种有多元渊源的、获得国内外广泛认同的、并不断深化的教育思潮。

1. 分散的局部实验

辛亥革命前后,平民教育开始出现。

1910 年徐特立就曾在长沙创办过平民夜校。而新文化运动更使平等与民主观念深入人心,科学与人权两大主题也逐渐从文学领域向教育等领域扩散。李大钊等在京郊创办工人夜校和工人俱乐部,发展工运。传统的有教无类、民为邦本的思想又一次焕发出时代的光辉。在湖南"驱张"运动后,平民教育被作为提高民众"自治"能力、达成"民主自治"的重要手段而受到包括省长谭延闿、赵恒惕在内的社会普遍的重视,1921 年底长沙教育界向省教育会提交《湖南平民教育发起倡议书》及《湖南平民教育实施办法大纲》,省教育会支持该倡议并成立了基本平民补习学校,后来还成立了以熊希龄为校长的湖南平民大学。在江苏,陈鹤琴通过搜集儿童用书、报纸、杂志、小学课外读物、古今小说、杂类六种语体文,筛除重复用字后计单字 4488 个,再用科学方法制作"用字次数"选取常用"语体文应用字汇"1000 个,编成《千字汇》用于平民教学。

五四时期,开始大量归国的留美学生认识到:"教育设施,应与社会政策相策应。依美国民族的特性和历史,平民主义是他们公认的社会理想"①,而杜威来华,更带来了新的平民教育观念。杜威本人在演讲中说"我们欲彻底改造社会,首先当将教育做到愈益平民主义的地位,因为革命之影响,所及者仅外层而已"②,大力强调民众教育。在这种情况下,杜威的名著《民主主义与教育》便广受国人欢迎,邹恩润(韬奋)的《民主主义与教育》译本便多次重版。在留美学生们与杜威的倡导下,平民主义教育思想广泛传播,1922 年新学制(胡适执笔起草)更明确提出"发展平民教育精神"③。而"各地学生都很热心办理"④,但当时平民教育只是零星实验,还处于个别、分散、小规模的状况。

2. 举国一致的教育思潮

此时,耶鲁大学硕士毕业生晏阳初等人带回发动平民教育的新方式,因"当时国内平民主义的鼓吹和白话文学的提倡,正与晏阳初等在法国办苦力的教育思想不谋而合"⑤而迅速传播。

---

① 孟宪承:《教育哲学大意》,商务印书馆 1930 年版,译者附言。
② 《教育哲学》,《杜威五大讲演》,晨报社 1922 年版,第 237 页。
③ 史全生主编:《中华民国文化史》,吉林文史出版社 1990 年版,第 251 页。
④ 华中师范大学教育科学研究所编:《陶行知全集》(一),湖南教育出版社1984 年版,第 443 页。
⑤ 陈青之:《中国教育史》,商务印书馆 1936 年版,第 358 页。

　　晏阳初始终不渝坚持推进平民教育运动。第一次世界大战期间，毕业刚两天的晏阳初志愿奔赴法国，成为北美基督教青年会的华工服务干事。他首先创办华工识字班，继又创办《华工周报》，开始对"人民那痛苦和悲惨的生活有所了解"；还"发现劳工们不但渴望学习，而且聪明"，"勤劳勇敢"，为此特详细地拟定了一个简化中国文字的计划，"为后来的平民教育计划打下了基础"，并决心"把自己毕生的精力才智奉献给祖国的平民百姓"①。回国以后，他又在长沙、烟台、嘉兴三处，"继续试验，很有成绩"②。而中华平民教育促进会的成立彻底改变了中国平民教育分散、无序的状况。陶行知明确指出："朱其慧、晏阳初、朱经农先生等在上海发起中华平民教育促进会筹备会，就是平民教育从局部试验变为全国运动的起点。……参加此会的代表共有 19 省区。从此可见全国认识对于平民教育的赞同。"③当时的"中华平民教育促进会总会是个全国的总机关，有董事部总其事"④，总干事为晏阳初，书记为陶行知，下属的教育组织有开展平民教育的学校、读书处、问字处，有《平民千字课》课本以及幻灯片与挂图等教材教具。

　　晏阳初、陶行知等留美学生一直以美式教育的普及为鹄的，一直认为"今日之平民教育，就是将来普及教育的先声"⑤。陶行知说"平民教育的宗旨是要叫种种人受平民化。……我要用四通八

①　Pearl S. Buck, *Tell the People: Talks with James Yen about the Mass Education Movement*, Asia And The Americas Volume XLV No. 1, January 1945, p. 50.

②　华中师范大学教育科学研究所编：《陶行知全集》（一），第 410 页。

③　华中师范大学教育科学研究所编：《陶行知全集》（一），第 443 页。

④　华中师范大学教育科学研究所编：《陶行知全集》（一），第 489 页。

⑤　华中师范大学教育科学研究所编：《陶行知全集》（一），第 489 页。

达的教育,来创造一个四通八达的社会"①,大力开展乡村教育,探索"中国教育之改造"的路子,努力开拓平民教育、生活教育。晏阳初极其注重经验的和理论的探索,逐渐形成中国式的平民教育理论体系。他也明确指出继"识字教育"后还有第二步的"继续教育",因为"文盲虽说是中国的一个大问题,识字虽然在教育上很重要,但识字并不就是教育,识字只是求知识的工具,而不是教育的本身"②。而"中国大部分的文盲,不在都市而在农村,中国是以农立国,中国大多数的人民是农民,农村是中国百分之八十五以上人民的着落地,要想普及中国平民教育,应当到农村里去"③,因此主张"教育下乡"。在陶行知、晏阳初的倡导和切身带领下,近代中国出现了"教授下乡"、"博士下乡"的社会现象,平民教育发展为正如陶行知所说的"到乡间去的运动,就是到乡下去的运动"④。晓庄师范与山海工学团、定县实验随之出现了。平教运动在广度上虽有所降低,但在深度上却大有提高。

　　"平民教育的运动,自'五四'以后,已成为公同心理"⑤,终成为全社会性的教育思潮。大江南北"各地推行平民教育运动的时候,军、政、警、绅、工商、学、宗教各界无不通力合作,这种一团和气的现象真是少见",乃至比较公正的《中华教育界》也说:"平民教育是我国教育上最有希望的一种运动和事业。"⑥确实,当时"全国

---

①　华中师范大学教育科学研究所编:《陶行知全集》(五),四川教育出版社2005年版,第55—56页。
②　宋恩荣主编:《晏阳初全集》(一),湖南教育出版社1989年版,第428页。
③　宋恩荣主编:《晏阳初全集》(一),第245页。
④　华中师范大学教育科学研究所编:《陶行知全集》(一),第494页。
⑤　华中师范大学教育科学研究所编:《陶行知全集》(一),第432页。
⑥　华中师范大学教育科学研究所编:《陶行知全集》(一),第496、498页。

对于平民教育有极热烈的欢迎与极浓厚的兴趣"①。万流归宗之下,平民主义教育形成规模,并开始大规模付诸实践。成为一种有组织、有思想、全民参与的教育思潮。

3. 享誉国内外的定县实验

平民教育运动反对盲目模仿和口头学习,特别注意贴近国情,寻找一条实际解决民众的素质教育之路。晏阳初指出:"中国的法令都是从美国、英国、法国抄来,好都很好,只是不适合国情。一般留法、留美、留英博士,没有认识到中国的问题是什么,空口谈改革,没有到实际的生活中去做工作,所以终于找不着实际问题。"②他明白"要想从教育方面来救国,非抓住这七千万青年农民不可",便须先建设他们所在的农村;而"要建设中国的农村,先要找一个农村生活的单位。……抓住一个可以代表的县去认识问题,研究问题,建设问题,希望能在这县里找到有普遍性共同性同时跟农民有关系的问题去研究它,以便将来别的县别的省也可以采用"③。这便是以河北定县作为乡村平民教育实验区的来历及其目的,1929 年,平教会的总部亦迁至定县。在这里,平民教育运动完全摆脱了宗教的羁绊而全新服务于"除文盲,作新民",得到了社会各界的认同,而留美学生逐渐聚集到定县,使平教运动思潮在另一个层面上继续深入开展下来,这从平教总会各部的设立及其职员学历便可以初窥端倪,参见表 3-1-1:

---

① 华中师范大学教育科学研究所编:《陶行知全集》(一),第 489—490 页。
② 宋恩荣主编:《晏阳初全集》(一),第 536 页。
③ 宋恩荣主编:《晏阳初全集》(一),第 431、432 页。

表 3 - 1 - 1　平教总会各部职员及其到职时间简表

时间	职责	负责人	学历	备注
1925	总干事	晏阳初	耶鲁大学	上海青年会平教科主任
	秘书长	谢扶雅	哈佛大学博士	岭南大学教授
	实验县县长	霍六丁	留美	定县研究院社会式教育部部长
	乡村教育部	傅葆琛	康乃尔大学博士	刚留美归来
	研究调查部	冯锐	康乃尔大学博士	东南大学乡村生活研究所主任
	城市教育部	汤茂如	哥大硕士	北京法政大学教授
1926	平民文学部	陈筑山	先留日后留美	北京法政专科学校校长
1927	平民文学部	瞿世英	哈佛大学博士	北京法政专科学校教务长
	乡村工艺部	刘拓	俄亥俄大学博士	北师大教授
	直观视听教育部	郑锦	日本	北平美术专科学校校长
	生计教育部	姚石庵	留美	北平商业专科学校校长
	社会教育部	汪德亮	留美	
	卫生教育部	陈志潜	哈佛大学	
	《农民报》主编	孙伏园	留法	《晨报》副刊主编
	编写农村戏剧	熊佛西	哈佛大学博士	国立戏剧学校校长
	主持社会调查	李景汉	哥大硕士	

　　资料来源:据吴相湘《晏阳初传》(岳麓书社 1999 年版)与汤茂如《定县农民教育》(中华平民教育促进会学校式教育部 1932 年版)有关章节增补。

　　以定县实验为代表的平民教育工作者们把平教会的工作重心由城市转向农村,怀着一颗"基督的心",进行文字的、生计的、公民的和健康的四大教育，解决中国平民的贫、愚、弱、私问题，实现广大平民的教育。这种始终处在实践中的精神在会徽、会歌①（留美学生陈筑山制作）中得到形象体现，平教运动因而成为中美教育文化的完美结合。定县实验在晏阳初等人的主持下，在以后十余年中取得卓著成绩，引起国内外各界的瞩目。

国际上特别是美国的赞赏与支持，是中国平教运动得以可持续发展的外部条件与财政基石。晏阳初参加首届太平洋关系学会，使中国平民教育初步获得了国际声名。后来他又陆续从美国募集到大量资金，如1928—1931年间在美国友人的帮助下（详见后文），募到50万美元，"奠定了自那时起平教工作的10年经济基础"②。晏氏个人在国际上也获得了巨大荣誉，先后获母校耶鲁的名誉硕士学位和其他学校的名誉博士学位，1944年哥白尼诞辰400周年之际他与爱因斯坦、杜威、福特等人一起，被美国百余所大学和科研机构评为"世界最具革命性贡献的十大伟人"之一。陶行知的晓庄师范在1929年也吸引了美国教育大家克伯屈实地游历并得到他的高度赞扬。而前美国耶鲁大学校长詹姆斯·安吉尔曾高度赞扬道："这是一场划时代的运动，据我所知，在人类历史上还没有与之相提并论的运动。"③平民教育运动在走回美国的同时也在走向全世界，影响遍于世界。

---

① 会徽是个"平"字，主体部分"十"象征耶稣的十字架，寓意平教会人人对平民应有一颗仁慈的心。会歌结尾一句是"身修家齐国治天下平"，参见吴相湘《晏阳初传》，岳麓书社2001年版，第79页。

② 宋恩荣主编：《晏阳初全集》（二），湖南教育出版社1992年版，第274页。

③ 宋恩荣主编：《晏阳初全集》（二），第225页。

四、科学教育思潮

民主与科学是新文化运动的两大口号,国人在倡行民主主义教育的同时掀起了宣传科学教育的浪潮。它也是"科学救国"口号在教育领域的集中体现,其基本主张是教育的首要任务在于传授科学技术知识,并给人们以科学方法的训练,对于教育本身也必须用科学方法进行研究。"从遥远的海角天涯,来到欧美接受科学教育"①的留美学生对此认识最深,行动最力。较早归国的郭秉文对科学教育曾表达过自己的看法:"提倡科学,应贯彻全教育系统。……南高及大学宜提高科学程度,养成科学研究专家。"②他文理兼通,本人便是由理学士而成为哲学博士的,文理并重,争取到洛克菲勒基金会30万美元的资助,建立科学馆并把南高建设成当时国内最大的科学团体——中国科学社的大本营。陶行知进一步指出:"科学教育家,则使用科学以办教育者。中国教育家现在只有政客、空想、经验三种,但教育以科学教育为最重要。"③而胡适提出了实验主义的科学方法论原则"大胆的假设,小心的求证",在思想启蒙中起到积极作用,深化了科学教育思潮的内涵。留美学生合作邀请来华讲学的孟禄则指出"我国科学教育的不良,有两大原因:第一、科学方法运用的不良,……第二、是对科学概念的不明了"④,

---

① 容闳:《西学东渐记》,中州古籍出版社1998年版,自序。

② 郭秉文:《对于孟禄中国教育讨论之感想》,《新教育》第4卷第4期,1922年4月。

③ 上海市陶行知研究会、上海市陶行知纪念馆、上海师大陶研会编:《陶行知佚文集》,四川教育出版社1989年版,第5页。

④ 陈青之:《中国教育史》,商务印书馆1936年版,第356页。

断言"旧文明与新文明之区别,即在科学。"①这一针对中国教育与科学长期相脱离的落后根源而作的明白指示,激励着留美学生将科学教育思想发展成为一种思潮。

近代真正意义上的科学教育思潮的形成与任鸿隽及其主持的科学社有密切关系。任氏是自然科学家,积极从事教育实践活动,不仅重视科学内容的传输与培养,尤其重视科学的方法与态度的培养,因为强调科学方法、科学态度及科学精神是与教育直接联系的。他说:"科学于教育上之重要,不在于物质上之知识,而在其研究事物之方法,而在其所与心能之训练。"②他将"科学的教育化"和"教育的科学化"结合起来,以培养既有科学知识,又有科学精神与智能的人才。这成为科学教育思潮的基本内涵。任氏所主持的中国科学社,于1914年6月成立,其主旨是"传播科学知识,促进实业发展",是中国近代科学家创办的第一个科学教育组织。它的机关刊物《科学》杂志在始终坚持宣传科学教育思想。1905年1月,《科学》在美国创刊,《发刊词》在回顾"百年以来,欧美两洲声明文物之盛,震烁前古,翔厥来原,受科学之赐为多"后指出:"继兹以往,代兴于神州学术之宁可,而为芸芸众生所托命者,其唯科学乎,其唯科学乎!"③稍后的《青年杂志》对承载着鲜明"科学救国"的时代精神的《科学》予以高度重视,在卷首推出广告专页,介绍它宗旨"抱定输入科学","乃中国科学界唯一之月刊","有志科学救国者"不可不读;还称赞它"执笔者皆一时名彦,阐述近代文明由来,输入各国最新思潮,商榷青年进步途径",有益于

---

① 华中师范大学教育科学研究所编:《陶行知全集》(一),第230页。
② 任鸿隽:《科学与教育》,《科学》第1卷第12期,第15页。
③ 《发刊词》,《科学》第1卷第1期,第7页。

青年"增长识见"、"助益精神"①。确实,《科学》先后刊载有任鸿隽的《科学与教育》(1 卷 12 期)与《科学与近世文化》(7 卷 7 期)、胡适的《清代汉学家的科学方法》(5 卷 2、3 期)等、杨铨的《科学的人生观》(6 卷 11 期)、胡先骕的《生命之特征》(7 卷 5 期)、陆志韦的《应用心理学之概说》(8 卷 6 期)等等,都从不同的侧面充分反映了"五四"先驱们为科学教育所做的宝贵努力。此外,"中国日报副刊的起首老店"②——《晨报副刊》创刊伊始,就在头版头条等重要位置,开设了"科学谈"、"卫生浅说"、"地质浅说"、"科学浅说"等栏目,并持之以恒,采取连载、专论等方式,宣传通俗的科学知识,对普及科学教育思想有一定的作用。正是在任鸿隽和中国科学社的影响下,科学教育思想得到广泛传播,形成教育思想界的普遍性认识。它与进步教育、平民教育两种思潮不同,是在潜移默化中形成一种思潮。

科学教育思潮的兴起和发展,对教育实践、教育理论、教学改革及实验等均有直接而深刻的影响,在中学、大学科学教育的发展上就有明显表现。当科学教育发展到一定程度时,留美学生注意提高向美国学习的质量,在 20 世纪 30 年代初针对"高中所用的西文教科书,都是美国出版品"③的情况,他们认识到必须自行编辑符合中国情形之各种科学书籍,否则"中国尚无科学,何有于科学教育乎"④。于是中基会第三次年会决定设立科学教育顾问委员

---

① 卷首广告,《青年杂志》(《新青年》)第 1 卷第 10 期,1915 年 10 月。
② 周作人:《中国新文学大系·散文一集》,上海良友图书印刷公司 1935 年版,第 5 页。
③ 任鸿隽:《一个关于理科教科书的调查》,《独立评论》第 61 号,1933 年 7 月。
④ 张江树:《中国科学教育之病源》,《国风半月刊》第 2 卷第 1 期,1933 年 1 月。

会①,以中央大学王琎、北京大学秦玢两位留美硕士为正副主任;1930 年 7 月该会改组为编译委员会,以胡适、张准为正副委员长。它先后编辑许多科学教本,这为日后大规模编写中文教材积累了经验,提供了示范。至于大学的科学教育,中基会则长期发挥着宏观调控作用,而在 1926 年至 1936 年作为中基会的实际主持人(先任执行秘书,1928 年初任干事长)的任鸿隽的作用尤其不可忽视。他负责推动中基会继续在大学设置"科学教席",设立静生生物调查所,创设科学补助金(1933 年改为特种补助金)计划,奖励科研贡献,资助科研人才。这种措施强化了科学教育思潮传播的力度。

在留美学生努力下,近代中国的理科实力迅速加强,对文科占有了后来居上的压倒性优势。虽然当时的科学教育有种种不足,如整体水平相对较低而且分布不均衡,但是在留美学生的推动下,近代科学教育思潮因适应社会发展的需要而得到持续发展,促进了教学、科研与生产实践相结合,在一定程度上为教育、为科技的发展营造了良好的思想氛围,在中国近现代教育史上占有重要地位。

五、新人文主义教育思潮

五四时期,无疑同样是近代中国史上教育与文化狂飙激进的时代。就在这种激进的氛围中,还有一股保持呼唤清醒和理性的新人文教育思潮。它主要由《学衡》杂志推动,而《学衡》主要由昔日的"哈佛三杰"——吴宓、梅光迪、汤用彤与刘伯明等人发起和

---

① 具体职员可参见谢长法《借鉴与融合》,河北教育出版社 2001 年版,第 207 页。

主持。他们的精神导师是哈佛大学文学系教授白璧德。"吴生(宓)奋臂出西秦,少从白(白璧德)穆(穆尔)传人文"①说的就是这个意思。陕西人吴宓先就读于西北大学,因钦慕白璧德而转学哈佛,与之建立了密切的个人联系,并引领陈寅恪、汤用彤等人与白璧德作过面谈。此外,林语堂、张歆海、梁实秋、陈荣捷等也在白璧德的课堂上听过课。白璧德崇拜将孔学与释迦联结贯通的宋代理学宗师朱熹,对东方哲学,自佛教至孔孟老庄,都有深湛研究,他本人的学说近似儒家的"克己复礼为仁",开启美国新人文主义与儒学沟通的新阶段。20年代初,他对时代道德和文化问题的洞察,很容易引起他的中国学生的共鸣。

就在"杜威热"开始形成之际,吴宓、刘伯明等东南大学教授鉴于五四新文化运动的种种负面效应,从而"痛感欲融会西方文化,以浚发国人的情思,必须高瞻远瞩,斟酌损益"②,在东大创刊《学衡》杂志,旨在"论究学术,阐求真理,昌明国粹,融化新知"③,这与胡适《国学季刊·发刊词》的方针"研究问题,输入学理,整理国故,再造文明"④有着微妙的差别。双方都强调学术研究,要向美国教育学习以改造传统教育,建设新的教育与文化;不同的是对国故(国粹)的态度问题。吴宓们珍视国粹,明确指出不能丢弃,要在"融化新知"的基础上建立新的教育文化。他们对激进的新文化运动评价不高,主张"应输入欧美之真正文化,……对于新文

① 陕西泾阳县政协编:《泾阳文史资料》第6辑(吴宓专辑),1990年刊印,第11—12页。
② 吴学昭:《吴宓与陈寅恪》,清华大学出版社1992年版,第28—29页。
③ 《〈学衡〉杂志简章》,《学衡》第1卷第1期卷首。
④ 胡适:《新思潮的意义》,《新青年》第7卷第1号。

化运动者提倡之西方文化,不可不审查,不可不辩正也"①,否则
"用不了几年时间,中国很可能就会成为西方所有陈旧且令人置
疑的思想的倾倒之地"②;深刻指出"新文化运动者眩于近代西方
之富强,又缺乏正确的历史透视,以致唯新是尚,而不细绎其真正
价值"③,严厉批评胡适们照单全收的简单引进;进而提出自己"改
造旧文化,与吸取他人文化,皆须先有彻底研究,加以至明确之评
判,辅以至精当之手续,合千百融贯中西之通儒大师,宣导国人,蔚
为风气,则四五十年后,成效必有可睹也"④的主张,主张理性地、
有准备、有鉴别地输入美国文化和西方文明,徐收其功。

　　历史有时的确会有偶然的巧合和反讽。"学衡派"的美国导
师白璧德 1933 年 7 月辞世,该月《学衡》杂志恰好停刊,中国人文
主义教育思潮也宣告绝响;而屡受学衡派批评的胡适却在芝加哥
大学开始获得巨大成功,相对说来梅光迪们已经暗淡无光。事实
上,白璧德影响的也仅是梅光迪等少数另类人。但我们不能就因
此低估这一思潮的教育意义与文化意义。中国在坚定地融入世
界、实现中国真正的"文艺复兴"的同时,如何走出文化激进主义
的迷思与误区,摆脱"世界大同"的虚幻时髦? 如何创立与现代性
相适应的中国模式? 这一切至今仍引人遐思。

第二节　译介、编著美式教材

　　毋庸讳言,留美学生邀请杜威、孟禄等人先后来华讲学,从声

　　①　吴宓:《论新文化运动》,《学衡》1922 年第 4 期。
　　②　罗岗、陈春艳编:《梅光迪文录》,辽宁教育出版社 2001 年版,第 221 页。
　　③　吴宓:《中国的新与旧》,《中国学生》月刊第 16 卷第 2 期,1922 年。
　　④　梅光迪:《评提倡新文化者》,《学衡》1922 年 1 月第 1 期。

势到舆论,从宏观理论到教学方法,极大地促进了美国教育思想的在华传播,一股全社会性的学习美国教育的热潮得以形成,但其思想真正长远深刻的影响还是发生在校园,尤其是大学校园。这主要是通过他们经年的课堂教学实现的,而他们译介、编著的美式教材既是课堂教学的主要媒介,也是承载他们对美国教育思想的解读的最佳载体,在潜移默化中使所包含的思想与理念深入到学生与读者的心灵,甚至影响他们的一生,在一个更为宽广、高深的天地里推进中美教育交流。

一、日益健全的教材观

留美学生很早就意识到要借用教材把留美所得传播到祖国,谢鏊禹就曾明确说"学成归国,无论居何种地位,总要以振兴教育为职志,而提倡诱掖之,并其本学,译成课本,以供献于世,庶几我国教育前途,日形发达,而国事亦日就治理也"①。他们从广泛介绍、原本引进、复本使用到自己编译,乃至自己撰写,在使用、推广美式教材方面走过了一套美国化色彩日褪、中国化色彩日增的道路,在教育大发展、近代教材从无到有的时候,具有特别的重要意义。

古代中国只有《论语》一类的问答性的教材,但到后来"四书五经"成为了法定的主要教材,实际上成为学而优则仕的敲门砖,而不是具有近代意义的教材。而近代教材,包括教辅,是教师优化教学结构、提高课堂效率、搞好教书育人工作的具体依据;是学生开始系统获得规范化知识、发展智力、提高素质的主要凭借。随着

---

① 谢鏊禹:《留美学生与中国教育前途》,《留美学生季报》1916 年春季号。

二十世纪二三十年代民国新教育的不断发展,对新式教材的需求迅速增大。留美学生认识到新时代必有新教育①,随着大学教学水平的提高,由他们编译编著的新教材质量也不断提高,在科学使用之下发挥着越来越大的作用。但是限于学力、材料与环境等条件,他们在当了老师后并不是从一开始就动手大量编译撰写教材的,他们对美式教材的使用、介绍和编著的认识有一个合乎逻辑与历史的发展历程。

首先,从引进到翻译。开始的时候,当时的大学与留美学生普遍使用英文原版或翻版教材,使用英文教学,正如国联教育考察团指出的那样"不但学生所读之书,大半仍为外国课本,即用以说明原理之例证以及教师指导学生研究之题目,亦多采自西洋"②,清华表现尤为明显。引进的缺点显而易见,不但耗费金钱,也延缓阅读速度,并且文化殖民气息浓厚。不容忽略的是,在当时教育大发展但教材缺乏、师生贫困的情况下,留美学生利用中国未加入国际版权条约的便利条件,大量翻印、翻译原版美国教材,虽不能从根本上解决民族教育学术的自我提高问题,但能在保证高水平教材及时到位的同时,对提高学生英语水平,规范教学结构,快速提高学术水平,与国际接轨有一定的积极作用,加快了中美教育交流的步伐。

其次,从编辑到自著。留美学生并不以经济利益为满足,他们与王云五一样觉得"今后当谋更进一步,编印以本国文写作之大学教本"③。留美学生渐渐地通过教学对同类美国教材有所比较与选

---

① 参见陈序经:《教育的中国化及现代化》,《独立评论》第 43 号,1933 年 3月。

② 国联教育考察团著、国立编译馆译:《中国教育之改进》,国立编译馆 1932年版,第 9、14—15 页。

③ 王云五:《岫庐八十自述》,台湾商务印书馆 1967 年版,第 84 页。

择,通过剪裁编辑出版新式教材,较翻译教材更贴近国内教学实际,更合乎国人口味,自然较受欢迎。后来,随着留美学生学术水平的提高,自著教材多了起来,有关系列大学中文教材的美式丛书出现了,中文教学在大学也比较常见了,中国化的教育及其学术得到了提高。

再次,参与国化教科书运动。留美学生认识到,大量引进、暂时使用西方教材,是中国教育从传统迈向近代的必经阶段,也是中国开放进程的必然产物,是教育进步的一种表现。只有在大量外国教材引进和使用的基础上,才能谈及国化教科书;只要引导得当,美国教材的大量引进与教授还是有着很大的积极作用的。林汉达就曾说:"采用原版西书是一种救急的办法,但救急应有时期的限制。若教育家即以救急为满足,则中国教育便难从殖民地教育的地位上自身拔起。"[1]当然也只有这样,才能逐步消除教育文化的殖民主义色彩,1926 年,中华书局的华超在留美学生朱经农的催促下,对上海市的商务印书馆(简称商务,下同)、中华书局(简称中华,下同)和世界书局三大出版社的教材系列作了仔细统计后说,"学术文化是世界公有的,译本的充斥,不是学术文化落后的表征,反是学术文化进展的曙光",并说"以目前教育情况,于译本中采教本,实也是不得已的办法",但从"根本上说来,教科书——无论教育方面或非教育方面用的——必须是自国语言的,创著的"[2],客观评价了洋教材的作用,指出了自己编著大学中文

---

① 林汉达:《中国大学英文的畸形现象》,《教育季刊》第 16 卷第 3 期,1941 年 9 月。民国时期,有多个单位的刊物以《教育季刊》的名义创办。本书所指《教育季刊》,全部特指中华基督教协进会机关刊物《教育季刊》。

② 华超:《大学教育用书问题评议》,《教育杂志》第 8 卷第 3 号,1916 年 3 月。

教材的必要性。1931 年 4 月蔡元培的"国化教科书"①的时代呐喊，揭开了"国化教科书运动"的大幕。有众多留美学生参与"商务印书馆大学丛书委员会"编辑的"大学丛书"，在二十世纪三四十年代大行其道。

在留美学生内部，1926 年归国的孙本文在中央大学教书，初上讲台"采用西籍教本，觉其教材，颇不合我国学生使用"②，故特把"编纂大学社会学教本及参考用书"作为建立"中国化的社会学"③的第一步。他和世界书局鉴于社会学书籍"可作课堂教本者，尚不多见"④的状况，由他组织十多名学者历时两年编写成一套 10 卷本的教材，后合订成上下两册出版；并经过了吴景超、吴泽霖等社会学名家的课堂教学检验，在一定程度上满足了有关学校的教学需求。而南开大学在"轮回风潮"后，深刻反思"教科书非洋文原本即英文译本，最优者亦不过参合数洋书而编辑之土造洋货也"⑤，加紧自己编辑教材，巫宝三、杨石先的讲义先后被列入商务版大学丛书出版。

当然，留美学生也认识到，教育是一个复杂的整体，教材远非学校教育的全部。陶行知警告大家："不要将活泼泼的人，为死书所用。要晓得账簿之外，还有许多文化在那里，要靠教科书是有害的。"⑥他们并不迷信教材，只是把译、编、著美式教材当作开展教

---

① 蔡元培：《国化教科书问题》，《申报》1931 年 4 月 27 日。
② 孙本文：《社会学原理》，商务印书馆 1947 年版，例言。
③ 孙本文：《中国社会学过去现在及将来》，转引自王建民《中国民族学史》（上），云南教育出版社 1997 年版，第 27 页。
④ 孙本文：《社会学大纲》，世界书局 1931 年版，序。
⑤ 王文俊等编：《南开大学校史资料选》，南开大学出版社 1989 年版，第 37 页。
⑥ 华中师范大学教育科学研究所编：《陶行知全集》（一），第 130 页。

与学的指南和关键,当成是传播先进的美国教育文化的重要载体。

二、整体译编情况

《心灵学》,可以说是第一本近代中文大学教材,就是由留美学生颜永京翻译出版的(详见第六章第二节);第一本出版的国人自著的大学新式中文教材则是《学校管理法》(商务,1916 年 4 月出版),也是由留美博士郭秉文贡献的①。此后,留美学生极为重视新式教材的编写,积极投入到对新教材的编译撰述之中。陶行知还特地把"新教材"当作"新教育"的"要点"②之一。而庄泽宣则连续编有《西洋教育的演进及其背景》(民智书局,1928)、《各国教育比较论》(商务,1929)《一个教育的书目》(民智书局,1930,中山大学教研所丛书)等,更有《如何使新教育中国化》(民智书局,1929)这样有创见性的著作。但整体看来,1920 年代译编的教材占主流。随着编著者水平提高与近代教育的发展,留美学生独立编著的教材也逐渐增多。

1. 教育学分支学科教材的译、编情况

教育学到 19 世纪末 20 世纪初已发展成为一门科学,与其他学科有着密切的联系,形成多个分支学科。留美学生在全面学习

---

① 该书列入"教育丛书"第 2 集第 6 编,分原理、体制、训练法、激励法、感化力 5 章。另外其博士论文中文版《中国教育制度沿革史》由商务印书馆 1916 年 11 月出版,159 页,有表,到 1922 年时已出到第 3 版;讲述上古教育制度的起源、退化,汉以后各朝教育的改革,新旧教育过渡时代,民国时代所建的新教育,及国民教育的重要问题等 8 编。

② 华中师范大学教育科学研究所编:《陶行知全集》(一),第 130 页。

美国教育的同时,利用长于英语与熟悉美国教育的优势,在教材编写时对美国教育学分支学科的思想也多有介绍。

教育学译著及其研究:

20 世纪初,美国教育在世界教育上最为发达,哥大、芝加哥大学、斯坦福大学等教育教学尤为发达,出现了诸多教育名家。值得提出的是,当时"美国学术界,不喜欢采用'教育学'(Pedagogic)一语而宁可用'教育科学'(the science of Education)或教育哲学(the Philosophy of Education)等名词的倾向"①。为应对我国新教育飞速发展的需要,留美学生对教育学进行热心译介时,自然也就包含了对美国式教育哲学的传播。

教育学理论方面,除庄泽宣等编著有《教育概论》(中华,1928)等教材外,1921 年 9 月郑宗海与俞子夷合译了美国密勒的《人生教育》,作为南高丛书第 3 种由商务出版,有 266 页的篇幅,译后多次重版。1923 年 4 月康乃尔大学毕业生杨荫庆等人将合作翻译的《巴格莱氏教育学》(W. C. Bagley 原著《教育过程》)作为北师大的"大学教本"交由共和印书局出版,汪懋祖、胡适、陈宝泉为之作序。5 年后,杨氏还与人合作编译了《克伯屈学说之介绍》,作为克伯屈专集第一种由北京文化书社出版。1921 年,"教育小丛书"之一的《德育问题》(王克仁、邰爽秋译,濮墨(Palmer)原著)由中华出版。芝加哥大学硕士王克仁将斐思客(John Fiske)的 *The Meaning of Infancy* 翻译为《幼稚之意义》,1922 年 6 月由中华出版,1932 年时已出至第 5 版。而程其保将 Chapman 与 Counts 合著的 *Principles of Education* 译为《教育原理》,1930 年由商务列入"师范小丛书"出版。王氏还译有《全民教育制度的演进》(C.

---

① 姜琦:《西洋教育史大纲》,商务印书馆 1935 年版,第 575—576 页。

H. Judd 原著，民智书局，1927）。1930 年美国波特（B. H. Bode）所著的 *Model Education Theories* 被孟宪承译为《现代教育学说》出版。1932 年著者书店出版了郑若谷所译的《大学教育新论》（*The Changing College*，威尔锵斯（E. H. Wilkins）原著）。1933 年桑戴克（E. L. Thorndike）、盖茨（A. I. Gates）合著，雷通群译的《新教育的基本原理》（*Elementary Principles of Education*）由新亚书店于 1933 年 5 月出版。译本篇幅较长，有 356 页，另有 16 张插页，还有图表；共分 14 章：教育的范围、最后的目的，目前教育的重大需要、学习的主要特征、学科与活动、教学法、中高级学校的职能进行论述，有著者序及译者序[1]。

留美学生显然考虑要介绍哲学与教育的关系。1925 年 2 月 18 日，胡适"曾征得杜威先生的同意"[2]，将杜威《正统哲学的起源》的译稿交由《晨报》连载刊出；他与唐钺合译了杜威的《哲学的改造》，1934 年 2 月由商务出版。此外，1924 年，商务出版了孟宪承翻译的波特《教育哲学大意》；陈礼江等人根据哥大师院国际教育研究所《1929 年各国教育年鉴》翻译出《各国的哲学背镜》，作为"师范丛书"交由商务于 1934 年出版。

留美学生认为，"教育应当为一种专门的科学，断非如普通人眼光中看到这样简单，这样容易"[3]，努力开展有关教育研究法的研究。1924 年 7 月郑宗海将吉特（C. H. Judd）的 *Introduction to the*

---

[1] 参见《民国时期总书目（教育·体育）》，书目文献出版社 1995 年版，第 8 页。本节多有参考该书之处。

[2] 曹伯言、季维龙编著：《胡适年谱》，安徽教育出版社 1986 年版，第 300 页。

[3] 钟鲁斋：《教育之学科研究法》，商务印书馆 1935 年版，自序。

Scientific Study of Education 译为《教育之科学的研究》交由商务出版。1928 年 8 月，《教育统计学纲要》(*The Fundamentals of Statistics*, 赛斯顿(L. L. Thurstone)原著, 朱君毅译)交由商务出版; 1947 年 4 月,《教育研究法及其原理》(*The Technique in Education*, 克劳福德(C. C. Crawford)原著, 钟鲁斋、吴江霖译)由世界书局出版。罗廷光也有此类著作出版。在留美学生的努力下, 教育学在近代中国逐渐成为一门科学, 获得了独立的学科地位, 进而拥有系统的师范教育、高师教育, 为提高国民素质、促进社会进步做出了本群体的贡献。

教育心理学译著:

民国时期的心理学较为发达, 1921 年中华心理学会成立, 1922 年《心理》杂志创刊。到了 30 年代, 中国心理测验学会(1931)、中国心理卫生协会(1936)、中国心理学会(1937)相继成立, 留美学生是其中最重要的一支力量。他们当中不乏教育心理名家, 如唐钺、潘菽、张耀翔、艾伟、章益、孙本文等人, 都翻译编著不少著作, 而陆志韦翻译的《教育心理学概论》尤为知名。该书实为哥大教授桑戴克《教育心理学》(*Educational Psychology*, 1914, 3 卷本)的第一卷, 陆氏鉴于在当时 200 多部教育心理学著作中"论到分析的详尽, 持论的严谨, 商氏的《概论》当首屈一指"而有此翻译之举, 自谦"为我国教育界思想态度起见, 聊当微生高的借醋"[①]。译本 1926 年 7 月由商务出版, 1928 年 9 月出至第 7 版, 1935 年 7 月被收入"大学丛书"。此外,《教育心理学大意》(中华书局教育丛书, 1921, S. S. Colvi 原著, 廖世承译)、《行为主义的幼稚教育》(黎明书局, 1930, J. B. Waston 著, 章益、潘硌基译), 而朱

---

① 陆志韦:《教育心理学概论》, 商务印书馆 1926 年版, 译序。

君毅翻译的《心理与教育之统计法》(H. E. Garrett, *Statistical Method in Educational Measurement*；商务，1934)1935 年 4 月再版时被收入"大学丛书"。陈鹤琴、陈尧昶还翻译了《小学各科心理学》(夫利曼原著，商务，1940)。

教学法的改进及其译著：

近代教育思想可以通过舆论与著作来宣传，更要通过面对面的课堂教学来进行。教学法的优劣直接关系到学校课程与教材的贯彻，关系到学生对教师所传授知识掌握的速度与程度，更关系到留美学生师资对美国教育的传播质量。陶行知重视美国教育中的学生自动精神的贯彻，故在留美归来不久就倡导将日式的"教授法"改为"教学法"，不断著文提倡"教学做合一"，强调师生的互动，注意发挥学生的积极性与创造性，并在南高、中华教育改进社大力推行，并逐渐得到全国的支持，为提高近代教育质量做出了重要贡献。另一部分人则翻译有关著作，从另一个角度为提高近代教学水平而努力。哥大师院旁听生俞子夷翻译了帕克(S. C. Parker)的《普通教学法》(*General Method of Teaching in Elementary Schools*，商务，1924)，1930 年 10 月出至第 7 版，1933 年被列入大学丛书(此书有节译本)，论述教学上的一些重要原则。此外，杜佐周编译有《麦柯尔教育测量法撮要》(民智书局，1927)，陈礼江译有《普通教学法》(斯特拉耶原著，民智书局，1932)。芝加哥大学 1928 届博士胡毅把桑戴克《人类的学习》翻译过来，由民智书局 1933 年出版。

介绍与研究美国教育史与比较教育学：

如果说别的分支学科有大量的译介，那么留美学生在美国教育与比较教育学的研究上多有创获。国人认识到："我国教育制度，现尚在动摇之中，故用比较法研究外国教育制度之一步手续，尤不可少。"①而美国教育及其历史尤为国人和留美学生所关注。

就是在有关欧美教育史论著中,留美学生也给美国教育以重要位置。郑宗海编有《英美教育书报指南》(商务,1925),林汉达编有《西洋教育史讲话》(世界书局,1944),庄泽宣编有《一个教育的书目》(民智书局,1930),雷通群编著有《西洋教育史》(商务,1934)被列为大学丛书的一种,王克仁编有《西洋教育史》(中华,1939,大学用书)。在这些著述中,曾先后受教于凯欣斯泰纳与杜威二人的姜琦做出了独特的贡献。他先编译了《西洋教育史大纲》(2卷,商务,1921),又与邱椿编有《欧战后之西洋教育》(商务,1929,万有文库,师范小丛书);到1935年8月又出版了《现代西洋教育史》(3卷,商务,1935),分自然的、新个人的、作业的、文化的教育、欧美的教育现状等5章,正文582页,另有53面插页,后被精装为1册,列入大学丛书。他特将两位业师亲自赠与的照片"揭印卷首",并在杜威肖像上题有"教师之教师"的字样,还在结论中指出"本书所记载的教育事象是最近世纪的事实,不过是全部教育史中仅少的一部分,所以要与本书的前篇——《西洋教育史大纲》——相连接,而视为《西洋教育史大纲续篇》"②。具体到美国教育及其历史的研究上,除郭秉文等考察欧美教育团的有关论著外,江苏省教育会于1916年出版了蒋梦麟的《美国全国教育会第五十四届会议报告》,此外还有大量的教材专门论及到美国教育及其历史,如何炳松译有《美国教育制度》(商务,1920),汪懋祖编有《美国教育彻览》(中华,1922,教育丛书),杨庆堃编有《美国与留美》(国际教育社,1946),而寰球学生会与欧美同学,包括清华学

---

① 蒋致远主编:《中华民国教育年鉴》(六),第438页。
② 姜琦:《现代西洋教育史》,商务印书馆1935年版,第575页。

校所编有的留学美国的材料中有不少介绍美国大学教育的地方。

有关留美学生对美国比较教育学的译介成绩,主要集中在对哥大教授凯德尔(I. L. Kandel)所著的《比较教育》(*Comparative Education*,1933)的翻译与增补上。凯德尔提倡描述历史事实,分析社会历史背景,把民族主义和民族性作为决定各国教育制度性质的因素提出,开创了因素分析时代,为比较教育中的文化研究奠定了重要地位。1939年,凯德尔门徒罗廷光与人合译了一遍。其实在4年前,钟鲁斋在原著的基础上增补编出一本更厚的《比较教育》。钟氏鉴于"其时翻阅中西文书籍,都没有适当的课本",就自己编著了一本比较教育的讲义,却并不满意;他虽认为凯氏著作"材料丰富而新颖,诚为空前的著作",但因略于幼稚教育、高等教育、职业教育、成人教育等方面,"用为吾国学校的课本,殊欠完备",觉得与其"徒事翻译,不如采其精华"将其"作为最重要的参考,更参考其他最新出版的专书和杂志"①,在编制上随时提起中国教育的改造问题,并在参考书后附有多篇最近中文杂志所刊载的比较有价值的教育论文,因而质量较好。其他如庄泽宣编有《西洋教育的演进及其背景》(民智书局,1928)、《各国教育比较论》(商务,1929),常道直编有《德法英美四国教育概观》(商务,1930),均被列入师范丛书。

在其他方面,留美学生也在尽量注意介绍美国教育思想。如姜琦、邱椿在《中国新教育行政制度研究》中就专题论述欧美教育行政系统之比较及其批评,指明美国"都市教育行政系统发达最早,组织亦最严密,而适合科学原则"②;杜佐周著有《教育与学校

---

① 钟鲁斋:《比较教育》,商务印书馆1935年版,序言。
② 姜琦、邱椿:《中国新教育行政制度研究》,商务印书馆1927年版,第17、33页。

行政原理》,自承"引用国内外专家的著作颇多,其应特别申明者,西书为克柏莱教授的《公立学校行政》,……及斯特拉耶和安杰尔哈德教授的《教育行政问题》"①。留美学生还把翻译编撰美国字典当成学习美国教育文化结晶的便捷途径。如果说颜惠庆主编的《华英大字典》、《华英翻译捷诀》篇幅虽大但较少利用美国词典②的话,那么郭秉文主持编纂的《英汉双解韦氏大学词典》则完全以美国百科全书式的《美国英语词典》(即韦伯斯特词典,1828 年出版,1919 年重版)为原本。1917 年 7 月,商务印书馆完整地引进了这部词典,应聘而来的郭秉文牵头组织了一批教授、专家对之进行编译。1923 年 5 月出版的这部中型偏大的词典,有 1700 余页,预售价仅 17 元,容纳了最新词语,并增订了最新地名索引③。多人按专长合作,保质省时;英汉双解,中国读者使用方便,并以内容广泛等特点,受到了包括大、中学生在内的广大读者欢迎,是我国英语辞典修纂史上的一个阶段性成果。据汪安琦(汪懋祖女儿)回忆其母亲袁世庄时说:"我母亲有一本'韦氏大辞典',我们小时候总觉得它硕大无比,像茶几面那么大。杨荫榆一来,母亲就常与她一起'翻辞典'"④。

2. 系列教材的出现

留美学生翻译美国教材开始时是个别的学术活动,后来郭秉

---

① 杜佐周:《教育与学校行政原理》,商务印书馆 1930 年版,序言。
② 参见颜惠庆著,吴建雍、李宝臣、叶美凤译:《颜惠庆自传》,商务印书馆 2003 年版,第 54、55 页。
③ 参见《新教育》第 6 卷第 1 期封底广告。
④ 汪安琦:《"懋庄"旧话——记苏高中创始人汪懋祖先生》,《苏州杂志》2003 年第 3 期(总第 70 期)。

文、陶行知主管下的东南大学教育科、庄泽宣创建的中山大学教育研究所、谢循初主持下的暨南大学教育学院、张贻惠主持下的北师大参与进来,和相关出版社合作陆续出版各自单位的教材丛书,见表3-3-1:

表3-3-1 校级教材

著译者	书 名	出版者	时间	类 别	主管人
朱君毅	教育统计学	商务印书馆	1926	东南大学教育丛书	艾伟
罗廷光	教育科学研究大纲	中华书局	1932	中央大学教育学院丛书	程其保
王凤喈	中国教育史大纲	商务印书馆	1928	北师大丛书	张贻惠
庄泽宣	一个教育的书目	民智书局	1930	中山大学教研所丛书	庄泽宣
陈礼江	普通教学法	民智书局	1932	中山大学教研所丛书	庄泽宣
胡毅	人类的学习	民智书局	1933	中山大学教研所丛书	庄泽宣
杜佐周	教育与学校行政原理	商务印书馆	1930	厦门大学教育学院丛书	孙贵定
邰爽秋	教育调查	教育印书合作社	1931	暨南大学教育学院丛书	谢循初
姜琦	视学纲要	商务印书馆	1933	厦门大学教育学院丛书	孙贵定

资料来源:据《民国总书目·文化教育》(书目文献出版社1995年版)有关内容编制。

在大体相同的时候,商务印书馆、中华书局、正中书局等出版社也主动组织留美学生等著名教授译、编美国教材,出版本社丛书,见表3-3-2:

表 3-3-2　部分由留美学生译介编著的社级丛书教材

丛书式教材	书　名	出版	时间	作者	原　著
现代教育名著	明日之学校	商务	1923	朱经农 潘梓年	美—杜威
现代教育名著	教育之科学的研究	商务	1924	郑宗海	美—吉特
现代教育名著	教育心理学概论	商务	1926	陆志韦	美—桑戴克
现代教育名著	教育统计学纲要	商务	1928	朱君毅	美—赛斯顿
现代教育名著	教育哲学大意	商务	1930	孟宪承	美—波特
汉译世界名著	比较教育	商务	1939	罗廷光 韦悫	美—坎德尔
大学丛书	普通教学法	商务	1924	俞子夷	美—帕克
大学丛书	现代教育学说	商务	1930	孟宪承	美—波特
大学丛书	心理与教育之统计法	商务	1934	朱君毅	美—葛雷德
大学丛书	西洋教育史	商务	1934	雷通群	雷通群
大学丛书	教育之科学研究法	商务	1935	钟鲁斋	钟鲁斋
大学丛书	比较教育	商务	1935	钟鲁斋著译	
大学丛书	现代西洋教育史	商务	1935	姜琦	姜琦
大学丛书	教育统计学	商务	1937	王书林	王书林
大学用书	各国教育制度	中华	1936	常道直	常道直
大学用书	西洋教育史	中华	1939	王克仁	王克仁
教育丛书	教育心理学大意	中华	1921	廖世承	美—柯尔文
教育丛书	教育心理辩歧	正中	1936	孟宪承 张楷	美—波特

资料来源:据《民国总书目·文化教育》整理编制。

　　留美学生在传播美国教育思想、发展民族教育的时候,曾经大规模输入美国教材,走过了一条从照搬原本到编写,最终到规模使用自著中文教材的发展道路。这种大学教材上的升级换代使美国教育思想更加广阔、更加深远地传播到大学的各个角落,有机地成为近代中国教育的组成部分,标志着中国教育学水平大幅度的提高,标志近代中美教育交流在留美学生的推动下有了质的提高。

三、孟宪承与罗廷光

在留美学生译介美国教育思想的过程中,有些著名的美国教育家被重点介绍。首屈一指的是杜威。除杜威来华时出版的由胡适、刘伯明口译的有关著作外,陆续又有他的著作被翻译出版,如刘国钧(衡如)译《学校与社会》(中华,1921)、朱经农、潘梓年译《明日之学校》(商务,1923)。另外,桑戴克①也是一个重点。邹韬奋译有《民本主义与教育》(商务,1928),陆志韦译有《教育心理学概论》,而胡毅译的《人类的学习》作为中山大学教研所丛书出版;雷通群译有他与盖茨合著的《新教育的基本原理》,原著深受当时国人欢迎,此后又有 5 种译本问世。此外克伯屈(W. H. Kilpatrick)、波特等人的著作也多被译介到中国。在留美学生当中也产生了一些著名的翻译家,其中最著名的是:

1. 二三十年代的孟宪承

孟宪承(1899—1967)江苏省武进县人。圣约翰大学毕业,1918

---

① 桑戴克(Edward L. Thorndike,1874—1949)当时又译为商戴克,马萨诸塞州人氏,1898 年以《动物的智慧:动物联想过程的实验研究》一文获哥伦比亚大学博士学位。1898 年起任职于哥伦比亚大学,直到 1940 年退休;1942 年复出接任哈佛大学詹姆士讲席。他是哥伦比亚学派的主要代表之一,又是动物心理实验的首创者、教育心理学体系和联结主义心理学的创始人,并设计了心理测验,为美国教育测验运动的领袖之一。

年入华盛顿大学专攻教育学,获硕士后又赴伦敦大学研究生院深造。回国后献身教育事业,曾先后在圣约翰大学、光华大学、清华大学、南高与东南大学、浙江大学和北京师范大学、湖南国立师范学院等校任教,曾任中央大学教育学院院长和浙江省立民众教育实验学校校长等职,在教育实践中著述甚丰,其中有一部分即系翻译著作。他的译著多是针对波特①的著作,他认为虽然"波氏自己的学说,始终没有轶出杜威的范围",但"对于杜威学说,不止于阐发,而实在有所补充",他个人"不能不服他的胆量之大,议论之精"②,故陆续译介波特著作,以飨国人。主要译、编著作见表3-3-3:

表3-3-3　孟宪承前期主要译、编、著之教材

著/编/译者	原著	书　名	出版社	时间	备　注
孟宪承	波特	教育哲学大意	商务印书馆	1924	现代教育名著
孟宪承、俞庆棠	克伯屈	教育方法原论	商务印书馆	1927	
孟宪承	孟宪承	教育通史	中央大学	1928	上册为外国古今通史
孟宪承	波特	现代教育学说	商务印书馆	1930	大学丛书
孟宪承	孟宪承	新中华教育史	新国民图书社	1932	上编为世界教育概况
孟宪承、张楷	波特	教育心理辩歧	正中书局	1936	教育丛书

资料来源:据《民国总书目·文化教育》整理编制。

---

① 波特(Boyd Bode),伊利诺伊州人,1900年康乃尔大学哲学博士,俄亥俄州立大学教授。著有《教育哲学大意》等,1917年与杜威、摩尔(Morore)等8人合著有《创造的智慧》论文集。

② 孟宪承:《现代教育学说》,商务印书馆1930年版,译者附言。

其中《现代教育学说》(*Model Education Theories*)较为重要。他鉴于当时新教育建设中的"儿童的知能,缺乏透彻与熟练,至程度的减低,已呈显著的流弊"而"呶呶介绍此书,希望供给一点理论上的引导,而与现在的教育情形,得所补救",先被列为现代教育名著,1935年被收入大学丛书,内容分课程编制的学说、新的学习心理说、教育与平民主义的理想等4卷,有著者序及巴格莱的引言。该书与表中第一本书"先后一贯。前者是波氏理论的建设,后者是对于各家学说的批评,两书并读,可以互相参证"①。若将4部译著与2部世界通史综合考虑,在孟宪承的学术世界里,已经初步形成了一个完整的学术体系。这无疑有利于教学,是中国教育学术界的进步。

2. 三四十年代的罗廷光

罗廷光②留美、出道要比孟宪承们要晚,但他出国前参加过教育工作,发表论文多篇,著有《普通教学法》一书(商务,1930);留美3年中经常参观各地,不断调查美国教育的先进表现及其原因,先后把其感性认识写成专稿多份,成为其以后在实际教育活动中译介美国教育的灵感与资料的来源。他的《教育之科学研究大纲》(中华,1932,中央大学教育学院丛书)"材料新颖",就源自1929年留美时所写的《教育科学研究发达略史》专稿,"详于教育科学的发达史,而对于各种教育之特殊方法,也曾作简略的叙

---

① 孟宪承:《现代教育学说》,译者附言。
② 罗廷光,江西吉安人,1896年生,1921年毕业于南高教育专修科,1925年往东南大学进修时受业于孟宪承,回国后任中央大学教育学院教育社会学系主任及实验学校校长,1933年秋调任湖北教育学院院长,1935年初,到伦敦大学进修,1936年任河南大学教务长,1940年8月任中正大学教务长,1946年任中央大学师范学院院长。有关罗廷光的内容参考了他本人所撰的《自传》(《中国当代社会科学家》第8辑,书目文献出版社1986年版)。

述"，"成为中国教育界出版物的新贡献"①。他还著有《教育研究指南》（中央大学教育研究所，1932）、《教育科学纲要》（中华，1935）与《教育概论》（世界书局，1933）、《教育概论》（正中书局，1938）等，初步制定了一套教育科学研究的体系，并将教育科学研究的成果和方法，应用于教育实践，极大地提高了教育效能。他在国内外学习工作的时候，喜欢深入了解各国教育实况，从比较中吸取有益的经验，供我国教育的借鉴。他曾将前在美欧学习和参观所得各项材料，汇集整理，再加研究写成《最近欧美教育综览》（商务，1938）；并乐意在1947年夏青岛暑期讲习会上对中小学校教师演讲游历欧美的心得，会后整理编就了《最近欧美小学教育概览》（商务，1948）。而他撰就的《教育行政》（商务，1944），就是他"能博考欧美各国教育制度的异同优劣，以发挥比较观摩的效能"的结果，故能"陈义精微而不流于空虚，理论客观而不限于肤浅，叙事平实而不囿于固陋，取材渊博而不失之支离"②，因而质量较高，被列入中正大学丛书、大学丛书出版，赢得了学界与学生的高度评价，允为杰作。他还从哥大斯特拉耶、凯德尔等教授学习过教育行政与比较教育，在赴英国前夕接受商务印书馆请他翻译凯德尔的《比较教育》的委托，进修余暇完成翻译的2/3寄回国内，由韦悫继续完成编译工作。该书分10章用比较法研究英法德意俄美等国的教育，1939年列入商务"汉译世界名著"在长沙出版。他还与学生王秀南合作，编译了《实验教育》（钟山书局，1933），材料主要采自麦柯尔（W. A. McCall）的《教育实验法》，这实为师生教学相长、共同提高的典型。另外，他注意整理旧稿，结合教育实践和教育行政原理，

---

① 钟鲁斋：《教育之学科研究法》，商务印书馆1935年版，自序。
② 邱椿：《序》，见罗廷光：《教育行政》，商务印书馆1944年版。

先后写成《师范教育新论》(南京书店,1933)、《师范教育》(正中书局,1940)、《师范教育概论》(中央大学)以及《教学通论》(中华,1940),形成了一套较完善的师范教育理论与实践的体系。

罗廷光通过留美、教学与研究,对教育研究法、比较教育、师范教育和欧美教育史有着系统的译介与研究,形成了自己完整的学术体系,产生了较好的教学效果。这标志中美教育交流在教材方面达到了一个新的高度。

伴随留美学生学术声望的提高,在他们之中涌现了不少主编。早期蒋梦麟、陶行知主编《新教育》,30年代黄觉民主编《教育杂志》。稍后于主编杂志,留美学生又开始主编教材,甚至是主编教材丛书。20年代末孙本文为世界书局主编《社会学大纲》,40年代韦悫与王云五共同主编"比较教育丛书",而陈选善主编有教育讲话丛书(世界书局,1944—1946,含陈著《教育测验讲话》与《教育研究讲话》,沈有乾著《教育统计学讲话》与《教育统计学》,陈科美著《教育社会学讲话》)。稍后,朱经农主持商务印书馆,也主编了一套"国民教育文库",并把出版教材的重心重新放到国民教育上来。

总体上说来,留美学生在编译著述教材之时,考虑到了学科体系、学生特点,基本上是根据中国教育需要而大规模输入美国教育理论,较好地考虑了知识性与教育性、先进性与实践性、理论性与可读性的辩证关系,既保证了科学含量,大大加快了落后的中国教育追赶世界前进的步伐;又提高了教学与学术水平,受到广大师生的欢迎,促进了大学教育的发展,从而推动了近代教育的发展与中美教育交流。

第三节　实践美式办学思想

近代归国留美学生在向美国教育学习时,既输入教育学的思想与理论,也在主动学习和借鉴美国一流大学的宝贵经验和先进理念,坚持综合办理,实行通才教育,努力坚持自主办学,致力于建立现代大学制度。

高、老、大、全是世人对美国一流学府的印象,留美学生知道它们的成功很大程度上得益于其办学得当。这些大学多为私人捐赠创建,如哈佛大学、康乃尔大学、约翰·霍普金斯大学、斯坦福大学、芝加哥大学等等,且多有以捐建人命名者,较少受教育以外的因素干扰,故办学成绩突出;多为研究型大学,但不忽视本科生教育,一般以英国式的本科学院为基础,建德国式的研究生院于其上,周围辅以职业学院;大体学科设置齐全,坚持综合办理,推行通识教育,"芝加哥计划"与哥大"核心课程"教育计划双双具有里程碑的意义。当然,公立的柏克利加州大学也能跻身于一流大学行列。这些大学一般处于交通方便、经济发达地区,曾吸引并培养了大量的中国留学生。它们按高等教育发展规律办事的自觉性和主观能动性,努力提高驾驭高等教育发展规律的水平和能力,及其具体的管理模式、教学手段、教学方法、评估体系等,对归国留美学生办理大学无疑具有重大的影响,其中那些一流大学的师范(教育)学院对留美学生的办学影响尤为深远。在 20 世纪 20 年代,美国高师教育的主流形式是 SCD(school college department),即主要由综合性大学中的教育系和教育学院来承担培养教师的任务(单一的师范教育模式①正在削弱),当时最著名的、也是第一个二级师范(教育)学院是哥伦比亚大学师范学院②,院长先后是 J. E. 杜威

---

① 目前基本消亡,仅存一二十所独立师范学院;现在保持高师单一制模式的仅有中国、俄罗斯和韩国。

② 前身为 1887 年为训练贫苦移民儿童的新式师资的原纽约教师培训学院,1892 年改名师范学院,1898 年并入哥伦比亚大学。

与保罗·孟禄。另一个为留美学生铭记的是杜威担任首任院长的芝加哥教育学院①。孟禄氏后来来华直接宣传其办学思想,在北京大学发表"大学之职务"演讲时指出,"大学是国家的最高文化机关",其任务"是在选出中西文化好的部分,把它们融会贯通起来,造成一种新文化",而负有"(一)宣传知识,(二)造就应用人才,(三)提高学术"②的神圣职责。孟禄的这篇演讲强调中西结合、知识与应用结合,强调提高学术,在全面学习美国教育思想时期对国人、尤其是对留美学生的综合办学有着直接的、纲领性的指导意义。

留美学生十分注重大学的作用,在康乃尔大学就读的胡适曾说"留学生日众而国中高等教育毫未进步者,盖以仅有留学而无大学以为传布文明之所耳"③,明确指出了大学的功能;后来他提出《争取学术独立的十年规划》,拟重点建设一批大学以振兴国内高等教育,产生了广泛的反响。成长起来的留美学生多有掌握校政者,对大学有了更深切的了解,如梅贻琦对大学有着极高的估价:"大学有新民之道,……就其所在地言之,大学俨然为一方教化之重镇",这带有美国进步主义教育思想的深深烙印,他也承认"今日中国之大学教育,溯其源流,是自西洋移植而来"④。留美学生有着不同于一般国人的胸怀和品质,视野开阔,思想开明,观念开放,主动学习美国一流大学遵循高等教育发展规律所创造的先

---

① 芝加哥大学刚建不久,就在 1902 年把附属的预科学校——哲学和教育科的主任约翰·杜威个人创办的实验学校——和教员实习学校等归并起来,"合称教育学院,请杜威先生为院长"。见姜琦:《杜威先生略传》,《现代西洋教育史》,商务印书馆 1935 年版。

② 孟禄演讲,胡适翻译,廷谦笔记:《大学之职务》,《东方杂志》第 19 卷第 2 号,1922 年 1 月。

③ 胡适:《非留学篇》,《留美学生年报》1914 年第 3 季。

④ 梅贻琦:《大学一解》,《清华学报》第 13 卷第 1 期,1941 年 4 月。

进理念和宝贵经验,以及具体管理模式、教学手段、教学方法等,实践办学,发展民族教育。

毋庸否认,留美学生办学初期确曾有过全盘照搬美国大学办学思想的倾向,如张伯苓在1918年留美时"看见他们样样都好,恨不得样样都搬到中国来",致使南开大学"无形中输入美国风味不少"①;但他们不久就认识到这个问题并开始探索民族大学办理之道。张伯苓到1929年已认识到"欧美的东西尽管可学,欧美的制度则不必样样搬来,……要搬,也须按照环境的情形而加以选择"②,从而"力行'土货化'于南大"③;陶行知也反对"沿袭陈法"、"仪型他国"④,在教育民主化、平等普及的指引下不断开拓。他们有关美式综合办学思想及其实践主要体现在:

一、学 科 综 合

美国一流大学多是综合型大学,如哥大拥有多个研究生院,实行选科制和学分制、"核心课程"计划,综合设置文理课程以构建学生的知识结构,有利于全面提高学生的素质。留美学生走上校级领导岗位后,有感于留美所见所闻,一改此前基本上是办理专门学校的思路,坚持综合办学方向,大力设立新兴学科,建设完全大学从此有了现代内容的支撑。

1918年4月,南高代理校长郭秉文说,"知识如普通专门,则

---

① 《二十二年之回顾》,《南大周刊》,1926年1月17日。
② 《南开周刊》第71期。
③ 华午晴、仉乃如:《十六年来之南开大学》,《南大半月刊》第15期,1934年10月17日。
④ 华中师范大学教育科学研究所编:《陶行知全集》(一),第94页。

欲其博约;技能如应用美感,则欲其精通"①,故增设专修科,首创地学系与生物学系,改良课程。后来有人评论"南京高师成立,诸所擘画,颇异部章,而专修科增设之多,尤为各高师所未有。其后实行选科学分制,学程与设备,益趋于大学之规模",为南高改大以及日后中央大学的全面发展奠定了基础,工科主任茅以升等人曾说:"本大学学制,以农、工、商与文理、教育并重,寓意深远,此中组合为国内所仅见,亦即本大学之精神所重也。"②虽然郭氏中途离开了国内教育界,但为近代大学的综合发展树立了一个成功的范例,邱椿曾客观评价他"其为人如何姑置勿论,但东大农科和教育科的成绩,至今仍为一般人所赞美"③。梅贻琦鉴于"通识之授受不足,为今日大学教育之一大通病,固已渐为有识者所公认"的情况,认为"大学期内,通专虽应兼顾,而重心所寄,应在通而不在专。换言之,即须一反目前重视专科之倾向,方足以语于新民之效"④;张其昀则认为美国等"西方之从事于大学教育者"为"展缓分院分系之年限","第一学年中增设'通论'之学程","以为此二途者俱有未足,然亦颇有可供攻错之价值;可为前途改革学程支配之张本"⑤。清华在梅氏的领导下理工科极为发达,但冯友兰、金岳霖领导的文学院哲学系是全国最强的两系之一。

在留美学生的主持下,民国大学的学科设置日益完善,文理渗透,各有特色,如金陵大学的中国文化研究与农学院同享盛名,培

---

① 璩鑫圭、童富勇、张守留编:《实业教育 师范教育》,上海教育出版社1994年版,第1004页。

② 南京大学校庆办公室校史资料编辑组、学报编辑部编:《南京大学校史资料选辑》,内部资料,1982年刊印,第159页。

③ 邱椿:《致适之》,《独立评论》11号,1932年7月。

④ 梅贻琦:《大学一解》,《清华学报》第13卷第1期,1941年4月。

⑤ 张其昀语,转引自《东南大学史》,东南大学出版社1991年版,第58页。

养的学生素质自然较高。这与民国社会经济发展的趋势是相适应的。相对于传统教育和专科学校来说，在他们办理下的学校综合实力有了较大的提升，初步具备了现代大学的基本硬件，这无疑是一种教育的进步，是历史的进步。

二、男 女 同 校

留美学生综合办学的另一显著成果便是促成大学招收女生，有了现代大学明显的外在标志。本来，教会学校普遍男女同学，而其他学校只许中小学男女同学。1912 年所定学制中规定只有小学方可男女同学，而 1915 年，袁世凯公布的《国民学校令》还有所倒退，1918 年教育部通知各地酌量办理中学招收女生，但大学"女禁"的突破还是由留美学生首先推动完成的。

留美学生早就切身感受到美国大学男女同学的氛围，在 1917 年时还明白地说"美国之首先许男女同学者，欧柏林大学也；其首先许黑人同学者，亦欧柏林大学也。孔子曰："有教无类"，是校有焉。兹则本其一视同仁之美意，而欢迎我国学生焉。"①确实这种男女同学的"有教无类"相当契合新文化运动时期民主与科学大旗下主张男女平等教育、个性解放的呼声，当年 10 月全国教育会联合会第三届会议便向教育部提出推广女子教育的议案，要求增设女子高等小学和女子中学等。五四运动爆发后，全国思想日趋解放，教育界的一些有识之士也开始酝酿起开"女禁"来。

1919 年 12 月 7 日，"敢探未发明的新理"、"敢入未开化的边

---

① 陈学恂、田正平编：《留学教育》，上海教育出版社 1991 年版，第 213 页。

疆"而勇作"第一流的教育家"①的陶行知在南高校务会议上正式
提出了《规定女子旁听法案》,并在会议上慷慨陈词:"中国女子高
等教育最不发达,女子几无上进之路;大学不许男女同学,更是毫
无道理。南高特宜首破禁区,融通办理,以遂女子向学之志愿。"②
校长郭秉文、新任学监主任兼文史地部主任刘伯明以及名教授陆
志韦、杨杏佛等人均极表赞成,于是校务会议一致通过这一提案,
并决定同约北京大学自1920年暑期正式招收女生。尽管消息传
出后朝野震惊,甚至郭秉文的前任江谦也反对,但在南北呼应下,
南高与北大正式实现男女同校。

　　相对于北大只招收了一名女生和几名女旁听生而言,南高在报
名的100余人中正式录取了8名女生,特设正副女生指导员、女体育
教师,并早几个月开学,为我国培养了一批巾帼英才,参见表3-3-1:

表3-3-1　南高首届女生简历

姓名	系别	留学	备　注
李今英	英文		后在密西根大学任教;丈夫梅光迪,英文系主任
陈梅保	英文		后回香港母校任职
黄叔班	英文		丈夫王克仁,东大同学,后任贵阳师范学院院长
吴淑贞	英文		丈夫胡照祖,同班同学,胡适侄
曹美恩	英文	留美	
韩明夷			苏州女师副校长,被陈鹤琴聘为上海工部局女中校长
倪亮	教育		南京第一女子师范毕业,丈夫吴俊升,同学,留法博士
张佩英	英文	留美	清心女中和南洋模范中学校长;丈夫邵禹襄,革命同事

　　资料来源:据南京大学百年校庆网站王运来与张佩英两文增补。

---

① 华中师范大学教育科学研究所编:《陶行知全集》(一),第114页。
② 华中师范大学教育科学研究所编:《陶行知全集》(一),第143页。

　　南高实行男女同校后,男女生关系融洽,学风良好,为中国近代高等教育史上翻开了崭新的一页。留美学生在冲破大学"女禁"后,继续为发展女子教育鼓与呼。陶行知严正指出"女子教育在中国最不注重",是头个"中国现在受教育有三桩不平等的地方"①,如果"普及女子教育,不但可以收到家庭教育的好果,并且可以巩固子孙的教育"②。他还说"受过高等教育的女子,现在已不在少数。至少似宜有几个人担负起研究女子教育责任"③,呼吁国人重视女子教育,并鉴于"中国女学生数仅占学生总数的百分之五,离教育机会均等之目标太远,不可不有以促进之",与朱其慧、王伯秋等人一起要求"原为提倡研究女子教育而设"的中华教育改进社女子教育委员会及女子教育组,应"联合全国受过教育之女子做大规模之促进运动"④,提案发起并筹备中华女子教育促进会,并与孟禄等发起成立中华杏秀游泳社。

　　留美女性对中国女子教育自然是有另一番的热心,著名的有俞庆棠。她响应陶行知的呼吁,对女子教育深有研究。她曾说,"研究女子教育需从多方面进行观察",必须"以二万万女子之整个教育问题为对象",如"使现行学制中之学校教育,与民众教育联络进行,成效可速"⑤;"研究女子教育,不单是观察现状,还须看到历史情况和推测将来的趋势。……总之,中国的女子教育,须女子自己去奋斗;我们主张改进中国学制系统,人人有受教育的机

①　华中师范大学教育科学研究所编:《陶行知全集》(一),第257页。
②　华中师范大学教育科学研究所编:《陶行知全集》(一),第258页。
③　华中师范大学教育科学研究所编:《陶行知全集》(一),第244页。
④　华中师范大学教育科学研究所编:《陶行知全集》(一),第560页。
⑤　俞庆棠:《三年来中国之女子教育》,《江苏教育》第4卷第1、2期。

会,教育普及,那么女子教育就不成问题了"①,一旦"教育普及,则我妇女常识自然充足,天职自然力尽,而社会文明之程度,自然增高。更何惧不能与列强并驾齐驱乎"②,故极力"主张妇女教育应与男子教育平等发展,尤其所主张发展的教育,不是粉饰太平的,不是少数人的,而是培植为民族谋生存而奋斗的新战士的教育,为社会增生产而努力的生力军的教育"③。她编著有《中国之女子教育》(英文本,全国教育建设协会,1922)、《农村妇女基本读本》(两册,世界书局,1941)、《农村妇女读本》(两册,世界书局,1943)、《最近三十五年之中国女子教育》(收入商务版《最近三十五年之中国教育》),与两位女子大学校长吴贻芳、王世静一同为女子教育做出了重要贡献。

留美学生首先冲破国立大学"女禁"、推动女子教育的一言一行,无不昭示近代中国社会文明程度的增高,标志着近代教育的发达与进步。

三、教 研 综 合

此前高等教育与中国传统教育都有重教不重研或最多关起门来搞学问的倾向,极少跟踪理工科方面的最新研究动态,关注科技研究,这种情况不利于建设现代大学,建设现代名校。留美学生都知道,一流大学应既重视本科教学又重视学术研究,对杜威式学校发源地的芝加哥大学与拥有众多留美学生的哥大的研究型办学模

---

① 茅仲英主编:《俞庆棠教育论著选》,第 118、120 页。
② 茅仲英主编:《俞庆棠教育论著选》,第 1—2 页。
③ 俞庆棠:《现阶段中国所需的教育》,《教育与民众》月刊第 7 卷第 8 期,1936 年 3 月。

式印象尤为深刻。

　　长期担任清华校长的梅贻琦的言行尤为引人注目。他在1931年12月2日的就职典礼上,宣称"办大学应有两种目的:一是研究学术,二是造就人才。清华的经济与环境,很可以实现这两种目的",宣告"所谓大学者,非谓有大楼之谓也,有大师之谓也","希望清华在学术研究方面应向高深专精方面去做",决意要充分利用虽不如当年哥大的预算但远优于国内其他大学的"清华的经济"建设好"两个必备的条件,其一是设备,其二是教授"①。此后清华在教学、研究上齐头并进,与老牌的北京大学双峰并峙。

　　而同为南开、清华两大学的助产婆张彭春,学习与超越哥大研究型办学思想的决心更为外露。1916年8月,刚获哥大师院教育类硕士学位归来的他就任南开专门部主任,在规划大学部的筹建时宣告将来的大学"悬想之标的,使南开大学生纵不能发明新理,为世界学问之先导,亦决不令瞠乎欧美开流之大后,必与之并驾齐驱"②;在获取哥大师院的博士学位后,又应曹云祥之邀就任清华教务长,兼新课程委员会委员长,主持制定学校新的教育方针和改办大学的计划,并于1924年4月提出了创建国学研究院的意见。

　　除开校级领导岗位外,留美学生在大学中层岗位上也在贯彻落实教研的综合办理,其中何濂主持下的南开大学经济研究所较为著名。他鉴于当时天津工商发达而缺乏专业人才的现实,深刻认识到"当务之急还是在大学中教学与研究并举,使年青人在学业和工作能力上都得到最好的训练",因为他"坚信研究会使教学

---

　　① 黄延复主编:《梅贻琦先生纪念集》,吉林文史出版社1995年版,第10页。

　　② 南开大学校史编写组:《南开大学校史》,南开大学出版社1989年版,第84页。

生动活泼;教学有益于研究工作丰富多彩和不断深入",故设立经研所使"教学与研究相辅相成"①,在接下来的实践中,坚持问题研究和本科、研究生教育并举的方针,并参与洛克菲勒基金会资助的华北乡村建设计划,产生较广泛的教育与社会影响。南开秘书长黄钰生回忆道:"何濂是个学与术兼长的人。经济研究所是他空手起家办理成为一个国内外都有名的研究单位。"②该所既解决了教育与社会之间的供需矛盾,又大大提高了南开的学术水平,为南开赢得了崇高的国际声望。

使教研综合走出大学校门的还有南京的东南大学、金陵大学的农科,它们与两校的校长郭秉文、陈裕光及其"教学、研究、推广"三者合一的方针分不开,与邹秉文、过探先与章之汶、乔启明等院系领导人的努力分不开。郭秉文等创办上海商科大学、刘锡恩创办的沪江大学城中区商学院在教育社会学上也颇有开创意义。

留美学生们的这些办学思想及其实践自然与"美国的高等教育独具一格,把学以致用和学术造诣当作共同的办学目标"③高度契合,使中美教育交流在实践层次上得到了升华。

四、师范性与学术性的综合

留美学生深知"教育既为一种专门学问,要试验教育,办理教

---

① 何濂:《何濂回忆录》,中国文史出版社 1988 年版,第 40 页。
② 黄钰生:《读〈南开大学校史〉(稿)随笔》,《黄钰生同志纪念集》,南开大学出版社 1991 年版,第 160 页。
③ 弗雷德·赫钦格,格雷丝·赫钦格夫妇合著:《美国教育的演进》,南开大学图书馆馆藏,第 201 页。

育非由专家指导不可"①,故在办理高师时,特别注意师范性与学术性的结合,从而带动了高师升格的浪潮:

首先,他们提高了高师的学术性,使教育成为一门独立学科。他们认为原来的日式高师制充满了弊端,不适应时代的发展。北师大校长李蒸在公正评价传统日式高师的优点后就指出它"训练偏于硬性,颇失活泼自动之精神;学科过于专业化,而少研究高深学术之设备;学生趋于平凡化,未能发挥天才,为极深研几之穷究",在"全国新潮怒发之后,青年突富求知欲望,欲向上冲动,研究科及学系分设甚多,学会及出版物,繁荣如雨后春笋"②之时自然要大加改革。东京高师毕业的林砺儒在列举了4长处后也承认"师范校长及教员自由意志的余地甚少,……发扬踔厉自由生发的气概则不足,……狭隘的教育宗旨与青年心理相背离"③,必须对其"地位与资格"加以时代改良。留欧的蔡元培特指出:"高专与大学并立之病,日本已深感苦痛。"④1917年北京国立各校会议曾提案主张废止高等专门学校。为了发挥师范教育这个教育工作的"母机"功能,适应五四以来国民教育与青年思想蓬勃发展的趋势,加速与世界接轨的步伐,改变日式封闭式、单科式的既有体制,建设相对开放、文理渗透、学术水平较高的美式高师势在必行。曾经考察过日本教育的郭秉文较早指出:"日本各高专,已纷起升格之运动。……南京高师以与东南大学有组织的关系,其提高与归

---

　　① 庄泽宣:《如何使新教育中国化》,民智书局1929年版,第138—139页。
　　② 李溪桥主编:《李蒸纪念文集》,中国社会科学出版社1996年版,第132—133页。
　　③ 林砺儒:《日本师范教育的特点》,《教育研究》第32期,1931年12月。
　　④ 蔡元培:《全国教育联合会所以决之学制系统草案评》,《新教育》第4卷第2期,1922年2月。

并,早为必然之趋势"①,大力倡行高师改革。结果,一类就是北高师、女高师改为师范大学,最后合组为北京师范大学;另一类以南高为代表的其他高师改大或并入综合大学,继续以二级学院的形式履行高师教育的职能,抗战中他们又推动了国立师范学院体系的建立。在此过程中,他们大力设置新的教育课程,宣传美式教育思想。故林砺儒明确指出"这样增多教育学科的分量,无疑是要效法于美国师范学校"②,美式气息确实毋庸置疑;而且伴随对综合大学其他科系的资源的共享,教育专业学生的综合素质与高师的学术水平有了基本保障,这在高师教育的教育与教学过程之中都得到了体现。师大、师院(教育学院)、教育系已联结为一个完整体系,伴随大量译著与自著教材的出现,教育学成为一门独立学科。

其次,他们捍卫了高师的师范性与存在价值。近代以来,对教育学的科学性与高师的独立地位的怀疑与非议从来就没有停止过。在传统中国,长期把教与学当作自发的个人行为,除了科举制的指导作用外,教育基本处于分散无序的状态之中,教育学自然无科学性与独立地位可言。到近代,留欧学生转习教育专业的极少,吴俊升、严元章等人只是特例,大多数留欧学生对美国教育学的发达及其具体繁荣多不以为然,加上当局对留美学生自由、民主的办学思路日益增多的内在忌讳,近代高师的综合办理常受到各种掣肘与挑战。心直口快的傅斯年则认为"大学是学术教育,与普通所谓教育者,风马牛不相及。……教育学不是一个补充的副科,便

① 郭秉文:《民国十一年之高等教育》,《新教育》第 6 卷第 2 期,1924 年 2 月。

② 中央教育科学所编:《林砺儒教育文选》,北京师范大学出版社 1984 年版,第 75 页。

是一个毕业后的研究"①,想从根本上取消教育学的地位。位居高位的朱家骅针对唯一的北师大说,"至于师范大学,约有学生1000人,本为造就中学师资之目的,然按诸现在内容,竟与普通大学无异,颇患名实不符之病"②,甚至指令当时他领导下的教育部罚令北师大停招学生一年。在与国联教育考察报告互相唱和之后,官方的戴季陶公开指出"中国近代教育之失败"的根源在于"其道不正,其术不端,愈改愈坏"③,暗地指责主导当时教育建设的留美学生及其指导思想。留美学生对此早有预见,及时并陆续对此做出简明扼要的回答。郭秉文曾就南高增添专修科做过说明:"本校设立农工商专科之旨趣,在养成中等学校中关于农工商之教员,于修习农工商应有之学识技能以外,并课以教育学、心理学、教授法等,故所造就者,与实业专门分科大学所造就之人才,迥然有别。"④北师大全体教授在李蒸、李建勋两人的率领下致电回复教育部,首先申明"本校所设院系,向以中等教科教育专门研究及专业训练为标准,本无划分三院之必要;徒以大部所颁大学规程,明文规定,未便逾越,勉为迁就",但师大课程仍能做到"系统化以植其基,又必使教育化以广其用;提高而不坠入偏枯,普及而不流于浅率";继而以简要事实说明师生"称职"而停招无理,至于学潮"揆厥原因,或以时代潮流,或以政治关系,或以生计窘迫,社会国家,悉应负责;而尤以历年教费无着,设备废弛,督励无方,为学风

---

① 傅斯年:《教育崩溃之原因》,《独立评论》第9号,1932年7月。
② 李溪桥主编:《李蒸纪念文集》,第63页。
③ 蒋致远主编:《中华民国教育年鉴》(一),序二。
④ 璩鑫圭、童富勇、张守智编:《实业教育 师范教育》,上海教育出版社1994年版,第1012页。

不饬之最大关键"①,对非议北师大者予以全面、酣畅的回击,并侧击了教育部正是造成北师大动荡的最大祸首,在困难环境中积极主动地维护了师大的存在与发展。半年后,二李又率同仁致电教育部,郑重申明"大学制度实百年兴废盛衰之所系;师资造就,尤兆庶存亡生死之所关"②,明确表达了北师大对师范教育的独立地位的捍卫。

再次,建立教育研究机构,集中实践师范性与学术性的统一。先有北高师成立,后有多个教育研究所的存在。1929 年,庄泽宣指出当时的教育课与教育系"多半是训练师资而非教育研究与试验的机关,偶有附带研究性质的,人才与经费又不集中,效果很小",建议"应当选一个全国适中的地方设一个教育研究所专做这件事"③。1934 年,在北师大、中山大学、中央大学等校设立了此类机关。在国立师院体系形成后,教育专业的师生的学术研究又有所发展, 如 1943—1948 年间, 在所受硕士学位的 232 人中,就有师范科的 26 位, 其中有多人对中国与世界教育与思想文化有过专深研究, 中山大学教育学部严元章、杨泽中、梁照康分别著有《中国教育制度的研究》、《现代三大思潮的比较研究》、《教师组织的比较研究》, 中央政治大学研究部的金子达著有《我国新教育制度的研究》, 武汉大学的李谋盛、谢国璋分别著有《英美德法考试制度比较研究》、《现代英美之价值学说》 等毕业论文④,对当时中美教育交流以及他们个人以后的学术方向

---

① 李溪桥主编:《李蒸纪念文集》,第 67 、68 、69 页。
② 《本校教授为师范大学具有特别任务呈教育部文》,《北平师大教务汇刊》第 24 期,1932 年 11 月 12 日。
③ 庄泽宣:《如何使新教育中国化》,第 35—36 页。
④ 参见蒋致远主编:《中华民国教育年鉴》(九),第 874—875 页。

都有一定的作用。

最后,涌现了罗廷光、李蒸与李建勋、廖世承、郑晓沧等高师教育名家,几经考察欧美教育的郭秉文尤为引人注目。正如胡先骕所说他"最为学生爱戴,最为教授及社会所尊视者为郭校长,……佐江校长创办南高时,尽力延聘名教授,提倡沉潜朴实之风"①,取得了显著的成效。乃至当年北洋政府教育部也承认他"校内一切,用最新式组织,条理井然,……代理校长两年,主持校务,具有成效,亟应正式委任,俾专责成"②。除大批专家与江浙优秀中学校长由该校培养③外,山东第一师范等外地学校"教教育的是东南大学毕业的"④。郭氏"壹是以'平衡'为准,如通才与专才,人文与科学,师资与设备,国内与国际,皆使平流并进,罔畸重轻。而倡导'科学'、动力(Dynamic)两种精神,发展迅速,尤为南雍教育之特色"⑤,把新生的南高—东南大学建成与北大齐名的一流大学,在一个充满动荡与冲突的文化环境下形成平衡发展、综合创新的"四个平衡"的办学思想,至今仍有启示意义。

留美学生综合办学的思想是一种通才教育,并不否定科学教育和专门教育,旨在向学生提供"统一的知识",和专业教育相比其所含知识更为基础和普遍,自然是一种更为重要的知识。它以较大的创造性和适应性适应了民国教育的发展与社会的需要。在

---

① 胡先骕:《梅庵忆语》,《子曰丛刊》第 4 期,1948 年 10 月。

② 璩鑫圭、童富勇、张守留编:《实业教育 师范教育》,第 1016 页。

③ 参见李清悚:《忆南京高师与东南大学》,《中华文史资料文库》第 17 卷,中国文史出版社 1995 年版,第 525 页。

④ 邓广铭:《我与胡适》,《胡适研究丛刊》第一辑,北京大学出版社 1995 年版,第 107—108 页。

⑤ 陈学恂主编:《中国近代教育史教学参考资料》(中),人民教育出版社 1986 年版,第 373 页。

留美学生的主导性的努力下,近代中国大学教育有了长足的发展,
见表3-3-2:

表3-3-2　1931 年度中国高等教育与世界主要各国之比较

国别	调查时间	学生数	教员数	校数	人口（千）	人/校	师/生%	学生/万人	
								人数	位次
美国	1931	919381	62224	976	126013.0	942	7	73	1
俄国	1931	272125	22876	537	162643.1	507	8	17	9
法国	1929	69921		17	41130.0	4113		17	9
德国	1928	151629	5175	23	63178.6	6592	5	24	6
英国	1931	56725	5693	21	49018.9	2701	10	12	14
日本	1931	40172	4910	46	62122.0	875	12	6	17
中国	1931	44167	7053	103	474787.4	430	16	1	19

资料来源:蒋致远主编《中华民国教育年鉴》(五)第 29 页。

通过比较可以看出,中国教育处于中游位置,要高于中国综合
国力的国际排名,这反衬出中国教育的相对发达,世界地位大有上
升。值得注意的是,当时的美国、日本的大学平均人数不超过
1000 人,英国大学在 2000 人左右;而欧洲大陆德、法、西班牙、比
利时、罗马尼亚等国家大学规模较大,多在 5000 人左右。虽然中
国教育仍然不能与学习对象——拥有学生最多、高校最多、普及率
最高,学校人数容量、师生比例较为合理的美国教育相比,但这也
说明留美学生学习美国教育的正确性。当时中国大学与印度、南
非、俄国等国大学平均人数在 500 人左右,但事实上中国办理较好
的北京大学、中央大学、清华大学、北平师范大学已达到了千人大
学的规模。这说明了中国大学教育主要在留美学生的努力下,已
经相对发达。

　　总的看来,留美学生一直在利用各个场合、各种渠道宣传、实践美国教育思想,代表了当时中国教育界面对美国与世界新教育成果及发展趋向时多元、灵活、开放、主动的健康文化心态,表明对规模建设本国新教育的热情,代表近代教育改革与建设对策上的进取性和前瞻性,以其空前规模成全了近代中美教育交流的大高潮,那种热忱参与、潜心实验及甘于奉献的精神值得肯定与借鉴;特别是其自由、综合的办学思想对今日科学和人文两种文化分裂,以及日益专门化时学科壁垒状况的解决,富有启示意义。

第四章　留美学生与美国教育界的
自由交往

如果说,留美学生邀请杜威、孟禄来华讲学属于稍占主动、有所选择的纯输入的话;那么他们在学术上做美国学者的伙伴甚至是导师,或在到美国宣传中国教育思想的同时募集教育经费,则属于留美学生与美国教育界之间多形式、全方位的自由交往,值得注意的是还不乏对美国教育以巨大回报与贡献,其中蒋廷黻、胡适、晏阳初等人的贡献尤为杰出。

第一节　胡适与美国大学的密切交往

与美国教育界交往,胡适是有经验的,也是有资格的。他留美七年,是名满天下的哥伦比亚大学(简称哥大,下同)教授约翰·杜威的高足,曾为来华讲学的杜威与哥大师院院长保罗·孟禄等美国教育大家做过完美的翻译;又曾著有《中国哲学史大纲》,开辟了中国哲学史与教育哲学的新时代;主持过《国学季刊》、《独立评论》等杂志;历任北京大学英语系主任、文学院长兼中文系主任,后又兼任教育系主任;宣传实验主义,且有自己系统的中西文化观,其《东西文化之比较》一文被收入《近代文化的现象》(查理·爱·比尔德编,纽约朗曼书局,1928)出版。

自新文化运动以来,胡适已是名满天下,"在西洋学者眼中,是代表中国文化"①的,1932 年 6 月 2 日被聘为德国普鲁士国家学院哲学史学部通讯会员。胡适与美国教育界,有着长期频繁而密切的交往。以往那种美国学界看低,甚至排斥胡适而胡适与美国学界只有泛泛之交的成见是不切实际的。美国各地大学的讲学邀请、众多荣誉博士学位的授予,以及他与母校、恩师的缘分,都能证明胡适与美国教育界的交往经得起学术与时空的考验。这种交往,是中美教育交流中难得的盛事。

一、胡适与母校的交谊

在胡适国际主义精神大家庭中,母校康乃尔大学(简称康乃尔,下同)、哥大始终占据着极其重要的地位,而母校对他也礼遇有加。他一直极为尊敬高寿的杜威,与两所母校的交往极为悠长。

胡适与康乃尔的交往一直比较和谐。1910 年 8 月,19 岁的胡适以第二批庚款留美学生第 55 顺位的排名赴康乃尔学习农业。留学期间,胡适与校内外人士多有交往。1911 年 10 月 18 日,写信给学校图书馆长 Harris 建议"添设汉籍"。1911 年 2 月 20 日,与英文教师亚丹谈论国立大学的重要性,认为国无大学乃可耻之事,决意献身大学教育,这可以看做是 1914 年《非留学篇》一文的思想起点。1915 年 3 月,历经几年的撰写与修改,论述母校恩人的《康乃尔传》一文发表在《留美学生季报》春季第一号上。活跃在社交战线上的胡适,担任了康乃尔大学世界学生会会长,受到康

---

① 蒋复璁:《追忆胡适之先生》,朱文华编:《自由之师——名人笔下的胡适·胡适笔下的名人》,东方出版中心 1998 年版,第 24 页。原载台北《文星》杂志第 9 卷第 5 期,1962 年 3 月。

乃尔校长休满的赏识,1917 年 1 月 27 日赴费城,出席 Haverford College Alumni Association 年宴,代表休满作了题为《美国如何能协助中国之发达》的演说,受到与会者的欢迎。胡适回国 5 年后,休满接替保罗·S·芮恩施出任驻华公使。胡氏曾"为美国赔款事"特在 1922 年 5 月 31 日一破"总避嫌疑"的常例,去看他并"谈了一个钟头"①。在胡适、郭秉文等人的努力下,美国率先退还庚子余款,后来胡适曾长期任中基会的董事。1939 年 6 月胡适曾去康乃尔参加毕业二十五年后的"回家"纪念活动。此后,康乃尔对胡适一直较为推崇,如 1945 年康乃尔校长埃德曼·戴伊博士曾来函母校讲座委员会决定选聘他为 1945—1947 年度的梅辛杰讲座教授,但胡适因须回国任北京大学校长而拒绝了这个"最高的荣誉"②。胡适并非知恩不报之人,曾于次年 2 月到母校讲学。

　　而胡适与哥大的交往, 在 1915—1949 年间也相当融洽。1915 年暑假,胡适决定弃农从文,为了追随实验主义大师杜威而转学哥大。名师出高徒,深受杜威器重的胡适,其学习潜能与学术天分被充分激发出来。在研究先秦诸子的同时, 他也密切关注国内政局,曾于 1916 年 1 月 14 日《哥伦比亚观众》杂志发表《中国君主政体复辟之分析》一文, 批驳有贺长雄、古德诺(母校教授) 等两位袁世凯顾问复辟有理的谰言。1916 年初, 还在美国国际联谊会举办校际和平论文竞赛中, 胡适以宣扬和平主义的论文《在国际关系中还有什么东西可以代替武力的吗?》一举

---

①　《胡适的日记》,中华书局 1985 年版,第 365 页。

②　曹伯言、季维龙编著:《胡适年谱》,安徽教育出版社 1986 年版,第 603 页。康乃尔大学还曾于 1991 年设立胡适讲座,选任北大肄业生余英时为第一任访问教授。本节所引材料未标注的均来自《胡适年谱》。

获得头等奖，该文被收入 1916 年 6 月在纽约出版的《国际调解委员会美国协会获奖文选》，此后被译成多种欧洲文字，并被南美一些国家翻译而广为流传。他坦白承认："此文受安吉尔与杜威两先生的影响最大。"[①]1917 年 5 月 29 日，杜威在急于归国的胡适向他辞行时说："有关于远东时局之言论，若寄彼处，当代为觅善处发表之。"[②]回国后，胡适一方面在北京大学主讲中国哲学史，另一方面在新文化运动中赢得了巨大声望。1922 年 2 月 23 日，母校哥大校长 Nicholas Monroe 正式来信，聘请胡氏去教中国哲学和中国文学[③]，薪俸颇优，但他婉辞未去，而是选择留下来继续推动国内新教育的发展。

留美归国后，胡适继续与业师杜威保持密切联系。他在送走来华讲学的杜威、孟禄两位大师后，继续大力传播杜威思想，其中一个举措就是继续翻译杜威的著作。1925 年 2 月 18 日，胡适"曾征得杜威先生的同意"，将其《正统哲学的起源》翻译过来，连载于 1925 年 2 月 22、23 日，3 月 4、8、9 日的《晨报·副镌》。10 年后，他与唐龥合译的杜威著作《哲学的改造》由上海商务印书馆（简称商务，下同）出版。1940 年 10 月 20 日，他现身于杜威 80 岁生日纪念会，撰祝寿论文《工具主义的政治哲学》，载《平民的哲学家，庆祝杜威八十诞辰论文集》。1949年 10 月 20 日，适值杜威九十岁诞辰会[④]，由于分身不开，他发去

---

① 曹伯言、季维龙编著：《胡适年谱》，第 95 页。

② 曹伯言、季维龙编著：《胡适年谱》，第 120 页。安吉尔（James R. Angell），当时的耶鲁大学校长。

③ 参见中国社会科学院近代史研究所中华民国史研究室编：《胡适的日记》（下），中华书局 1985 年版，第 365 页。

④ 1949 年，杜威 89 岁，虚岁 90。胡适按安徽老家男进女满的祝寿习俗向其恩师祝寿。

英文贺词《东方来的敬礼》，三十年如一日的师生情跃然纸上。该文后被收入《九十岁的杜威》（纽约，1950）。此后，对杜威继续予以宣传①。

在担任驻美大使后，胡适与哥大的联系更为紧密、直接。1939年6月6日，他高兴地接受了母校的名誉法学博士学位，又在该校毕业生宴会上发表讲话，还在哥大校友聚餐会上发表演讲，支持国际理想主义。1945年9月，卸任大使到哥大开始了每周两小时的教程。是月14日他对重庆《大公报》记者胡霖说："教完这一年的课程，来年三月即可返国。"②他曾在中间抽身参加在墨西哥举行的教科文组织会议，并于1946年2月在《哥伦比亚大学师范学院月刊》第47卷第5期发表《联合国教科文会议的检讨》一文，与哥大师生共享参与这一世界文教盛事的欢乐。胡适回国后，在继续整理《水经注》时利用了哥大有关版本藏书，并于1947年12月在《图书季刊》新第8卷第3、4期合刊上撰文《跋哥伦比亚大学所藏朱谋㙔〈水经注笺〉》。

毋庸否认，1950年前后胡适寓美时相当凄惶。这是大气候使然，何况他当时再以蒋记"外交部长"的身份活动难免尴尬，使一贯主张自由办学的美国教育界难免对他敬而远之；但母校哥大在这段困难时期内对他"表面上还算相当尊敬"③，而他与美国教育界的交往并未停止，反而很快重新高涨起来，在母校中的地位日益

---

①　1959年7月16日，在夏威夷大学作题为"杜威在中国"的演讲，英文讲稿收入幕尔编的《东西方哲学与文化》一书中。夏道平将其译为中文，载《自由中国》第21卷第4期。

②　《新任北大校长胡适明年返国》，重庆《大公报》1945年9月16日。

③　唐德刚：《回忆胡适之先生与口述历史》，《自由之师》，台北传记文学出版社1979年版，第165页。

上升①。

二、胡适在美国大学的讲座与演讲

除与康乃尔、哥大充满感情的交往外,胡适陆续到美国各地其他大学举办、主持过讲座或进行过讲学。

1. 在芝加哥大学和哈佛大学讲学

胡适第一次在美国大学正式讲学,是主持芝加哥大学哈里斯讲座。这一次取得了圆满成功。在洛克菲勒家族的支持下,威廉·哈珀坚持研究第一、教学第二的方针,在美国乃至全世界范围内物色一批一流的专家、学者,强调综合办学,重视文化研究,使芝加哥大学在 19 世纪末 20 世纪初强势崛起。中国留美学生郭秉文曾于 1925—1926 年间成功主持哈里斯基金讲座,胡适有幸成为该讲座第二位华籍教授。1933 年 7 月,他以"中国文化的趋势"为题在此共作了六次演讲,通过对历史的叙述与解释,说明中国的"文艺复兴"的来龙去脉,向美国大学生讲述 10 多年前发生在中国并带来无比重大影响的新文化运动和五四运动,让他们进一步了解到现代中国的进程。演讲稿不久即成一书,名为《中国的文艺复兴》,由芝加哥大学出版社出版。对于这次讲学,费正清评论道:"胡适在芝加哥大学作了一系列的演讲,题目是《中国的文艺复

---

① 1954 年 4 月 13—14 日,胡适出席哥伦比亚大学二百周年纪念会,负责题为 *Authority and Freedom in the Ancient Asiatic World*(亚洲古代威权与自由的冲突)的第六个讲演,讲稿收入《庆祝哥伦比亚大学二百周年国际会议论文集》第一集:《传统与改变》(1954 年纽约 H. Muschel 出版)。校方的这一安排,等于默认胡适为"最出色"的中国弟子。

兴》,大大提高了他在美国的知名度。两年后,演讲稿汇编成集出版。"①同时,芝加哥大学又邀请著名学者主讲世界六大宗教——印度教、儒教、佛教、犹太教、伊斯兰教和基督教,胡适应邀作了儒教与现代科学思想、儒教与社会经济问题、儒教的使命等三次演讲。这三次的演讲稿后来又编入芝加哥大学出版的《各大宗教的新趋势》一书中。他在第三讲中指出"儒教并不是一种西方人所说的宗教",因为它不具有现代宗教的三个使命,而"现代世界的宗教必须是一种道德生活,用我们所能掌握的一切教育力量来教导我们的道德生活"②。此后,他不时同芝加哥大学保持着联系。1938 年,胡适在芝加哥中国基督教学生协会夏季会议上讲演"国家危机和学生生活",讲稿载在《中国基督教学生月刊》第 29 卷第 2 期,还曾在该会讲演"远东局势"。到 1944 年初春,他又受芝加哥大学聘请,前往讲学十余次。此行胡适深感愉快,新认识了邓嗣禹等朋友,并幸运地借阅了赵一清《水经注释》"初刻初修本"③。

在战争尚未结束的时候,卸任大使胡适于 1944 年 10 月 22 日应聘到哈佛,住大陆旅馆 104 号,常到赵元任家就餐,11 月 6 日开始在哈佛大学作 8 个月的《中国思想史》讲座,时间为每周一三五上午从十一时讲到十二时,虽美国普遍实行小班教学,但该课最初仅 9 人选修。这说明当时美国学生,即使是重视中文教学的哈佛学生,对中国文化课程仍有畏难心理,但在胡适幽默诙谐、深入浅出的解说中,愿意学习中国文化的人多了起来,增至 20 余人,连旁

---

① 费正清著,黎鸣、贾玉文等译:《费正清回忆录》,天津人民出版社 1993 年版,第 57 页。

② 曹伯言、季维龙编著:《胡适年谱》,第 436—437 页。

③ 邓嗣禹:《胡适之先生何以能与青年人交朋友》,《传记文学》第 43 卷第 1 期,1983 年 7 月。

听者在内有 50 人左右。胡适对这次讲学十分重视。1943 年 9 月
18 日,他致信赵元任,说他就哈佛大学要求的专题"中国历史与文
化"拟了中国史纲要、中国古籍遗产、政治组织与社会结构、宗教
史、哲学与理智的生活、古典与通俗文学等六个讲题,并曾请赵元
任指正。1945 年春,胡适还赴老朋友贾天纳教授家,和伯希和、叶
理绥、Blahe、Ware、Steiger 等教授以及张其昀、赵元任、裴开明等中
国学人,周一良与杨联升等留美博士生同席谈笑言欢。4 月 10
日,在哈佛安陀佛教堂作题为"中国人思想中的不朽观念"的讲
演,强调"大我是不朽的。大我的继续存在",讲稿载《哈佛大学神
学院年报》。1945 年 5 月 31 日完成在哈佛大学最后的一课。鉴
于本次讲学同昔年所讲《中国哲学史大纲》的内在联系,钱端升自
重庆来信希望他"集中精力写《中国思想史》英文本"①,以偿夙
愿。在这次长期讲学前,他还受到哈佛大学的礼遇。1936 年 9 月
中旬,他曾出席该校三百周年纪念会,作了题为"中国的印度化:
文化借贷的专题研究"的讲演,讲稿被收入《哈佛大学三百年纪念
集》,并在会上接受哈佛大学荣誉文学博士学位。

2. 在其他大学次数众多的演讲

在整个近代史上,很少有一个像胡适那样频繁出入美国大学
作演讲的外国人物,一时之间,竟依稀有杜威、孟禄当年来华讲学
时的盛况。

在留美归来后的一段时间内,主张教育独立于政治的胡适除
杂志议政外,致力于邀请杜威等人来华讲学和自己在北京大学任

---

① 中国社会科学院近代史研究所中华民国史研究室编:《胡适往来书信选》
(下),中华书局 1979 年版,第 22 页。

教,只是曾于 1927 年上半年到美一游;自芝加哥大学讲学以来,胡适又再度低调起来。但是,一旦决心像"卒子过河"式以身许国的胡适,被任命为驻美大使的消息传播开来的时候,立刻受到包括教育界在内的美国各界的热烈欢迎。1939 年 9 月 18 日《纽约时报》评论说,除胡适以外没有人更够资格向美国说明中国的情形,同时向中国说明美国的情形,只因为"胡适不是狂热分子,他是言行一致的哲学家,他的外交必定是诚实而公开的,他将有很大的贡献,使中美两国人民既有和好关系更能增进"①。在大使任上,胡适致力于让美国人民了解、信任现代中国而最终促使中美结盟,不停地穿梭于各地演讲仍不失书生本色,保留着学术水准,尤其把集中了高级知识分子和活跃青年的大学作为重要的宣传场所。这不同于平常学者和平时期的讲学,自会产生特别的影响。

1939 年 7 月 7 日,胡适在密西根大学中国学生会讲演,大讲"没有殖民地的国家要殖民地"、"在远东局势里美国能做些什么?",并比较"中国和日本的西化",深深地感染了在场的每一位听众。10 月 6 日,他赶往匹兹堡大学主持"孔子纪念堂"揭幕典礼,并发表演说。

1940 年 1 月 9 日,在纽约美术学院发表演说,呼吁"全世界信仰民主及爱好和平之人民,一致抵制日货,藉使日本在华之军事行动早日停止",重申"中国国民具有抗战到底之决心,必待敌人经济枯竭,军力崩溃,愿接受永久和平之条件时为止"②;1 月 15 日,参加纽约市"在华基督教大学联合理事会"聚餐会,作题为"中国

---

① 转引自张忠栋:《胡适使美的再评价》,《传记文学》第 45 卷第 5 期,第 102 页,1984 年 11 月。

② 《胡大使在美演说》,重庆《大公报》1940 年 1 月 10 日。

基督教大学和美国朋友"的讲演;1 月 20 日,在费城美国各学院联合会年会上发表演说,代表中国表态"决不做阿比西尼亚,不做奥地利,不做阿尔巴尼亚"①;3 月,在美国各学院联合会讲"世界战争与未来的世界秩序"。本年他在伊利诺伊大学所讲演《一个民主中国的历史基础》的文稿被收入《伊利诺伊大学政府制度演讲集》第二卷出版。

1941 年 7 月,胡适大使再次来到密歇根大学讲演"真正的民主与集权的冲突"②;11 月 15 日又到新奥尔良土伦大学演说,向世界严正申明"中国人民非至达到获得民族独立之目的,决不停战",并说明中国因有众多的人口、统一的历史,在加强国内建设、得到美国之援助的情况下,完全可以以空间争取时间,坚持长期抗战。此后,胡适到处宣传他这一持久战的概念,对美国教育界,乃至美国民众起了很大的争取作用。

1942 年 4 月 12 日,胡适参加宾西法尼亚大学二百周年纪念会,并对其商学院对师生讲演"中国目前在世界斗争中的地位";还在霍德华·克劳兰纪念会上对全校师生发表《中国在当前世界竞争中的地位》的讲话,讲稿均由该校出版。同年,该校出版他的讲稿还有《工具主义作为一个政治概念》,收入《政治学与社会学研究集》(宾夕法尼亚大学二百周年纪念会编印)。

1942 年 8 月 15 日,胡适得到卸任电报,9 月 8 日被聘为行政院高等顾问,9 月 18 日,离开华盛顿移居纽约,从此结束了"疯狂"的演讲旅行,可以集中时间与精力到芝加哥大学、哈佛大学两处

---

① 《胡大使在费城演说》,重庆《大公报》1940 年 1 月 14 日。
② 原载《美国政治社会科学会年报》第 218 期,后由张起钧译成中文,转载于《自由中国》第 1 卷第 1 期。

"轻松"讲学。而且为国宣劳的胡适,病魔缠身,也亟须休息。不久,蒋梦麟来信建议他"可在美任教,此时似不必急于回国,医言不宜高飞,何必冒此一险而强行",还要他"请美大学在北大设讲座"一事"在美便中接洽"①,寄望之切,溢于信纸。正因为胡适身体欠安,更因他深受美国大学欢迎,哈佛讲座也需要时间,使他暂时无法到北京大学校长任上履新,只得转请爱徒兼好友傅斯年先行代理一年半载。

三、胡适同美国学界的交往

胡适同美国学人、美国学界的交往由来已久。早在 1919 年,他曾邀请杜威来华讲学并长期陪同、翻译。1921 年 12 月又为孟禄"大学之职务"等讲演做过翻译;同月到北京大学为密苏里大学新闻系主任韦廉士"世界底新闻事业"的讲演做翻译;1922 年 10 月 3 日,又为美国人加纳在北京大学演讲"从美国的历史经验上论联邦制度的得失"作口译②。后来,胡适不时地出现在大洋两岸,甚至出使美国,保持着与美国学界的频繁往来。

1. 在美陆续发表学术文章

胡适不仅不断在美国重要的刊物、学会上发表文章或演说,直接向美国民众宣扬中国文化,宣传民国进步,并大多以书面形式问世,有利于联络感情,促进交流。早在 1931 年 1—2 月,他在美国

① 中国社会科学院近代史研究所中华民国史研究室编:《胡适往来书信选》(中),中华书局 1979 年版,第 550 页。
② 分别参见 1922 年的《新教育》第 4 卷第 4 期、1921 年 12 月 18 日的《民国日报·觉悟(副刊)》、1922 年 10 月 3 日的《北京大学日刊》。

《论坛》月刊1、2号,发表英文稿《我的信仰》。在《四十自述》的基础上,他用后四节的篇幅增补了他在美国留学时期的学生生活与思想表现、从"三不朽"到"社会不朽"的信奉转变及其新宇宙观与新人生观,较为完整地向美国介绍自己的思想与信仰①。当战争来临时,他着重争取美国理解与同情中国的抗战,总的是为了加强中美交流。并且,胡适重点利用赛珍珠夫妇的《亚洲杂志》、拉铁摩尔等人主持的《美亚杂志》与《太平洋事务月刊》等对华友好刊物发表文章,向美国公众宣传中国。

在《亚洲杂志》发表的文章有:1935年3月第35卷第3期的《一个乐观主义者观察中国》、1936年11月第36卷第11期的《中国的建设》、1941年5月第41卷第五期的《一个史学家看中国绘画》、1942年10月第42卷第10期的《中国人的思想》(主张把中国古代史分为三个主要时期。此文由冷观译为中文,载于1943年2月16日重庆出版的《读者通讯》半月刊第60期)等。太平洋关系学会会刊《太平洋事务月刊》刊载他的文章也不少,如1935年4月13日第72卷第7期刊有《日本领事会议对抵制日货问题》一文。

胡适还在1936年5月下旬,在《中国周刊》第7卷第21期发表英文稿《中国的高等教育》。1936年11月在《美国政治科学院年鉴》第280卷发表英文稿《意识形态之论战》。1938年10月在《中国学会月报》第3卷第1期发表英文稿《五十年来中国之文学(摘要)》,1938年11月在《中国学会月报》第3卷第2期发表英文

①　本文的写作渊源可回溯到对1919年2月的"社会不朽论"所作的发挥,后由向真译为中文,收入上海良友图书印刷公司出版的《今日中国四大思想家信仰之自述》。

稿《〈科学与人生观〉序》的英文稿。1940 年在《中国月报》第 1 卷第 2 期发表《中国目前的情势》；1942 年 12 月 14 日在《现代中国月刊》第 2 卷第 15 期发表英文稿《亚洲与广泛的世界秩序》。另有一些英文稿被收入各种文集，如《当代哲学流派校注》被 Clifton Fadiam 编入《I Believe》（纽约 Simon Schuster 出版，1939），《关于史的一个誓约》被埃德娜·李·布克编入《新闻——我的事业》（纽约麦克米兰出版公司，1939 年），《太平洋区域永久和平的必要因素：一个中国人的看法》被费朗西斯·简·麦康纳尔等编入《未来和平的基础》（Abindon-Cokcusburg 出版社，1940），《中国人的思想》被 Harley F. Macnair 编入《中国》（伯克利加州大学出版社，1946）。另外，胡适于 1947 年作有《张伯苓：教育家》一文，向美国民众推介另一位成绩卓著的教育家，发表后被收入《另一个中国》（纽约 King's Crown Press，1948），等等。

在宣传近代中国教育、介绍张伯苓外，胡适发表了不少有关中国古代文化与现代中国的学术文章，极大地丰富了美国汉学与现代中国学的研究文库，又让美国公众更多、更快地了解、同情、支持中国。

2. 频繁发表演说

1927 年春，胡适重返纽约，5 月 13 日曾在泛太平洋俱乐部作题为"中国文化的再生"讲演，讲稿载于 1927 年 5 月 14 日《太平洋彼岸》第 14 卷第 20 期上。又一个 10 年后，胡适在祖国情况危急下就任驻美大使，在美发表演说的频率大大加快，与美国学会的关系更加密切。

胡适虽是儒雅的留美博士，一直在北京大学从事教学；但他并不迂腐，甚至有一些特别的外交优势，如爱国的热诚、镇定的风度，儒雅的气质,熟络的关系等等;加上曾有过议政的经历,他极其敏锐地选择了纽约外交协会①作为重点的游说对象,屡次到此演说。1937 年 11 月 13 日,他在此作"远东冲突后面的问题"的讲演,讲稿载 1938 年 1 月纽约《中国参考丛书》第二卷。1937 年 12 月 13 日,他参加该会在纽约阿士打饭店举行的"关于远东战事讨论会",在会上宣告中国是为生存故勇于面对日本的无止境侵略而不懈作战,指明了抗日的正义性与必要性。1939 年 12 月 9 日,又出席它举行的聚餐会,讨论中国与西欧之关系,席间发表演说道:"中国深信英法苏仍将继续援华,苏联虽提议与日本讨论新的商务办法,但苏联仍将援助中国。……中国自力更生之奋斗,已将英、美、苏联自好梦中唤醒。"②其实早在 1937 年 1 月外交协会会刊《外交季刊》就将胡文《太平洋的新均势》排在第三位。他在日记里对这篇文章相当满意,说"颇关重要。文字则不如《Forum》一文的痛快"③。胡氏在会前会后的频繁而又深刻的演说,使会员们更清楚地了解到中国的抗战决心与牺牲,对促成美国官方决策援助中国有一定的帮助。

胡适注意动员教育文化界团体支持中国抗日。1938 年 12 月 5 日在纽约中国文化协会再度演讲"日本对中国的战争",他说正因为"中国将继续抗战"、"希望将来国际形势能有对华有利之变

---

①　美国外交协会(Council on Foreign Affairs),1921 年 7 月 21 日,爱德华·豪斯上校受威尔逊总统委托,将国际事务协会改组为外交协会。会刊《外交季刊》。成员都是政界、学界、工商界名流,多有从事教育者,并几乎把持了政府几乎所有的重要职位,成立伊始就成为 20 世纪最有影响力的思想库,号称美国外交政策的托儿、统治世界的精英俱乐部。

②　《胡大使演说》,重庆《大公报》1939 年 2 月 11 日。

③　中国社会科学院近代史研究所中华民国史研究室编:《胡适的日记》(下),第 532 页。

迁",故坚信"中国仍抱必获最后之胜利"①。1939 年 12 月 29 日
应美国历史协会的邀请,在华盛顿五月花旅社发表演讲《中国和
日本的现代化运动——文化冲突的比较研究》(载《中国季刊》第
5 卷第 4 期),1941 年 12 月 19 日在美国中国协会举行中国大使的
宴会上作题为"我们的敌人"的讲演,英文稿发表在 1942 年 1 月
的《战争中的中国月刊》第 8 卷第 1 期。胡适的心血没有白费,极
大地争取了美国知识界与广大民众对中国抗战的好感,有效增强
了中美友谊。

　　战时驻美大使胡适仍不脱学人本色,作了许多学术性的讲演,
如 1941 年 4 月 7 日赴纽约伦理文化协会发表题为"社会永生"的
演说,4 月 10 日在美国艺术科学研究院讲演"十七世纪内中国哲
学上的叛徒",等等。

3. 同恒慕义的交往

　　如说胡适是通过学术文章的呼吁相对内容空泛、见效迂缓的
话,那么他同恒慕义主任的密切交往则落实到点子上了。以往说
胡适与美国学人仅仅是泛泛之交,那么至少有两点可以推翻。其
一是胡适与杜威真挚长久的师生情,其二则是他同恒慕义(Ar-
thur W. Hummel)的交往。美国现代中国学诸人常抱着自我优
越的文化心理来到中国,总想以救世主的姿态"拯救"中国人。
即使在相对超脱的学界交往上,也难免对华籍学人姿态凌人。而
胡适爱治汉学,有考据癖,与他们所属学派稍有不同,虽教中国
哲学史,却以文学革命起家,反同这位热爱中国文化的恒慕义走
得更近。

---

①　胡颂平:《胡适之先生的博士学位及其他》,《传记文学》第 2 卷第 3 期。

　　当年恒慕义来华学习、任教时,同胡适有所交往;返回哥大任汉学系主任后,双方的继续保持交往。在恒慕义转任美国国会图书馆东方部主任的时候,一桩意义非凡的合作将双方的关系拉得更近,这就是北平图书馆为使该馆善本避免为战火毁灭,驻美大使在袁同礼馆长与恒慕义主任中间撮合沟通,终使100大箱无价之宝克服水路交通、海关等困难安全抵达国会山。1941年10月30日,袁同礼来信告知北平图书馆寄存在上海法租界的善本书一百箱已分批运往美国。当硝烟散尽时,胡氏又再推动将它们完整运回祖国,战火中的文化遗产大转移力证了胡适同美国教育界交情的坚贞。

　　战争后期的另一事更使双方惺惺相惜。这便是1943年胡适为恒慕义主编两卷本的《清代名人传略(1644—1912)》(*Eminent Chinese of the Ching Period*:*1644—1912*)(美国政府印刷公司,1943—1944)所写的序言,这次并非实物而是感情与学术上的交流。胡适在序中就恒慕义从清代名人明细表了解清朝外交的编辑宗旨的可行性、争取到洛克菲勒巨资赞助的学术胆识、对来自各方面的50多人进行培训和协调的成效进行了重点赞扬。面对朋友这一规模空前的学术大工程,胡适也顺带指出了该书水平参差、体例不一等学术瑕疵,但在总体上多有揄扬。在美国学界开始崭露头角、参与了该项工作的费正清,也高度评价该书是"按照恒慕义博士的编辑宗旨编纂了独一无二的关于中国的最重要的外交著作",并自承他和同事们"所作的贡献,尚远远逊于恒慕义博士请来的两位高级助理。他们是一对夫妇,叫房兆楹、杜联喆"①,对中国同行予以高度评价。正是有了燕京大学洪业教授两名高足的努

---

① 费正清著,黎鸣、贾玉文等译:《费正清自传》,第120页。

力,该书的学术水平才有了基本的保证。在对中国文化仍然充满误解、对华人不乏歧视的时代,在恒慕义精心组织下,该书的编写与出版,"既是中外合作的产物,又是美国汉学的研究成就。也许更为重要的是,它显示出中外合作能够做些什么"①,自然难能可贵。正因为如此,胡适才如此技巧地称赞该书;也正因为这样,他同恒慕义这位热爱中国文化的美国学界大佬的关系进一步密切起来。

胡适在 1942 年被聘为美国新闻记者兄弟会名誉会员②,1943年担任国会图书馆东方部名誉顾问,1943 年 2 月 1 日又"应邀为美国学术界协的研究咨议"③。1944 年 1 月 27 日,他又去纽约赴美国学术团体年会,参加讨论语言教学问题,"甚有所得"④。这表明胡适深受美国教育界的欢迎,同时相互启发,各有所得。这种情况并非到他任大使时才出现,1938 年前他就是美国科学文艺学会荣誉会员和美国哲学社会员,表明他在大洋两岸都与美国学人一直保持密切而活跃的联系。

四、美国大学对胡适的推崇

虽然胡适最初的大名来得快了点,但其思想启蒙的胆略与远见远非一般人所能比拟,而且作为学者也并非浪得虚名之辈。他在北京大学的讲义《中国哲学史大纲》出版后便获得了包括蔡

---

① 费正清著,黎鸣、贾玉文等译:《费正清自传》,第 120 页。
② 参见《胡适说新闻工作》,《申报》1948 年 9 月 4 日。
③ 《胡适允为美学术界协会咨询》,重庆《大公报》1943 年 2 月 2 日。
④ 中国社会科学院近代史研究所中华民国史研究室编:《胡适的日记》(下),第 595 页。

元培、梁启超、章太炎等学界巨子在内的广泛赞誉，也渐获国外认同。归国后的胡适在国内社会的出色表现相当抢眼，美国教育界不可能视而不见。1929 年 11 月 29 日，哥大 175 周年纪念日，胡适因"学术上或社会服务有特殊劳绩或贡献"成为母校"教授奖章"的首批外籍获得者之一。虽然在国内他曾激烈地否定传统，但在国外无比热情地讴歌祖国，那种看好祖国、现在和未来的态度和宣传，得到了广泛的国际社会的赞赏；而他在大洋两岸穿梭奔波、推进中美教育交流也为其赢得了包括美国教育界在内的广泛敬重与崇高的声望。美国大学除邀请胡适讲学外，还就其对学术和推进中美友谊的巨大贡献多次赠与他以荣誉博士学位，这是美国教育界对胡适的一种公开、直接的认可与推崇。

1936 年 7 月 29 日，胡适到达旧金山，应邀出席在加州约瑟米岱（Yosemite）举行的第六次太平洋关系学会常会。新当选的太平洋关系学会副主席、北京大学文学院长兼中国文学系主任胡适，于 9 月 16—18 日代表北大、南开、中央研究院参加哈佛大学成立三百周年校庆活动，会后接受了该校赠与的荣誉文学博士学位，这也是胡适继 1935 年接受香港大学荣誉法学博士学位以来所获得的第一个美国荣誉博士学位。这是美国这所著名大学授给他的一个崇高的荣誉，此后胡适又获得了美国 30 所大学（学院）的荣誉博士学位。下面列表予以简要说明：

表 4 - 1 - 1　　胡适所获美国荣誉博士学位一览

年份	授予单位	学科	具体时间	备　　注
1936	哈佛大学 *	文学	9 月	第一个美国大学荣誉学位
	南加州大学	文学	9 月	

年份	授予单位	学科	具体时间	备　　注
1939	哥大 *	法学	6 月 6 日	已任驻美大使
	芝加哥大学	法学	6 月 13 日	1933 年讲学之处
1940	韦斯尔阳亚大学	法学	6 月间的 3 个星期内获得	
	杜克大学	法学		
	克拉大学	法学		
	舶卜隆大学	法学		
	耶鲁大学 *	法学		
	联合学院	法学		
	柏令马学院	法学		
	宾州大学 *	法学		
1941	加州大学	法学	3 月 28 日	公立大学,有伯克利等分校
	森林湖大学	文学		
	狄克森学院	法学		
	密达伯瑞学院	法学		
	佛蒙特州大学	法学	6 月 18 日	恩师杜威 1879 年毕业于此
1942	达特茅斯学院 *	文学		9 月 8 日辞去驻美大使职务
	第纳逊大学	文学		
	纽约州立大学	文学		
	俄亥俄州立大学	法学		
	罗彻斯德大学	法学		
	奥柏林学院	法学		
	威斯康辛大学	法学		
	妥尔陀大学	法学		
	东北大学	法学		
	普林斯顿大学 *	法学		
1943	伯克纳尔大学	文学		
1949	柯鲁开特大学	文学		

年份	授予单位	学科	具体时间	备　　注
1950	克莱蒙研究院	文学		
1959	夏威夷大学	人文	7 月	参加第三次东西方会议

资料来源:据胡颂平《适之先生的博士学位及其他(我当了四年的学徒之二)》(《传记文学》第 2 卷第 3 期)、《胡适博士学位补正》(《传记文学》第 3 卷第 2 期)、《大公报》、《胡适年谱》等整理而成。第二栏大学加＊号者为常春藤盟校。

　　这标志胡适持续获得了美国教育界的广泛、高度的认同,"常春藤联盟"三巨头——哈佛、耶鲁、普林斯顿的授予尤具象征意义。虽然胡适曾任过几年的驻美公使,当时的中美关系也需要加强,但胡适荣获学位与此关系不太大,他是凭其学识、推动中美文化教育交流与促进中美友好的热情而打动众多的美国大学的。美国大学授予荣誉博士学位时是很严肃、慎重和客观的,如著名的哈佛大学授予荣誉博士学位之时,胡适还是平民之身。当然,也并非美国对胡适偏爱(常春藤八大盟校中,仅布朗大学与胡无缘。康乃尔大学从不授予名誉学位,但后专设胡适讲座),加拿大的麦吉尔大学、多伦多大学便于 1941 年授予他荣誉法学博士学位;连以严谨、古老知名的英国牛津大学也曾于 1945 年授予他荣誉法学博士学位。这表明胡适推进中美、中外教育交流的热情与努力已被包括美、英、德、加等国在内的世界认同。

　　胡适的活跃引起国际社会的广泛关注,也曾引起不少争议。如友邦《华盛顿邮报》在 1942 年上半年酸酸评论道:"胡大使接受名誉学位之多,则超过罗斯福总统夫人;其被邀出席公共集会演说之纪录,以为外交团所有人员所不及。"[1]倒是敌方的日本舆论对

---

① 转引自《胡大使在美之声望》,重庆《大公报》1942 年 7 月 2 日。

他的特殊资望、特殊影响认识比较清楚,并颇有些先见之明。在他上任不久,《日本评论》曾警告当局说:"日本需要派三个人一同使美,才可抵抗住胡适。那三个人是鹤见祐辅、石井菊次郎、松冈洋右。鹤见是文学的,石井是经济的,松冈则是雄辩的。"① 毕竟公道自在人心。美国喉舌《纽约时报》相信胡适"将有很大的贡献,使中美两国人民既有和好关系更能增进"。② 国内情况与此也相类似,如傅斯年则曾来长信告之国内有人非议他堂堂大使"只好个人名誉,到处领学位等";但他本人一贯高度评价胡适的使美之行,并大加安慰。随后翁文灏在来信祝贺新年时也赞他"忠诚照人,能与美国人物周旋接洽,得其信用,裨益国家,良非浅鲜"③。各种评论不管赞同与否,都从不同侧面比较准确地反映了胡适推进中美教育交流和中美友好方面的活跃与成功。

第二节　留美学生与费正清的友好往来

1991 年 9 月 14 日逝世的一代宗师约翰·清·费尔班克(John King Fairbank,1907—1991),即在为中国人所熟知的费正清,对近现代中、美两国的学术都有着不言而喻的重大影响。不少人认为,他是"西方冲击中国反应"这一理论的始作俑者,殊不知它是中美学者共同的结晶;但无愧于"现代中国学之父"的他,正是在留美学生的帮助下成长起来的。在费正清漫长的学术生涯中,留美学

---

① 转引自桓武:《胡适与外交战》,《东南日报》1938 年 10 月 12 日。

② 转引自张忠栋:《胡适使美的再评价》,《传记文学》第 45 卷第 5 期,第 102 页。

③ 中国社会科学院近代史研究所中华民国史研究室编:《胡适往来书信选》(中),第 478、450 页。

生始终和他保持着友好情谊。

一、蒋廷黻对青年博士生费正清的扶助

人都有一个成长的过程,如胡适是追随着杜威的脚步而成名的,当年甚至弃农从文转赴哥大;又如蒋廷黻博士则是受教于哥大另一位世界史名教授 K. J. 海斯,专攻近代中外关系史而雄踞于当时史坛。费正清有志于研究英国的对华政策与英中关系,特来中国实地查找资料。集中于北京的留美学生群体,"中国当代学术精英",对远道而来的他十分热诚,非常友善,觉得这个牛津大学的青年博士生大"有发展前途"而多有鼓励。胡适——曾与费正清在东兴楼饭庄同席进餐——主编的《独立评论》,也被刚刚来华的费正清"当作课本来读"①。在留美学生中对费正清学术帮助最大的应算蒋廷黻。

费正清在哈佛大学专业是政治经济,但对历史极感兴趣,认识了韦伯斯特教授②。这位英国教授初步影响他决定今后研究意向,使之有"哈佛大学和美国都需要了解中国"的想法;还告诉他"一些中国的秘密外交文件正在北京付版"的最新消息,使之认识到"这将开创一个全新的外交史方面的研究领域"③。22 岁的费正清学习勤奋,荣幸地获得在当时"享有一定的声望"、"份额并不

---

① 费正清著,黎鸣、贾玉文等译:《费正清自传》,第 57 页。

② 韦伯斯特(Charles Kinglew Wedster)英国学者。威尔士大学世界史教授,当时正在哈佛做客座教授,与蒋廷黻都曾参加过凡尔赛会议。与蒋有过直接交往,曾高度评价他使苏,参见费正清著,黎鸣、贾玉文等译:《费正清自传》,第 107 页。

③ 费正清著,黎鸣、贾玉文等译:《费正清自传》,第 21—22 页。

多"①、面向美国学生则更少的罗德斯奖学金②（Rhodes Scholar-
ship）。利用获奖者可自定今后研究方向的规定，韦伯斯特明确建
议他去中国，并嘱咐他"从摩斯③的《中华帝国的对外关系》入
手"④。

　　冥冥中注定韦伯斯特要成为费正清与蒋梦麟缔结学术缘的桥
梁。韦伯斯特与蒋廷黻都曾参加巴黎和会，前者作为英国代表团
正式成员，引证过维也纳和会的一些教训。后者当时正在法国辅
导华工识字，也曾旁听和会，实则作为孙中山的私人秘书，监视整
个中国代表团。新出版的"秘密外交文件"——《清代筹办夷务始
末》⑤，即在蒋廷黻建议下故宫博物院开始筹备付样。此后，费正
清曾仔细予以研读。当他在牛津断定"海关这个特殊的英中机构
可以作为我研究的起点"，确定博士论文选题为"英国的对华政策
与英中关系"，准备利用罗德斯奖学金前往中国查找"仍然保留在

---

　　①　费正清著，黎鸣、贾玉文等译：《费正清自传》，第19页。
　　②　创立最早的国际性奖学金，由 Cecil John Rhodes 在1902年创立于英国牛
津大学，资助来自英联邦国家、德国和美国的学生到牛津学习三年，1904年有美国
人申请成功。申请成功者的研究费用包括旅行的、甚至额外的有关费用可予全额
报销，相关详情可参见 http://www.rhodesscholar.org/info.html。至今已有1000多
人获奖，包括前北约总司令克拉克将军、澳大利亚前总理霍克、加拿大前总理马尔
罗尼与前美国总统比尔·克林顿等。
　　③　摩斯（H. B. Morse，1855—1934），即史学家马士，原籍美国，生于加拿大新
科舍。1874年哈佛毕业后考入中国海关，曾任龙州、汉口、广州等处的税务司，
1909年退休，定居剑桥，1917年入英国籍。著有《中国泉币考》（1906）、《中国公行
考》（1909）、《太平天国纪事》（1927）、《东印度公司对华贸易纪事》（1926—1929）
等。
　　④　费正清著，黎鸣、贾玉文等译：《费正清自传》，第25页。
　　⑤　清代1836—1874年间原始文献汇编，故宫博物院1930—1937年间出版。
后来蒋廷黻辑有《补遗》9册予以补充。

中国各通商口岸"①的英国驻华领事馆档案之时,而韦伯斯特又一次介绍费正清赴华拜访蒋廷黻,这就是青年博士生费正清1932年首次来华的缘起。

20世纪初,汉学家对1793年后的"现代中国史"不感兴趣,因其政治意味太强,而且没有系统文件面世以供客观分析、研究,故叶理绥等人称那只是新闻。对它感兴趣的是曾经来华的传教士以及海关与外事行政人员,其中以马士《中华帝国对外关系史》的研究最为知名。他们虽有在华实际工作的经验,但其研究较为肤浅、笼统,没有利用中文档案,学术水平暂时达不到同期汉学的高度。但是现代中国学的研究前景随中外交流的增多而变得日益光明,终于在20世纪三四十年代迎来了第一个爆发期②,即在留美学生帮助下快速发展现代中国学的时期,拉铁摩尔、恒慕义等先行者脱颖而出,而费正清则是该进程的最大受益人。

和费正清见面的时候,36岁的蒋廷黻时任清华大学历史系主任,正倡导一种考据与综合并重、中外历史并重、史学与人文并重的既细密又不失恢弘的先进学风;研究近代外交史时重视环境因素的影响,根据新材料论事而兼论人,先后发表了《琦善与鸦片战争》、《李鸿章——三十年后的评论》、《最近三百年东北外患史》等观点新颖的论文;还注意收集新材料,建议影印出版晚清档案,为研究中国近代外交史开辟了一条新路。蒋氏与费正清初次见面时气氛愉悦,费正清曾"打算潜心阅读中国外交方面的文献",但实

①　费正清著,黎鸣、贾玉文等译:《费正清自传》,第26、38、102页。
②　费正清、戴德华、拉铁摩尔、恒慕义等人回国后,开始在哈佛大学、西雅图华盛顿大学、霍普金斯大学、国会图书馆等地进行学院式的现代中国学研究;在度过50年代的"麦卡锡主义"的严寒后,建立了哈佛亚洲研究中心、亚洲研究协会等研究实体,并在中美建交的前后迎来了现代中国学的全盛时期。

在是对近代中国史知之甚少，且正在恶补中文，故场面难免有点尴尬。作为"中国近现代史研究的权威"，蒋廷黻对近代中国有关档案资料和学术前沿知之甚稔，针对费正清的研究方向，建议他先买部刚影印出版的《清代筹办夷务始末》阅读。费正清因而找到了占有材料的捷径，尽管经济情况并不轻松（后文还要提到），还是设法买了一套，果真从中找到了大量原始材料。很显然，他是最早使用这些档案的学者之一，很可能是第一个使用这些档案的外国学者。费正清对这部书非常珍惜，20 年后教研究生时"还经常用到它"①。除指导费正清查找资料外，蒋廷黻进一步帮助他在学术道路上成长。费正清利用所掌握的中英文档案，不久就写成了第一篇学术论文《1858 年条约以前鸦片贸易的合法化》，1937 年 7 月在《中国社会及政治学报》第 17 卷第 2 期上发表。该文用的是中国色彩浓厚的中文脚注，事前曾在中国社会与政治学会上演讲过，并得到了蒋廷黻的推荐与帮助②。这是费正清登上学术舞台的第一步。他对这篇处女作一直"情有独钟，晚年再读，仍认为'是过得硬的'"③。

此外，费正清第一次成为教师也和蒋廷黻联系在一起。原来相当丰厚的罗德斯奖学金期限将近，而费正清花费较多，曾与其女友威尔玛到龙门石窟、承德等地游玩，并在华举行了一场婚礼；即使另有亲戚 1500 美元的接济，经济也相当紧张，在北京住了一年的时候二人"生活开始感到拮据"。无奈之下，他于 1932 年先后两次向哈佛燕京学社申请资助，因治学内容的畛域等因素，两次均

---

① 费正清著，黎鸣、贾玉文等译：《费正清自传》，第 103 页。
② 参见费正清著，黎鸣、贾玉文等译：《费正清自传》，第 122 页。
③ 陶文钊：《费正清与美国的中国学》，《历史研究》1999 年第 1 期。按：单引号中文字乃费正清致陶文钊信中用语。

告失败,时任清华大学历史系主任的蒋再伸援手为他"在清华谋了一份教职",使之"第一次走上讲坛"①。1933 年 9 月,费正清开始在清华大学历史系讲授经济史。他在上午上课时主要是给学生一张印好的课程提纲,语速较慢,按大纲讲解,力求清晰,并重复一遍,没想到效果很好,学生们争先恐后来听课。后来他又加开了两门课,其中一门中国海关史课程与其博士论文主题相关,同时在税务学校每周讲 2 小时。虽然有学生借机练习英语口语,但费正清在授课中学到的远比学生多,故"双方都感觉满意"。"在蒋廷黻的帮助下",费正清"真正涉入了学界"②,从而能一窥学术研究的堂奥,顺利地写成了论文③,圆满地达到了来华的目的,获得了牛津大学的博士学位。

　　除了接受这些有形的关怀外,费正清还从蒋廷黻身上深入了解一切。费正清认识到归国留美学生大都"扮演着全能的角色:学者、行政官员、当代政策问题的研究者、作家、劝谏统治者的传统士人"④。日后国难日深之际他们有的政学双栖,有的弃教从政。胡适如此,蒋廷黻更是如此,二人皆舍身许国,持节万里,而蒋廷黻则对建言更感兴趣,从政更早。费正清刚来华就注意到他们所主持的《独立评论》常刊载教育与政治方面的论文。青年费正清还注意到了蒋廷黻教育与培养学生的风格。他认识到,蒋廷黻同韦伯斯特一样认为"历史知识屈从于国际间的外交与和平",渴望超

---

① 费正清著,黎鸣、贾玉文等译:《费正清自传》,第 109、121、109 页。

② 费正清著,黎鸣、贾玉文等译:《费正清自传》,第 124 页。

③ 费正清著,黎鸣、贾玉文等译:《费正清自传》,第 125 页。在蒋廷黻的帮助下,费正清顺利完成论文论文《中国沿海的贸易和外交:条约港口的开放,1842—1854》的写作,1936 年毕业,论文在 1953 年被哈佛大学出版。

④ 费正清著,黎鸣、贾玉文等译:《费正清自传》,第 56 页。

越马士忽视中文材料的"蓝皮书历史"的模式,倡导建立一个中国立场上的历史体系;因此特意创制了一套为研究亚洲主要地区作参考的课程,其中包括举办研究生培训班的专题,安排几位年轻人专门研究中国对外关系的不同侧面;他本人则为英美报刊撰稿,宣传介绍新文献,取得了富有成效的进展。这些先进而优秀的治学与培养模式,对费正清的未来产生了更为深远的影响。第一,费正清开启了外国学者大规模使用中国档案研究中国近代史的新风,因而他撰写的大量论文超越了名为中外关系史而实为对华关系史的马士模式,功底扎实,是真正的现代中国学的优秀论文。第二,蒋廷黻的课程规划,启发了费正清主导哈佛"稻田"大量培养硕博士的灵感,开设"清季史料选读"等东亚文明史课程,细致划分研究方向以培养研究生。第三,蒋廷黻的历史研究和现实研究结合的治学方向及其由此而来的参政态度,既外在又深远地影响了费正清以后学术研究方面的角色与定位,以后也一样身兼政策咨询者与研究者于一体的学者角色;也使费正清克服了以往学术与实际相脱节的倾向,突破人文学科的传统,开创亚洲研究的新局面。

正因为费正清从蒋廷黻那里得到了如此多有形无形的帮助,尽管"从未听过他的一节课",不算蒋氏的正式学生,但实为蒋氏的私淑弟子。正是他与蒋廷黻"极其深厚的私人关系",才"建立起更充实的近代中国历史观",40年后仍公开说永远"不能忘记蒋廷黻对我的栽培"①。两人之间的这种交往,无疑是中美教育交流中极其光彩夺目的一页。

---

① 费正清著,黎鸣、贾玉文等译:《费正清自传》,第113、109页。

二、费正清与留美学生的哈佛校内合作

1936 年,获得牛津大学哲学博士学位的费正清返美,1937 年
2 月开始以讲师职称在哈佛大学历史系讲课,除第二次世界大战
中曾一度来华外,费正清一直在哈佛执教。他虽在学术道路上飞
速成长,但仍在寻求留美学生的帮助。美国现代中国学者为了克
服在亚洲研究、尤其是中国研究方面的语言障碍,充分、及时阅读
与整理、利用新近出版的大量中文资料,从而真正了解中国,开展
科学的现代中国学研究,完全有必要借助既有天生的中文天赋又
受过严格、正规美国教育的留美学生的合作与帮助。在这方面,费
正清更是出类拔萃,不过他不再以求学者的面貌出现,慢慢从平等
的合伙人变成主导的法人代表。

1. 与邓嗣禹的两次合作

当时,哈佛大学的现代中国学研究条件不太理想,新出版的有
关文献较少被其收藏,且仅费正清和魏鲁南等几位老师对中文文
献比较熟悉。为了摸清当时新版文献的大体情况,也为了弄清他
自己掌握的清代公文的产生、传递及其所需时间,有必要对其进行
整理,于是他选择了正在哈佛念博士的邓嗣禹作为合作人。

"文献目录专家"邓嗣禹 1935 年燕京大学硕士毕业,毕业论
文是《唐宋元明清中枢官制之研究》,1937 年赴美后曾与毕乃德
(燕京校友,1931—1935)的合作编纂过《中国参考著作注释选
目》。他不仅"专业知识比较丰富,手头又有许多参考书"[1],与美

---

① 费正清著,黎鸣、贾玉文等译:《费正清自传》,第 179 页。

国学者有过合作的经验,加之 1935 年在北京时就认识了留华学生费正清,故两人在 1939 年开始合作翻译、整理清朝政府的文件,进展一直比较顺利和愉快,到1941 年已经合作写出三篇文章:《清朝文件的传递》(*On the Transmission of Ching Documents*)、《清代的朝贡制度》(*On the Ching Tributarary System*)、《清朝文件的种类及其使用》(*On the Types and Use of Ching Documents*)。这三篇文章都颇有开拓性质,先后在《哈佛亚洲研究学报》上发表,并在后来合成一论文集《清代行政研究》出版。这次合作既使费正清进一步熟悉清朝文献,为其后续学术研究占有材料打下了坚实的基础,也为两人的继续合作打开了信任之门。

第二次合作是费正清借邓嗣禹 1948 年回哈佛作为期一年的战后进修之机,抓紧机会开始再度合作,把"与经常引用而又常被误称的'门户开放'的真相的有关中文文献翻译成英文"。在整理出的 65 种文献中,邓嗣禹承担了绝大部分的翻译,并负责文献著者生平资料的收集。到 1950 年,一部大部头的油印本译稿《中国对西方的反映:1839—1923 年文献通论》(*China's Response to the West 1839—1923*)面世,1954 年该书终于付梓印行①。不过,第二次合作另有新的特点。首先,他们组织了一个顾问委员会,并获得了太平洋关系学会(IPR)和洛克菲勒基金会的资助,听取了三十多位教授的建议。其次,又邀请了房兆楹、孙任以都等"非常能干的学者"参加编译工作。最后,最重要的是两位老朋友仍以合作翻译开始,但最终学术成果——"冲击——反映"模式富含理论创新意义,马上产生了巨大的国际影响,曾经风靡二十年。但他们在该书第 5 页就预先声明:"冲击反应这一模式并不十分准

① 费正清著,黎鸣、贾玉文等译:《费正清自传》,第 406—407 页。

确。……在我们找到更妥帖的分析模式之前,本书的题目与其说科学,毋宁说是比喻。"两人这种谨慎与开放的态度与风范,对避免随意将理论模式简单化的弊端有一定现实意义。

费正清与邓嗣禹在学生时代就结识了,他们的合作是"好友"间的相对平等的合作。这种合作是美国学人与留美学生在学术转型时期合作的典范。

2. 与刘广京合作的资料调查与整理

自 1939 年起费正清与赖肖尔合作上课①,慢慢地又开始带研究生,第一位学生是大三的白修德(Theodore H. White);并逐渐成长起来了,于 1948 年升为教授。他指导研究生时,"不仅要与学生们一样具有敏锐的思想,而且还应具有相当的目录学和书目原始资料方面的知识"②,故决定在充分利用哈佛燕京学社的近代中国史的藏书之前,和他的学生刘广京③进行一次系统的调查。刘氏"在分析历史学家如何处理和利用文献的方法方面颇有天赋",和费正清花费了 3 年时间,整理出了包括 1067 部著作的详细目录,编写成了一部长达 608 页的专著《近代中国:中文著作目录指南(1898—1937)》(*Modern China: A Bibil-ographical Guide to Chinese Works, 1898—1937*, Harvard-Yenching Institute Studies, vol. 1, 1950),费正清对它一直"爱不释手"④。正因为如此费正清才能手

---

① 合作开设中文第 10 课及历史第 83 课而跨出了历史系的界限,这门二元化的课程就是著名的东亚文明史的前身,从而在哈佛讲授完整的中国历史,也为东亚语文系的组建成立埋下伏笔。

② 费正清著,黎鸣、贾玉文等译:《费正清自传》,第 405 页。

③ 刘广京(1921—　　)福州人,1942 年肄业于西南联合大学,哈佛大学学士(1945)、硕士(1947)、博士(1956),大学时曾研究过英国的 T. H. 格林。

④ 费正清著,黎鸣、贾玉文等译:《费正清自传》,第 405、406 页。

把手地指导学生们应当掌握、如何寻找中文文献资料。费正清同刘广京的合作,犹如第二次与邓嗣禹合作时徐中约、郝延平、孙任以等人参与一样,都是教学相长的最好证明。

当然,不能忽略首位东亚图书馆馆长——哈佛燕京图书馆馆长裘开明对费正清的帮助。"孜孜不倦工作"的裘氏利用哈佛燕京学社资金、也是"美国的大学中具有最充分的资金"的条件,"收售整理了大量供学术研究之用的珍贵图书文献资料"①,其中既有汉学宝贝,又有现代中国学方面的材料,费正清与刘广京的合作就是起源于对该馆中文图书的翻译与整理。留美学生与费正清的交往,利于费正清搜集、整理、占有了大批中文资料,为其融会贯通而形成自己对近代中国的解释框架奠定了无比坚实的基础,从而独立写出了"一部简明的美国对华政策发展史"——《美国与中国》,从历史与现实的结合上来阐述问题而一举成名。这不同于一般的时评文章,而是区域性研究的早期成果之一。

三次合作,对费正清自身来说不啻是三次难得的学习锻炼与提高的机会,使之成为汉学界率先系统使用中文资料研究中国近现代史的人;也为费正清的学生们"后来提出的专题性研究奠定了牢固的基础"。正因为如此,费正清认识到"那些提供援助的有才华的中国学者们曾是我们在美国从事中国问题研究的不可缺少的力量"②。特殊的是,他想编一部有关俄国研究中国的解题性文献通论,但因缺少俄文助手而终成遗憾。这反证了留美学生在与费正清进行学术合作过程中的重要作用,中美教育交流日趋密切、平等、互动的性质在这里表露无遗。

---

① 费正清著,黎鸣、贾玉文等译:《费正清自传》,第117—118页。
② 费正清著,黎鸣、贾玉文等译:《费正清自传》,第407页。

三、留美学生与费正清的私人情谊

天朝崩溃后,近代中国确曾一度日益沉沦,国际地位随之低下,在美国排华也愈演愈烈,中美之间缺少信任与友谊。但 20 世纪二三十年代以来,随着国内的教育发展,国际社会日益对中国感兴趣,美国现代中国学的渐次崛起就是一个象征。后来,中国的浴血抗日更吸引了国际的关注,费正清就是在这种氛围下和留美学生密切合作,并结下了深厚的私人友谊。

1. 梁思成夫妇与费正清夫妇的友谊

曾经留美的梁思成林徽因夫妇,曾经来华学习考察的费正清威尔玛夫妇,都是中美教育交流的结晶。梁思成夫妇双双出身名门,曾一起在宾州大学学习建筑艺术,先是创建东北大学建筑系,后回母校清华,不久就认识了来华的费正清夫妇,"承担起用实际的科学工作来再现中华民族建筑风采的爱国任务"①。梁氏夫妇无疑是费正清夫妇"在中国(或者进一步说在世界上)最亲密的朋友",彼此"肝胆相照,坦诚相见",相互觉得"交往本身就是一种乐趣";而两对夫妇之间的友谊也超出了个人情感的范畴,业已成为中国教育交流的润滑剂。其实,两位男士曾在 1927—1928 年还做过一年的哈佛校友。

他们曾一起结伴游玩甚欢。费正清通过亲眼看到梁氏与山西督军阎锡山打交道,深入了解了一个具有浓厚中国风情的经验——"中国的上层人士如何利用他们有利的地位、条件在人生、

① 费正清著,黎鸣、贾玉文等译:《费正清自传》,第 127 页。

事业中进取,并取得成功。"①费正清夫妇还经常在梁家(金岳霖实质上也住在梁家)享用"便饭"。梁氏曾为费正清取了一个中文名字——费正清(John King Fairbanks),意为"正直清白",音义同具,实乃绝配,"完全适合于一个历史学家的身份"②;梁氏夫妇又为威尔玛取名为费慰梅,同样含义隽永,使费正清夫妇充分感受到了中国文字与文化的魅力。而费正清夫妇也是入乡随俗,亲近地叫湖南人金岳霖为"老金"。当闲谈至哈佛广场、纽约的艺术家,仿佛"重又恢复同西方的接触",酷爱艺术的威尔玛甚至于1938年成为朱启矜、梁思成负责的营造学社的外籍名誉会员;而费正清夫妇则"开始觉察到中国文化的整合问题。扬弃过去的糟粕,引进外来新鲜事物。应该保留什么,应该借鉴什么,这是一个还不曾有人问津过的双重文化领域,要这样做必须要有智慧、毅力和勇气"③,无形中自然地廓清了他研究现代中国学的思路。

他们的友谊经得住时间的考验。1942年,又在西南大后方见面,而1946年10月梁思成受邀到耶鲁大学讲学时大家又再次把臂言欢。他们的交往在费正清的生命中占有重要的地位。费正清夫妇坦言:"……梁氏夫妇在我们在中国的生活的体验中具有非常重要的影响。……要记述我和威尔玛作为中美文化沟通的媒介的历程,其中不能不谈到他们,以及他们的亲密朋友和邻居金岳霖教授。"④

2. 西南联大教授与费正清的来往

美国情报协调局首席驻华代表费正清于1942年6月2日正

---

① 费正清著,黎鸣、贾玉文等译:《费正清自传》,第132页。
② 费正清著,黎鸣、贾玉文等译:《费正清自传》,第274页。
③ 费正清著,黎鸣、贾玉文等译:《费正清自传》,第129—130页。
④ 费正清著,黎鸣、贾玉文等译:《费正清自传》,第126页。

式上任,9月下旬到达昆明,开始了一段公私夹杂的官方之旅。这次他重在搜集有关情报资料,但表面上以大使馆文职官员的面目出现。费正清在执行任务的过程中,与集中在"战时文化堡垒"的西南联合大学的留美学生出身的教授多有交往。

费正清在飞赴重庆前,首先看望的是梅贻琦校长,发现梅氏比记忆中的"更憔悴、疲惫";接着感觉到"清华大学教授中留美学生的领袖"是英语系主任陈福田、政治系主任张奚若等人,而蒋梦麟、梅贻琦则是"昆明知识界的头面人物"①。几乎同时,他直观地发现了西南联大的困顿局面,"首要问题是解决吃、住这样的生活基本需要",深切认识到他们在物质上、精神上陷入困境,正面临着毁灭的严重威胁,"必须找到给与他们帮助的途径"②。这种深切的关心也是出于对教育界老朋友的挂念,因此他特意找了陈福田、钱端升等清华十七八位教授谈话草成一份报告上呈上司以及国务院,呼吁美国政府对联大教授群体——"受到西方学术培训的精英,因而也是美国教育在中国的活的代表"给予适当帮助,甚至他个人出资救济;但就在这样的情况下,联大师生们仍坚持教与学,有冯友兰"贞元六书"这样的作品问世,也涌现了杨振宁这样的优秀毕业生。筚吹弦诵满春城,费正清因而由衷赞叹联大教授们"是美国留学生中的精英,也是学术界的砥柱"③。战火映衬下的真情,深切体现了费正清对联大教授为代表的留美学生的关怀。

与费正清关系密切的哈佛1923届博士钱端升,曾经互相帮助。钱在配合费正清调查的同时,利用"国民参政会"的外交委员

---

① 费正清著,黎鸣、贾玉文等译:《费正清自传》,第235、282页。
② 费正清著,黎鸣、贾玉文等译:《费正清自传》,第235、241页。
③ 费正清著,黎鸣、贾玉文等译:《费正清自传》,第242、242页。

会主席的身份，为他弄到了一张出席证，使他得以出席了该会的一次会议，圆满地结束了在重庆非军事的各社会阶层中的调查计划①。1947—1948年间，钱氏作为哈佛大学的访问学者，致力于中国政府与中国政治方面的研究，完成了有关太平洋关系学会项目的英文手稿，费正清和威尔玛也协助他进行过手稿的校审工作，使"英译本不愧为一部集大成的新著"②，1950年顺利地被哈佛大学出版。

而陈岱孙教授也多次配合费正清的私人或秘密行动。1943年，中国抗战进入最困难时期，西南联大教职员生活极度贫苦，蒋梦麟、梅贻琦两校长的夫人都上街练摊。费正清夫妇设法"源源不断地把药品和贵重用品（钢笔、手表）运送到美国驻昆明领事馆"，然后经由他们的邻居陈岱孙"秘密把这些东西分配给学院的教授"③；1943年陈又配合费正清通过哈佛燕京学社这种非官方渠道资助联大的教授，为了不惊动官方，也不使接受者感到为难，他没有公布接受人的名字，也未透漏费正清的推动作用④。

此外，费正清评价宋氏庆龄、美龄姐妹为"两位伟大的夫人"，但对孔祥熙、陈立夫等人的观感不太佳⑤。"由于与中外自由学术界是一个整体，思想是一致的缘故"，费正清第二次来华受到了各方热诚的招待，费正清就这样"与中国官方主持的工作网、私人关系网连接起来了"⑥，顺利地完成了任务。

---

① 参见费正清著，黎鸣、贾玉文等译：《费正清自传》，第293页。
② 费正清著，黎鸣、贾玉文等译：《费正清自传》，第396页。
③ 费正清著，黎鸣、贾玉文等译：《费正清自传》，第283页。
④ 费正清著，黎鸣、贾玉文等译：《费正清自传》，第283页。6人每人补助1000美元，8位学者每人补助500美元，总共一万美元。
⑤ 参见费正清著，黎鸣、贾玉文等译：《费正清自传》，第252、242、257等页。
⑥ 费正清著，黎鸣、贾玉文等译：《费正清自传》，第57、256页。

一代巨匠费正清在与留美学生交往时或为私淑弟子，或为亲密朋友，或为正宗导师，主动性与指导性越来越强，但始终处于师友之间。这是费正清年龄与水平增长的结果，符合个人成长、学术成长的规律，促成了美国现代中国学日益发展，达成美国学术的繁荣。而双方交往中的地位变迁和角色转换，正好反映了中美教育交流的丰富多彩，也说明留美学生不愧为"联系中美关系的桥梁"①。

第三节　晏阳初、平教会与美国友人

一位美国哲人说过："在美国如果没有报道，就不会引起人们的兴趣；人们没有兴趣，就不会有舆论；没有舆论就不会有政策。"②晏阳初在美国为中国平民教育促进会（简称平教会，下同）及其平民教育运动募集经费之时就很好地做到了，其成功关键就是得到了美国友人的宣传配合与组织帮助。

在近代中美教育交流中，不一定是美国老师指点留美学生，不一定是美国人居高临下帮助留美学生，也不一定非要到大学里才能进行。晏阳初及平民教育运动一直得到了美国友人的热情帮助，就很好地例证了这一点。在美国社会很大程度上把平民教育运动等同为晏阳初的情况下，美国友人对他的帮助也常是教育经费募集与教育理念宣传交织在一起。这种帮助大多时候还处于有组织的情况下进行，不同于纯粹的师资往来和温情的学术合作，波

---

① 费正清著，黎鸣、贾玉文等译：《费正清自传》，第292页。
② 哈佛大学哲学教授 William Earnest Hocking（赵元任导师）的话，转引自《晏阳初传》，第408页。

及面更广,声势更大,中美双方的互动性与平等性在这里表露无遗。虽然晏阳初开始并不曾在大学任教,但他为之奋斗终生的事业,确实是与最大多数中国人生活相关的进步运动,他无疑是一位杰出的教育家。正是有了美国友人的热心帮助,晏阳初及中国平民教育运动日益走向世界,并且获得了极高声望。

一、韦尔伯的赞扬与支持

众所周知,美国教育是中国平民教育思潮的策源地之一,晏阳初也多次公开承认这一点。但平民教育思想后来也倒过来传回美国,在其政治经济、文化教育各界引起重大反响,并因美国教育在全世界的示范作用使美国成为平民教育运动得以广布于全世界的中间环节。这一切正是美国友人与晏阳初在对平教思想的共同宣传之下完成的,并由韦尔伯在第一次太平洋关系学会(The Institute of Pacific Relations,简写为 IPR,下同)上对晏阳初及其平民教育运动宣传开其端。当时的晏阳初任平教总会总干事,同时兼任中华基督教青年会智育部平民教育科主任;韦尔伯时任斯坦福大学校长,并任 IPR 议长、该会执行委员会主席。

1925 年 7 月 1 日,IPR 首次会议在檀香山举行,晏阳初作为中国 15 人代表之一出席,以晚间公开演讲《中国一建设力量——平民教育》而一鸣惊人。晏氏在 7 月 6 日晚间的演讲上把"中国的平民教育运动这一种精神、历史,以及在中国的努力的经过"娓娓道来,言辞诚恳,在座的 100 多位代表纷纷"对这个运动表示同情和赞佩"①。大会执行主席韦尔伯在 7 月 15 日的闭幕词中高度赞

---

① 《农民抗战与平教运动之溯源》,《晏阳初全集》(一),第 528 页。

赏说:"第一件最使人感动的事,是中国平民教育运动,以及其在太平洋问题上的重要关系。"①这是美国著名大学校长面对太平洋各国高级知识分子对中国平民教育运动的首次公开赞扬,给与会各国代表留下深刻印象。《檀香山广告者》将太平洋闭幕消息刊载于7月15日的头版头条,开宗明义指出:"太平洋会议在发现中国平民教育运动是近年以来太平洋各国间极大历史事件,并决定设立国际公正报道机构后,已告闭幕。"他积极参加各种集会,广泛演讲。因其英语流利又长于演说,他把平民教育思想充分灌输给与会者,产生了良好的反响。5日,《檀香山广告者》专栏《夏威夷生活猎影》曾刊发晏阳初肖像及简历,为其演讲造势。次日,《檀香山星报》刊载"演讲人撮述中国的一些希望"②,说三人演讲反映了中国民族主义与教育和社会迅速进步,指出晏阳初描绘出一幅4万名义务教师在各省推行平民教育运动的感人景象;同一报纸的第六版专栏刊载了《中国的节目巧妙地表现了》一文,着重指出晏阳初的演讲使听众们获得了中国抱怨和困难的真相。会后,他又到《檀香山广告者》俱乐部、当地华侨中演讲,达到"一则可与国际会议中陈述我国民众最近之奋发精神;一则可将国内平教运动情形报告于侨胞"③的目的。

晏阳初还与不少新老朋友进行了交流。该会最先发起者北美基督教青年会协会的副总干事薄克曼就是晏的老相识,而大会议长、斯坦福大学校长韦尔伯与秘书卡特在这次会议上与晏结为终生好友,给晏阳初及其事业以极大帮助。1926年10月韦尔伯在

---

① 参见《晏阳初传》,第95页。
② 参见《晏阳初传》,第94—95页。
③ 宋恩荣:《晏阳初全集》(一),湖南教育出版社1989年版,第134页。

日本参加完泛太平洋科学会议后来华考察,高兴地参观了平教总会,对平教运动和晏阳初获得了更直观、深刻的印象。此行对他三年后出任内政部长提出的消除文盲的计划(由国会通过成为法案)有一定影响,他曾宣称:"美国政府的这一阅读文字教育运动,很多取法晏阳初的计划。"①1927 年 7 月 IPR 第二次大会仍在檀香山召开,连任主席的韦尔伯在晏阳初没有参加的情况下仍在致辞中说:"中国平民教育运动的报告,给大会出席代表以极大的印象。"②

晏阳初在 IPR 上的现身说法,是中国平民教育运动第一次正式在国际舞台上亮相。晏阳初以平教总会负责人的身份结识了韦尔伯等美国教育文化界的一批人士,形成共鸣,在初步获得了声望的同时,为宣传中国平民教育运动并募集资金打下了良好基础,促进了中美教育界的理解与交流。

二、中美合作宣传与劝募

中国平民教育总会,在成立后由于负责人的热情与投入、推行方法的简单便捷,切实可行,取得了巨大的进展;但由于中国幅员太大,运动周期过长,加之经济不发达、战争不断,经费问题最令人苦恼,成为平民教育运动发展的瓶颈之一。平教总会及其总干事晏阳初只好求助于国外。晏结识的美国友人热情地站出来,在美国几度共建组织,大力宣传与劝募,从而使之走向新的发展高潮。到美募集资金,虽不是晏阳初与美国友人最初结缘的动因,但逐渐

---

① 转引自吴相湘:《晏阳初传》,岳麓书社 2001 年版,第 102 页。

② 吴相湘:《晏阳初传》,第 102 页。

成为他们合作的中心工作。

1. 中国平民教育运动美国合作委员会

如说"檀香山华侨祖国平民教育运动募捐大会"①是晏阳初与美国华侨的合作组织,那么,1928 年成立的中国平民教育运动美国合作委员会则是标准的中美合组的教育募捐组织。中国平民教育运动所需经费曾长期由熊朱其慧女士一人支撑,这当然不是办法,1927 年初所需经费行将竭蹶,形势逼迫平教总会必须迅即拿出办法来。总干事晏阳初将眼光投向大洋彼岸,所幸在此前后有美国友人与他共同创造的机遇,使平民教育运动渡过了难关。

1928 年,耶鲁大学授予晏阳初荣誉硕士学位,为晏赴美募捐提供了一个合适的契机。这是韦尔伯 3 月 5 日以斯坦福校长之尊致信耶鲁予以幕后推荐的结果②。6 月 5 日晏氏抵达西雅图,出席当地六教育文化机构欢迎会演讲平民教育的精义。6 月 20 日耶鲁大学毕业典礼上安其校长③在授予晏阳初学位时致辞说:"我们承认你对你自己的同胞们的重视的且有划时代意义的服务,显示

---

① 1925 年成立,郑帝恩出任会长,钟宇、唐雄为副会长,当地中国大学学生会长黄福民为名誉会计,共募得 23005.85 美元。另可参见李绍昌《半生杂忆》(近代中国史料丛刊续编第 68 辑,文海出版社,1971)有关章节。

② 参见吴相湘:《晏阳初传》,第 105、121 页。

③ 安其(James R. Amgell)对晏阳初及其平教事业多有照拂,如曾提名晏为"十大伟人"的候选人之一,可参见《晏阳初传》第 340、642 页。他在 1905 年任芝加哥大学心理系首任主任,1891 年当选为美国心理学会第 15 届会长,1920 年被聘为耶鲁大学校长(1918 年代理芝大校长),1934 年华北乡建计划是正任洛克菲勒基金会的"品评与计划委员会"委员,1937 年自耶鲁校长任上退休后担任美国广播公司全国网状广播教育节目的顾问。乃祖曾为布朗大学校长(1868—1872),其父为安吉立(1880—1882)曾任驻华公使、密歇根大学校长。

非常的才智和创造力,亦即既不自私而有广泛的热诚。"①不久,他作 *New Citizens for China*(《为中国做新民》)刊载于《耶鲁评论》,讲述平民教育运动的起源、推行经过,强调最终目的在于训练他们成为现代国家的公民,而定县实验就是工作的真正开始。耶鲁的荣誉学位是对晏氏及其事业的公开表彰,无异于替晏阳初此次募捐作一次大规模的、公开免费的国际宣传。

　　晏阳初与同仁对此行募捐有所计划。司徒雷登、张伯苓等中美友人建议他组织一个 9 人"中国委员会",8 月赴美,停留 4 月募足 50 万美元。韦尔伯表示基本赞成,"中国平民教育美国合作委员会"(American Cooperation Committee,简称 MEM,下同)也随之成立了,主要美籍职员见表4－3－1:

表4－3－1　中国平民教育美国合作委员会主要职员表

职　责	姓名	原名	在美国的社会地位	备注
主　席	韦尔伯	Ray L. Wilbur	斯坦福大学校长,IPR 主席	多次来华
具体负责	卡　特	Edward Carter	IPR 秘书	具体负责
秘　书	费尔德	F. V. Field	大学毕业	募捐助理

资料来源:据吴相湘《晏阳初传》相关章节增补。

　　表中三人都是义务帮忙,费尔德更负责日常琐事。晏阳初觉得中国平民教育运动是一项全世界共同进步的伟大事业,需要千千万万战友的并肩战斗;故他觉得在美募捐不是求美国人怜惜,而是在觅同志合作;因而不计较各地人士捐款的多少,因点滴皆由同情了解而来。

　　1928 年 10 月 23 日,晏阳初在纽约 Plaza Hotel 举行首次募款

---

① 吴相湘:《晏阳初传》,第 107 页。

宴会;此后赴各地募捐,1929年6月13日回抵北平。晏阳初此行的第一个成果是结交了许多新朋友,如在纽约认识了通用电气公司总裁史瓦甫,后者曾介绍他到底特律拜访汽车大王福特(Henry Ford),得款一万美元,后继续为宣传晏阳初及其事业而义务奔走二十余年。而面对晏氏在纽约演讲深受感动的大学生金淑英(A. A. Chincloss),主动来华任总会英文秘书。第二个成果是募得了丰硕的资金。特别幸运的是,晏赶在大危机到来之前努力使捐款意向基本落实,到1929年4月已募到33万余美元,到1931年1月募足了50万美元,其中有洛克菲勒基金会分两期捐献10万;这既避开了大萧条的低谷,又为平教总会与定县实验提供了必要的经费,保障了中国平教运动的可持续发展。

该会与平教总会也有过联系,1930年8月费尔德奉命参观定县,商讨如何协调配合的问题,促进了募款工作的进展,加强了中美教育交流。

2. 平民教育运动中美委员会

在美募集成功后,晏阳初致力于"博士下乡",扎根于定县实验,直至1943年应宋子文之邀到华盛顿参与商讨联合国家战后建设与赈济问题,由此开启了第二次募捐的序幕。特殊的是,民间教育组织代表晏阳初是在反法西斯战争的硝烟中开始大规模募捐的,相同的是仍以获取荣誉为起点。

来自美国的荣誉与晏阳初的思想境界:

这回晏阳初获得的是"现代具有革命性贡献的是世界伟人",5月24日由"哥白尼逝世四百年全美纪念委员会"授予。该会有欧美几百所大学和众多学会都派代表参与,具有极高的权威性,如其表扬委员会(负责提名审查工作)主席就是耶鲁大学荣退校长安其教授,此次晏入选得益于他的推荐。安其 15 年前就认识晏阳初,了解他所从事事业的伟大,故予以推荐。晏阳初因而得以与爱因斯坦、杜威等名人并列为 10 大伟人之一,中国平教运动与定县实验因晏氏大名,因众多的欧美来宾而传到了全世界。后来,美国 Sraycuse University、Temple University、Louisville University 先后赠与晏阳初荣誉法学博士学位。这表明晏阳初开始获得美国大学的普遍认同与赞扬。

十大世界伟人的荣誉称号远比荣誉硕士荣耀,使晏阳初原来的世界意识更加明确,刺激他进一步思考平民教育的有关问题。晏阳初在借用罗斯福总统"四大自由"的口号的基础上,特别强调第五种自由——免予愚昧无知的自由。他与著名作家 Mr. J. P. McEvy 合作进行撰述,撰成了《免予愚昧无知的自由——平民教育实用手册》,并由 McEvy 将纲要撰成《中国教师的特使:晏阳初》,刊于 1943 年的 11 月的《读者文摘》。文中引用晏阳初的话宣传:"世界上最丰富的尚未开发资源,经过教育而发展,且受教育而参加他们自己筹建的工作,否则将没有任何和平可言。……我们不知能拥有'四大自由',还有第五自由:比较其他四项都伟大。没有它,我们如何能拥有四大自由? 这就是免予愚昧无知的自由。"由于《读者文摘》所用语言有 9 种,年发行量达一千万份,故晏氏的论点随之广为传播;又因与现任罗斯福总统的名言有内在的关联,颇能吸引和很多人的热心关注,这对宣传、募款有百益而无一害。晏阳初初步掀起了宣传平民教育的高潮,他接受了 12 所美国大学的邀请前去演讲,总是警醒美国人需要设立新学校推行新教育,彻底认识"如何将现代科学简单化,全球农民科学化"这一课题,迎接未来岁月的最大挑战,精练地、创造性地发展了平民主义教育思潮。他又在《生活》1944 年 7 月号上发表《中国战后是否民主》,以资纪念中国抗战七周年,向美国公众分析中国的战后走势。美国舆论很快接受了晏氏的解释,纽约《新领袖》杂志在1944年2月24日刊载《读者文摘》编辑肯德(George Kent)的《平民教育运动在民间》一文,摘要标题为《中国为未来创设——晏阳初的平民教育运动的庄严承诺》,鼓励大家放手支持晏阳初及其平教运动。

平民教育运动中美委员会:

晏阳初和美国友人在继续改善宣传与募捐的组织与方式,鉴于1928年募捐主要是由IPR美国委员会负责人出面、而且远离美国本土的华籍成员太多而未能充分发挥作用的情况,又合建了一个"平民教育运动中美委员会"(American-Chinese Committee of the Mass Education Movement, Inc. 简称ACMEM,下同),5月25日由纽约州政府核准成立,力求使美国政府和各界人士认识"平民教育、乡村改造是中国战后民主政治的基础,给予精神和物质的支持赞助"①。1944年5月31日举行理事会首次会议,宣告正式成立,认定1945—1946年间劝募目标为106.5万美元。ACMEM觉得应多邀妇女界和工会领袖参与,有关理事名单见表4-3-2:

表4-3-2　平民教育运动中美委员会理事名单

中文名	英文名	社会地位	备　　注
施肇基		前驻美大使	1897—1902 年康乃尔大学,硕士
李国钦		华昌公司总经理	留英,纽约中华协会副会长

---

① 转引自吴相湘:《晏阳初传》,第352页。

中文名	英文名	社会地位	备 注
晏阳初		平教总会总干事	耶鲁大学 1918 年毕业
史瓦甫	Gerard Swope	通用电气公司总裁	理事会主席,建议拜见总统
赛珍珠	Pearl S. Buck	东西方协会主席	著名女作家
瓦 什	Richard J. Walsh Sr.	庄台出版公司总裁	赛珍珠丈夫
霍 金	William E. Hocking	哈佛大学哲学教授	赵元任老师
史曲文	Silas H. Strawn	第一国民银行总裁	金融大亨
阿尔维	Swell L. Avery		芝加哥大亨
道格拉斯	William O. Douglas	大法官	前耶鲁大学教授
任特斯切勒	G. S. Rentschler	纽约市银行家	金融大亨
路 思	Henry R. Luce	时代集团老总	燕京大学副校长路思义之子
康米柯	Fowler Mc Cormick		建议有条件参加对华救济总会
韦尔伯	Ray L. Wilbur	前斯坦福大学校长	创意人,IPR 主席
安其尔	James R. Angel	耶鲁大学校长	祖孙三代著名大学校长
罗斯福夫人	Anna E. Roosevelt	第一夫人	联合国人权委员会主席
索威尔	James T. Showell	哥大历史学教授	著名智囊,1929 年访问定县

资料来源:吴相湘《晏阳初传》,第 352—354 页。

上面 9 人为最先的 9 位理事,后来又有多位理事加入。AC-MEM 有较广泛的代表性,容纳有职业经理人、企业家、银行家、作家、教授、法官、传媒老总、大学校长、政治活动家等各色人物,友好协作,随时建言,做出了各自的贡献。如不起眼的康米柯,反对彻底的民间立场而拒绝和官方来往的观点,主张有条件的加入对华救济总会。而后者也考虑到教育文化等事业的固有特性而改名为对华服务总会,不再以中国恩人自居,而"不要救济,让他发扬"也成为它的座右铭。正是有了各位理事的鼎力相助,晏阳初便能及时收集信息,不断调整策略,并联络各方人士,从而有力地推动了募捐。

在众理事的辗转推荐下,纳尔逊·洛克菲勒决定于1945年捐献10万美元建平民电影制片厂;华莱士夫妇(Wallaces Dewitt,Lila)的《读者文摘》屡次刊文,随时宣传中国的教育及其进步,使募捐在10个月内募到58万余美元,超额完成任务,较18年前有巨大进步。该会还利用捐款直接设立奖学金,选派第一流人才赴美第一流高校深造,王克勤、周弘焯、汪德亮因此得以赴美深造。这表明它是一个具有广泛性、代表性教育宣传与劝募组织,使中美教育相互理解、沟通的桥梁,是促进中美友好的纽带。

"晏阳初条款"的通过:

"晏阳初条款"既是美国举国对晏阳初及其平教事业的正式支持,也是民间组织平教总会在个别募捐困难的情况下的折中选择的结果。

战后美国民间援华机构大多统一于"联合对华救济总会",晏阳初再单独在美募捐就不是件容易的事了。但平民教育运动中美委员会的理事们适时发挥了独特的作用,史瓦甫就曾建议晏氏拜见罗斯福总统,改走上层路线,扭转民间单独募捐的曲高和寡的局面,后因赛珍珠、罗斯福夫人的中介而成功。在国会方面,前耶鲁大学教授、大法官道格拉斯1947年介绍拜见原通用老同事、众议院外交委员会主席伊顿（C. A. Eaton），1947 年 4 月他还在《联合国世界》撰文指出："假如晏博士获得成功，我们将在亚洲获得千百万新盟友，自民主观点看来没有比这更大的政治胜利。"①而加州女议员道格拉斯、明州众议员周以德（Walter H. Judd）、参议院史密斯（H. A. Smith，前普林斯顿大学教授，驻华大使司徒雷登介绍）三位议员更直接为晏阳初及其事业直接在国会努力，成为一个小型的"院外援华集团"。在各方的努力下，1948 年 3 月 19 日美国众议院外交委员会通过杜鲁门总统提出的援助欧洲及中国的建议。援助欧洲的建议即著名的"马歇尔计划"，后者到参议院后又增改为第四七二法案，包含第四〇七款即"晏阳初条款"：授权建议一个中美联合委员会，有计划、系统地实施中国农村复兴计划，以援华 33800 万美元中的不多于 10% 拨付②。管理该笔资金的中国农村复兴委员会③就这样问世了。在政府间协定了单列该款，应算是个特例，可看做晏阳初与美国友人推进中美教育交流的胜利，为晏阳初及其事业、乃至农村改良建设提供了正规、稳定的经济来源。

晏阳初与美国友人不断审时度势，调整劝募策略，改善劝募组织，舆论宣传与政治游说交相为用，交织进行思想宣传与资金劝募。在此过程中，虽然各界都有参与者，美国友人（多教育界人士或有过教育经历）所帮助的是有益于四亿农民的中国平教运动，但主角仍是教育家晏阳初。晏与美国友人广泛、长期的合作是一种特别的中美教育交流，既募集了大量教育经费，又促进了中美了

---

① 转引自吴相湘：《晏阳初传》，第 408—409 页。
② 吴相湘：《晏阳初传》，第 419、421 页。
③ 由穆懿尔（Raymond T. Moyer，曾在铭贤任职）、贝克（John E. Baker）与三位留美学生蒋梦麟、沈宗翰、晏阳初组成，蒋氏为主任委员。

解与友谊,而他本人在美声望逐渐达到常人无以企及的高度。

三、赛珍珠及其《告语人民》

在帮助晏阳初的美国友人中,赛珍珠是一位值得称道的人物。赛珍珠虽是个充满争议的美国名人,但她对晏氏及其平民教育运动的全面宣传的贡献则毋庸置疑。她和司徒雷登等人一样都是成长在中国的传教士后代,对中国文化、中国人民颇具好感,在大洋两岸有许多朋友。晏阳初恰好与他们都是朋友,而且自抗日战争中后期以来,他们之间的关系更为密切。司徒雷登在驻华大使任上也为晏阳初条款出力不少。自赛珍珠1943年5月邀请晏氏到东西方协会做演讲以来,舆论宣传使晏阳初与平民教育在美愈益广为人知。

1. 赛珍珠宣传晏阳初的热情与优势

1934年返美定居的赛珍珠,在中美两国社会都有一定的地位与声望。她在襁褓中来华,在江苏清江浦农村长大,先学会说中国话;长期担任金陵大学、东南大学的教授,第一任丈夫是知名农业经济学家、金陵大学教授卜凯。她酷爱文学写作,1922年在《亚洲》杂志发表了处女作《放逐》,1930年出版第一部小说《东风,西风》(*East Wind,West Wind*),1931年出版第二部小说《大地》。《大地》是1931年和1932年全美的最畅销书,后获普利策(Pulitzer)奖,1937年被改编为电影,使她名满全美。1933年她出版了《水浒传》的第一个英文全译本,在美国也很畅销。1938年,赛珍珠因为"对中国农民生活进行了史诗般的描述","为中国题材小说作出了开拓性贡献"荣获了诺贝尔文学奖。因第二任丈夫理查德·

沃尔什①拥有《亚洲》杂志、纽约庄台（John Day）出版公司在出版界、舆论界拥有一席之地。而他们夫妇还在1941年创办了"东西方协会"（East and West Association）并担任主席，积极促进中美友谊，致力于亚洲与西方的文化理解与交流。

　　活跃在美国社会的赛珍珠和晏阳初有着深厚而珍贵的友谊。根据 Tell The People 一文中"20年后的今天，我们又在美国见面了"②的记载，1923年两人就应见过面。当时晏阳初往返长沙、上海两地，多次经过南京，可能就是在6月20日南京平民教育促进会成立会上见的面。两人存在许多共同点，如同属虔诚的基督徒，对农村与平民都含深厚感情，"都十分尊重普通的老百姓，并都决心把一生奉献给平民的事业"，在美重逢后即决心"作朋友和同志"；而且赛珍珠深知晏阳初从事的平民教育运动"是远远超出中国范围的事业"③，故她不但亲自担任理事为晏阳初疏通各种关系，还拉其夫为理事捧场；并利用各种方法全力帮助晏阳初。

2.《告语人民》及其后续宣传

　　赛珍珠利用自己的生花妙笔和广泛的社会关系，发表一系列的文章，进行大规模宣传。就在晏阳初随宋子文使美之时而中国战场一度危急的时候，赛珍珠援笔草就《我们在中国最后的机会》一文刊布在《常识》1944年8月号上，呼吁大规模援华。1945年

---

　　①　两人于1935年结婚。《亚洲》后改名为《亚洲与美洲》；庄台公司因出版《大地》而扭亏为盈，后来因继续合作而逐渐发达。东西方协会1950年代初因惨遭"麦卡锡主义"迫害被迫解散。

　　②　Pearl S. Buck, *Tell the People: Talks with James Yen about the Mass Education Movement*, Asia And The Americas Volume XLV No. 1, January 1945, p. 51.

　　③　Pearl S. Buck, *Tell the People*, p. 51.

初,在晏阳初劝募受到阻力的时候,赛珍珠根据他与晏阳初的谈话记录,适时推出 Tell the People：Talks with James Yen About the Mass Education Movement(《告语人民》)。该文最先发表在《亚洲与美洲》杂志(Asian And Americas, pp. 49—71, 1945. 1),1945 年 3 月由庄台公司出版(New York, John Day, 1945),1959 年修订后重印。她根据话题的侧重与次序,共分 24 专题行文叙述,娓娓道来之下显得丰富生动,通俗易懂,中心明确,主题鲜明,既向美国人民介绍了中国平民教育运动 25 年的奋斗历程,使之加深了对中国社会近代进步的理解;又使大家深受感动而踊跃支持,掀起了一个理解晏阳初、支持中国平教运动的舆论高潮。

　　赛珍珠开宗明义地指出,"这本书是一个建设性计划的记录,这个计划已作为试验实施了 25 年。他所面对的问题也正是当今世界的问题。这是一个中国人为中国创造并实施的计划";还指出:"尊重平民乃是实现任何和平计划的先决条件。……倘若人民仍处于愚昧无知的状态,要求不利于他们的东西,那就需要教育和引导,但决不是强加于人";从而断定"当前,全世界需要这样一种计划,我认为这种计划对于人类和平来说是必不可少的"①。她对平教运动还作了一个适当的界定,她说"这不仅仅是一场识字运动"②,并以其哥哥的定县之行为佐证。该文还就其与法国华工识字运动的渊源、定县"四大教育"与博士下乡、华侨与美国女士的援助进行了简明而有生动的叙述,较为全面立体地反映了晏阳初与平教运动的状况。这项针对全世界 3/4 的人们的教育计划及其艰难探索的精神因而对美国人民充满了震撼人心的力量。

---

① Pearl S. Buck, *Tell the People Talks*, Foreword.
② Pearl S. Buck, *Tell the People Talks*, p. 51.

该文因赛珍珠的资源与声望,不仅随杂志的发行而流传,也随单行本的出版而广布于全美;此外,也为随后召开的旧金山联合国制宪会议的代表们所知晓,还直接被当作劝募的宣传材料,被赠给斐尔德基金会创立人 M. 斐尔德以争取他捐赠平民印书馆所需的机器,结果如愿以偿①,而旧金山市则授予他名誉公民的称号。这种告语,不仅是对美国人民的真诚告白,也是对平教运动的倾情宣传,更成第三世界解决农村问题的指引明灯,印度、古巴乡建人员奉是书若圣经,联合国基本教育计划也多渊源于此②。

当"晏阳初条款"在国会进入关键时候,赛珍珠再次提笔为晏阳初鼓与呼,为《联合国世界》1948 年 2 月号"本月的世界公民"专栏撰文,用醒目的标题《中国的晏阳初》宣布:"平民教育使学人和工农苦力聚在一起,是中国历史上空前的新纪录。……这给与美国与中国自由分子联系的机会,也为多数纷扰不安的大学生提供以建设性出路。……从来没有一个人是如此准备并且适合之一时刻的需要如晏阳初的。"③精彩准确的评论、热切适度的呼吁、配以照片的宣传引起了美国宣传晏阳初及其事业的又一轮高潮,随后跟进的四大报纸的宣传文章尤为瞩目:

表 4-3-3　1948 年 3 月宣传晏阳初的美国报纸

刊　名	文　章	时间	地点	性质	主　笔
基督教科学箴言报	中国知识分子	3.2	波士顿	社论	
纽约先驱论坛报	一项为中国的计划	3.12	纽约	社论	G. Parson

---

① 吴相湘:《晏阳初传》,第 369—371 页。
② 参见吴相湘:《晏阳初传》,第 652 页。
③ 转引自吴相湘:《晏阳初传》,第 409—410 页。

刊　名	文　章	时间	地点	性质	主　笔
芝加哥太阳时报	主笔的意见	3.12	芝加哥	编者按	
华盛顿邮报	中国与中国人	3.23	华盛顿	社论	H. Elliston

资料来源:吴相湘《晏阳初传》,第411—412页。

　　而这四篇文章又引起连锁反应,著名的政治老人J. T. 索维尔教授针对《一项为中国人的计划》的社论而投书《纽约先驱论坛报》。其实,早在1930年1月12日就在该报发表过赞扬平民教育的《教育中的中国平民》的文章。文章的发表对美国国会援华法案的审议修订产生了重要的舆论导向作用。

　　近代留美学生的回忆录,远的如容闳的《西学东渐记》,近的如胡适的《四十自述》,最近的如蒋梦麟的《西潮》,都远没有产生如《告语人民》那样的影响,这与传主从事的事业有关,更与作者的声望与资历有关。赛珍珠虽以女性文学家驰名,但在与晏阳初的交往中,一直以热心教育的人士出现;而其与晏氏相关的主要活动包括撰述《告语人民》,一切都与支持晏阳初、宣传中国平民教育运动密切相关。何况,她本人曾经是个教授,而且曾成长在中国、任教在中国金陵大学。故赛珍珠与晏阳初的来往,完全可以说是中美两国教育界人士的友好交流。而赛珍珠对晏阳初及其平教运动的宣传,从简历到思想、从本人到友人、从国内到国外,可谓周全、细致、深刻,因而可信、感人,影响也就深远,实为中美教育交流中的人际交往的典型。

　　晏阳初曾自承:“在美国停留期间,我会见了一些有全球意识和富有远见的人,他们对我们的计划表示理解和支持,这对我和我的同事来说是极大的鼓励和鞭策。实事求是地说,平教运动之所以取得今天的成就,在很大程度上应归功于这些有远见卓识和慷慨无私的美国友人。"①美国友人对晏阳初、对中国平民教育的帮助,是一种超越宗教的怜悯,不是金钱与物质的施舍;不是教育文化上的输出,而是一种同志间配合的过程,更是一种对全人类共享教育机会、促进社会进步的关注。正是有了美国友人的这种帮助,晏阳初在很好募集到平教运动所需经费的同时,又把中国平教思想观念介绍到美国,并激起广泛而深刻的反响。发源于美国的中国平民教育运动走到了美国,并从此走向世界,而晏阳初也成为享誉世界的伟大教育人物。

留美学生同美国学人乃至与美国社会保持着全方位的密切联系,在通过内容丰富的自由交往,积极参与美国教育文化界活动,甚至融入美国教育、文化生活,深化、完善了中美教育交流。

---

① Pearl S. Buck, *Tell the People Talks*, p. 57.

第五章 留美学生与有组织的
中美教育交流

在留美学生推进的近代中美教育交流中,不仅有弹性极大难以达成统一的思想层面的交流,也有目的各异、比较自由的私人交往;更有频繁的跨越重洋、组织化程度极高的交流,并随着时间推移与他们成熟日趋规范和壮大。

第一节 有组织的民间中美教育交流

毫无疑问,中美教育交流首先是自发、松散地在民间进行的,后随着教育交流的发展出现了由学会等团体组织的或组织间的交流。而且,它因较少受政治的影响而可持续性更强,更多元活跃,当官方交流停止、减少或还没有开始的时候,其地位更为重要。尽管留美学生主持的民间学术团体有的具有半官方的背景,尽管与之配合的美方团体有的带有官方色彩,但是相关交流还是遵循了教育的规律,较少受政府的干预而成果较大,在一些双边或多边合作的教育团体中表现尤为明显。

一、图书馆学方面的双边交流

因韦棣华女士的关系,近代中美图书馆学交流开展较早,组织化程度相对较高,堪为中美民间教育交流的典范。文华图书科与文华图书馆专科学校师生的精诚合作,便是典范中的典范。此后,又有多种形式的交流。

1. 协会交往

中国图书馆协会与美国图书协会①(简称 ALA,下同)是各自国家的全国性权威机构,是有主动合作意向的两个协会。中华图书馆协会 1925 年 6 月成立于北京,当时设有审定杜威分类法关于中国细目委员会、图书馆教育委员会等专业委员会,办有《中国图书季刊》,费正清等中外人士就是从此处"在战争年代获得关于中国新出版物的有限消息"②的。

中华图书馆协会与美国教育存在有天然的联系,其主持人多为留学纽约公共图书馆学校或哥伦比亚大学(简称哥大,下同)图书馆学院的归国毕业生,是他们学习美国教育、推进近代中国图书馆事业而发动"新图书馆运动"的产物之一;故甫一成立,就邀请 ALA 派人来华具体指导,同年鲍士律受命来华考察图书馆状况,提倡推广通俗图书馆,受到热烈欢迎。

以中华图书馆协会为主体的中国图书馆学界积极参与国际交流,是从 1926 年参加国际图书馆会议暨美国图书馆协会五十周年

---

① 美国图书协会(American Library Association),1876 年成立于费城,总部设在芝加哥,在华盛顿特区设有办事处,编辑部在康州,拥有指导大学图书馆文献采选工作的杂志《选择》,是世界上最大的图书馆协会之一。ALA 的决策和立法机构是理事会,总部领导包括主席、8 执委、司库、理事。下设美国学校图书馆员协会与大学与研究图书馆协会等 11 个部门、国际关系与图书馆教学等 15 个协商会议、21 个专门的图书馆协会,致力于促进国际图书馆事业的交流活动。

② 费正清著,黎鸣、贾玉文等译:《费正清回忆录》,天津人民出版社 1993 年版,第 255 页。

纪念大会开始的。当时 ALA 拥有会员 8000 多人,公立图书馆(含加拿大)6600 余所,图书馆经费已达 3700 万美元,规模为世界第一。据与会首席代表郭秉文事后所呈报告称:大会于 1926 年 10 月 4 日至 9 日在费城、大西洋城举行,到会人数共计 2300 余人,除美国各州各重要图书馆及美洲各国之代表外,有英、法、德、日、俄等 24 国代表 50 人参加。大会主要召开过有大学图书馆、外国出版品足、图书目录、图书馆教育问题等 24 个分组会议,以及两次全体会议、特别会议;并陈列展览诸多新版图书、反映"该会事业进步之迅速"的统计表;至于所设"精美完备"①之图书馆展览,得到与会者的高度赞扬。会后还邀外国代表至重要都会参观图书馆,并游览名胜。

中国代表团阵营强大,虽仅为 24 个外国代表团之一,但派出了郭秉文、中华图书馆协会代表裘开明、济南图书馆协会代表桂质柏②、华美协进社代表寿景伟、武昌华中大学文华图书馆韦棣华女士等 5 人出席,占外籍代表的 1/10。团员与美国教育关系极为密切,除桂质柏稍后才留学美国外,郭秉文与寿景伟、裘开明是留美学生且身在美国,韦棣华更是在华执教的美国人。中国代表团在会中地位非常重要性,集中表现在郭秉文代表所受的礼遇上。郭秉文以华美协进社社长、芝加哥大学讲座教授的身份代表中国教育部及中华教育改进社出席,被作为"重要各国代表团领袖"受邀

---

① 蒋致远主编:《中华民国教育年鉴》(四),第 878—879 页。1926 年 10 月 29 日郭秉文写出报告,经驻美公使施肇基转呈教育部。

② 桂质柏(1900—1979),湖北江夏人,1925 年毕业于文华图书科,1928 年毕业于美国哥伦比亚大学图书馆学院,获图书馆学硕士学位。1931 年博士毕业于美国芝加哥大学图书馆学研究院,是我国第一个图书馆学博士,后任芝加哥大学远东图书馆馆长。

在有关国际图书馆事业的特别会议上演说，讲稿被载入会议记录，并受到隆重招待。

此后，中国图书馆协会积极参与国际图书馆教育交流，1927年参与发起国际图书馆协会联合会（IFLA），此后"历次大会皆派代表出席"①。1929 年派代表沈祖荣参加第一届国际图书馆及目录学大会，沈祖荣"在此次会议中以及会后游历各境之际，均代表我政府乐以沟通东西文化之责自任"②。1935 年仍派沈氏参加第二届国际图书馆及目录学大会。

美国图书馆学界自向华派出鲍士律后，继续关注中国图书馆教育的发展，如美国圣公会及其妇女图书研究会就每年补助文华图专上万美元，到 1942 年美国图书馆协会在章程修订时将宗旨"促进全国图书馆的利益"改为"促进全世界图书馆的利益"，在战时帮助更加主动，通过两个项目积极支持中国同行：其一是该协会东方与南太平洋委员会主席、前爱荷华大学图书馆馆长 Charles H. Brown 热心策划的"赠书到华"项目（Book for China），有书 20 箱，书 418 种，期刊 337 种③；其二是"战后中国图书馆发展"计划。早在 1943 年，ALA 国际关系室就已经编制出一份图书馆专家的名单，准备战后帮助中国重建图书馆事业，并拟邀请200 个中国学生到美国研读图书馆学专业，但由于专业以外的原因后一项目未曾实现。中美图书馆界交流，其中包含有赵元任夫人杨步伟、费正清夫人威尔玛（费慰梅）两位女士的努力。

①　蒋致远主编:《中华民国教育年鉴》(九)，第 847 页。
②　蒋致远主编:《中华民国教育年鉴》(四)，第 879 页。
③　蒋致远主编:《中华民国教育年鉴》(九)，第 896 页。

2. 馆际交流

中国公共图书馆、大学尤其是新教大学的图书馆,经常与美国图书馆学界进行图书出版物的交换,而国立中央研究院国际出版品交换处"专门办理国际出版品交换事宜"①。其间,可见美国专家的身影,更可常见留美学生的主持,如燕京大学图书馆在洪业、梁思庄等馆长的主持下与哈佛燕京图书馆有经常的馆际合作。其中最频繁且影响最大的应算袁同礼②主持的中基会北平图书馆(简称平图,下同)与美国国会图书馆之间的馆际合作。

1929 年京师图书馆与北海图书馆合并成为中基会北平图书馆,8 月新馆落成,袁同礼为副馆长开始代理蔡元培负责一切,后又任馆长至 1948 年。他在任内建立了平图各种规章制度,开展图书馆业务,热情接待包括恒慕义、费正清等留华学生在内的中外读者,广泛罗致、培养人才,曾派严文郁、王崇民、向达留学德、法、英等国,并派汪长炳、徐家璧、邓衍林、吴光清等赴美协助国会图书馆工作或学习,并创办《北平图书馆馆刊》,编辑多种目录和索引等,把平图建成现代图书馆的楷模,深获各界好评。1945 年,袁氏在赴美参加联合国会议后获匹兹堡大学名誉法学博士学位。平图对外学术交流密切,尤其与美国国会图书馆有各方面的往来,影响

---

① 蒋致远主编:《中华民国教育年鉴》(四),第 878 页。
② 袁同礼(1895—1965)河北徐水袁氏三昆仲的老大。1916 年北京大学预科毕业,入清华学校图书馆工作,转年升为图书馆主任。1920 年赴美,毕业纽约州立图书馆专科学校。1924 年归国任广东岭南大学图书馆馆长,翌年任北京大学图书馆馆长。在京师图书馆、北平图书馆先后赞襄梁启超、蔡元培,与刘国钧等人长期主持任中华图书馆协会。1957 年曾供职斯坦福大学,转美国国会图书馆中国文献顾问,并在有关中文图书编目、留美学生调查及博士论文统计等方面成果显著,1965 年退休。

大、牵涉面广的交往要属该馆善本寄存美国国会图书馆①一事。

抗战初起,袁同礼鉴于日军的文化毁灭政策及"一二·八"事变中日军炮击商务印书馆致使其涵芬楼所藏宋、元、明珍本毁于兵火的恶劣先例,乃决定实行文物尤其是善本的大转移。先是 1933年开始将本馆文物南运上海租界临时办事处仓库,然后随战事激烈将再次精选的南运之甲库善本 102 箱,2720 种,约 3 万册的无价之宝,其中包括六十册《永乐大典》、214 种宋元版、明修稀本方志、戏曲小说版画、明人诗文集、510 件舆图等精品②,专门委托平图上海办事处的钱存训设法运美国暂存。在平图上下的努力下,于 1941 年秋分为三批秘密通过已被日军封锁的上海海关,历尽艰难,运到美国寄存。万幸的是,赶在珍珠港事变前安抵美国国会图书馆。其间,关心祖国教育文化事业的胡适利用自己同国会图书馆东方部主任恒慕义的私交和驻美大使的特殊身份为疏通各种环节起了关键作用。整个过程中,他与袁同礼保持密切联系,就近指挥钱存训、王重民等办理有关事宜;还曾出面致信商务印书馆董事长张元济借用旧书箱,将善本与胡适、恒慕义向商务所购之书混装一起,由胡适等疏通关节打着国会图书馆在华购书名义,免于事先

---

① 美国国会图书馆,是美国的国家图书馆,也是全世界最大的图书馆,成立于 1800 年 4 月 24 日,位于华盛顿东南一街,主楼托马斯·杰斐逊大楼建于 1887 年,是当时世界上的最大而耗资最高的图书馆建筑物。原来是只供国会议员立法委员会质询参考所用,后也为政府的行政与司法等机构以及全美和世界各国的图书馆服务,并对外开放。它重视中国文化和图书,从 1840 年就开始收藏中文典籍,1928 年在杰斐逊大楼设立亚洲部(东方部)中国文献部,由曾在中国长期生活的恒慕义担任主任;1939 年新建成约翰·亚当斯大楼的大铜门上 12 个雕像中,就有一尊是中国象形文字的鼻祖仓颉。

② 参见台北故宫博物院网站:http://www.npm.gov.tw/dl/plan08/plan_0_01.htm。

已被日军所控制的海关的严密检查,由美国商船转运公司安全运抵美国①。事后,应美国国会图书馆馆长和美国国务院之邀,胡适特前往书库察看远涉重洋的中国宝藏。袁同礼为了永久保存这批稀世奇珍,与美国国会图书馆达成协议,由美方出资代为摄制缩微胶卷,并派王重民具体负责。5 年之中,每一书皆由王氏从原装书箱内取出,加以著录,并撰写提要,然后由王交缩微部,再由王归还原箱,最后完成胶卷 1070 卷,长 11920 英尺②。袁氏 1949 年再次赴美,任斯坦福大学研究院编纂主任,稍后更应聘为国会图书馆中国文献顾问,成为在馆善本的守护神。

在北平图书馆与美国图书馆合作的职员中,还有几位值得注意。1930 年任平图编纂委员会委员兼索引组组长的王重民虽非留美学生,但于 1939 年以协助整理馆藏中国善本古籍的名义被派往美国国会图书馆,1947 年归国任平图参考组主任。北平图书馆南京分馆——南京工程参考部主任钱存训,1947 年作为平图交换馆员到芝加哥大学图书馆工作(担任馆长)和进修,与夫人许文锦女士将 1936 年以来芝加哥大学图书馆所积存的十多万册中文藏书加以整理和编目,为芝加哥大学远东图书馆日后迅速发展奠定了基础。

而国会图书馆主动加强同中国的合作,增收中文资料:恒慕义主任 1939 年特别邀请燕京大学图书馆中文编目部主任朱士嘉赴美整理其东方部特藏的中国地方志。朱氏编就《美国国会图书馆

①　参见中国社会科学院近代史研究所中华民国史研究室编:《胡适往来书信选》(中),中华书局 1979 年版,第 51、521、553 页。

②　胶卷由美方发售,权充代管费,各大图书馆可见,原本 1965 年运抵台北"中央"图书馆。参见张秀民:《袁同礼先生与国立北平图书馆》,《北京图书馆馆刊》1997 年第 3 期。

中国地方志目录》，著录了2900多部地方志。这堪称是《中国地方志综录》的姊妹篇，为中美学界了解该馆馆藏提供了极大的方便。恒慕义利用资料，还和房兆楹、杜联喆、王重民、齐思和、费正清等中美人士合作，编撰有《清代名人传略》和《国会图书馆分类法》，促进了中美图书馆学交流。

此外，贾天纳与周一良、杨联升等有图书馆学方面的私人交往，而韦棣华与文华图书科诸生的交往则比较持久有序（详见第六章），中美图书馆学交流成为中美之间较早进行的有组织进行的领域之一。

二、世界教育会联合会上的互动

19世纪末20世纪初，世界教育文化事业开始飞速发展，世界性教育思想浪潮已经出现，国际教育团体如国际教育局、国际新教育协会、国际成人教育协会等纷纷成立。1922年有多种教育会议通知中国参加，如当年在比利时首都召开的第五次家庭教育大会、翌年举行的旧金山万国教育会议与日内瓦万国成人教育会，等等。此前中国朝野对此并未太在意，1921年8月参加在檀香山召开的联太平洋教育会议，因"准备不足，虽有好的代表，不能得满意的效果"[①]；到1922年2月在菲律宾开远东教育会，更因政府通知太迟竟不能成行。经过新文化运动与五四运动的洗礼，中国教育界和进步知识分子开始认识到："国际的教育运动，是一天多似一天的；我们是一定要参与的；我们以前参与这种运动是无准备的；以

① 华中师范大学教育科学研究所编：《陶行知全集》（一），湖南教育出版社1984年版，第238页。

后的准备,一是要靠着自有的成绩,二是靠彻底的自明,自己有成绩,才能和人交换;自己明白自己,更是和人解决问题的初步。"①20 世纪 20 年代初,新学制业已制定,新的大学纷纷涌现,中国新教育正在加速发展,各界都有意加强国际教育文化的交流与合作,推进国内的教育改革与社会进步。于是大家吸取教训,在政府的支持下开始积极参加国际教育组织,特别注意与美国展开密切合作,在万国教育会议上表现尤为典型。

1. 美国的邀请与中国的响应

万国教育会议,又称国际教育会议,是当时中国对世界教育会联合会(World Federation of Education Association,简称 WFEA,下同)的俗称,由美国教育联合会发起成立。1923 年大会有时虽称"第一次世界教育会议"②,实际上是一次临时大会。当时世界上盛行和平主义的浪潮,在美国这个世界最富裕的国家里的教育界盛行进步主义教育思潮,有意向世界传播,"组织一永久的世界教育机关,谋全球教育精神之统一,将以教育之力,增进人类间之和平幸福"③,达成世界和平与社会进步的共同心声。美国教育联合会外国关系委员会会长 Augustus O. Thomas 于 1923 年初发出通告,决定在当年于旧金山奥克兰(Oakland)年会期间,连带举行世界教育会议,故广泛邀请各国教育组织与机关、尤其欢迎环太平洋地区的国家与地区派代表与会。

---

① 华中师范大学教育科学研究所编:《陶行知全集》(一),第 240 页。
② 《教育界消息·第一届世界教育会联合会大会纪》,《教育杂志》第 17 卷第 10 号,1925 年 10 月。
③ 《教育界消息·世界教育会联会举行之消息》,《教育杂志》第 19 卷第 3 号,1927 年 3 月。

　　鉴于该会是"世界上教育界第一次的大结合"①,中华教育改进社全力主持国内参与 WFEA 的筹备。在准备好代表团的报告书的同时,总干事陶行知代表该社撰写了英文稿《中国教育之统计》,吁请各大学提供教育类出版品,并在《新教育》杂志上陆续发出《对于参与万国教育会议的意见》(第 4 卷第 3 期)、《派代表赴万国教育会议之筹备》(第 6 卷第 4 期)、《筹备推举赴万国教育会议之事项》(第 7 卷第 1 期)等通告,并发表《万国教育会议宣言书》(第 4 卷第 3 期)等文件以争取舆论。当时的北洋政府对此比较支持,各界也热烈响应。大家认为,"这种会议,如果办理得好,从小的方面看,可使到会各国交换知识;从大的方面看,或可解决些国际教育问题,以谋世界文化的改造。我们若不想在世界文化上占一地位也就罢了,如果是想占地位的,那对于这种会议也免不了要参加的"②,纷纷寄送反映中国新教育进步的各种出版物及相关资料,其中以东南大学(校长郭秉文)、《新教育》杂志社(主干陶行知)、北京大学(代理校务蒋梦麟)等单位提供的材料最多、最有说服力。

　　经过各界的共同努力,中国代表团组成了。1923 年 6 月 7日,代表团在赴美舟中"开第一次会,决定组合中国代表团"③,互推郭秉文为主席,林立、李建勋为交际,汤茂如、陈时、高鸿绪为编辑,并邀同舟留美的顾若谷加入代表团,后来在读留美学生殷芝龄

---

　　① 《为万国教育事业敬告全国教育界同人》,《中华教育界》第 12 卷第 8 期,1923 年 3 月。

　　② 华中师范大学教育科学研究所编:《陶行知全集》(一),第 238 页。

　　③ 殷芝龄:《世界教育会议之经过》,商务印书馆 1923 年版,第 8 页。殷芝龄,生于 1897 年,纽约大学 1923 届博士,毕业论文《中国教育组织的改革》1924 年由商务出版。殷回国后加入中华教育改进社,并就世界教育会议作过报告。

作为自由代表列席。

1923 年 6 月 28 日在旧金山土人大讲演厅（Native Son's Hall）
行开幕礼,7 月 6 日结束。东道主尤为热情,由旧金山市长长路夫
（J. Ralph）代表旧金山、斯坦福大学前任校长朱尔典（D. S. Jordan）
博士代表加州致欢迎词;希腊代表巴拿古蒲路（C. A. Panagopou-
los）、英国代表伦敦大学教授亚当（J. Adams）等致答词演说。到会
者有六十国代表,共讨论研究国际合作、教育消息传播等 8 大股问
题,通过了建议各国使馆添设教育参赞或派教育代表、设立世界教
育研究及宣传局等 8 个议案;最后通过了临时宪法,宣告成立永久
机关"世界教育会联合会",宣称"以谋获国际间教育事业之互助,
鼓励国际间、种族间教育消息之传播,培植国际间之好感,增进世
界和平之兴趣"①为宗旨,选举美国 Augustus O. Thomas 为会长,郭
秉文（Pin Wen Kuo Dr.）为临时副会长,领袖亚洲;英国圣氏伯利
（E. J. Sainsbury）博士为另一临时副会长;密苏里大学威廉
（Charles G. William）为书记兼会计,建立总部临时董事会,总部暂
设于纽约,并决定全体大会隔年举行一次,区域集会（亚洲、欧洲、
美洲）与大会间年各在本洲举行。这次临时会议考虑周详,措施
得力,"实为产生世界教育会联合会之主动力"②。

当初,A. O. Thomas 特别"希望太平洋沿岸各国当选派其教育
思想及实行界之领袖前来赴会"③。中国代表团主席的优异表现,

---

① 《教育界消息·中国与万国教育会议》,《教育杂志》第 15 卷第 9 号,1923
年 9 月。

② 《教育界消息·第一届世界教育会联合会大会纪》,《教育杂志》第 17 卷
第 10 号,1927 年 10 月。

③ 《世界教育新潮·美国全国教育联合会与世界教育会议》,《教育杂志》
第 15 卷第 7 号,1923 年 7 月。

是对这个呼吁的最好回应,殷芝龄亲见"吾国出席代表,对所负责任有胜任愉快之才,如吾国领袖郭秉文氏于会议开幕时演说,不但声语动听,所演之题意,颇合此次会议之性质,故闻者莫不鼓掌"①。巧的是,在呼吁者当选为会长的同时,最佳响应者当选为副会长,珠联璧合,为中国教育界争取到了公认的地位。极为振奋的国人认识到:"到会者实有五十余国之多,而我国代表,竟得此荣誉,实为空前未有之举。"②殷芝龄1923年回国后在中华教育改进社第二届年会上报告时说:"可见我国于国际间,尚有多少信用,吾人决不可自暴自弃。惟现时所选举为临时,须俟各国教育联合会加入后所选举者,方为正式的。"③中华教育改进社因此通过议案《贺中国赴外国教育会议代表之成绩》,并邀请其下届会议在中国召开。这标志着中国教育界已完美地融入国际教育大家庭,增强了中国教育界同世界各国之间的联系与了解。

2. 中美两国教育代表团的会内交流

WFEA 是一种以定期召开大会的方式团结世界教育界的一种国际教育组织,中美两国教育界每次与会都相当积极。美国教育界对于第一次大会"在爱丁堡开会之世界教育会,极为注意",特备海船 Canopic 专送代表直达英国格拉斯哥④,代表有主席哥大师院院长 W. F. 罗素,该院教授 P. 孟禄、W. C. 巴格莱以及临时董事会美国成员等五六百人。中国代表由郭秉文率领凌冰、黄建中、陈

---

① 殷芝龄:《世界教育会议之经过》,第65页。
② 华中师范大学教育科学研究所编:《陶行知全集》(一),第539页。
③ 《社务会议记录》,《新教育》第7卷第2、3期(合刊),1925年1月。
④ 《欧美教育杂讯·美国全国教育联合会出席世界教育会议代表》,《教育杂志》第17卷第7号,1925年7月。

实谔、王志莘①四代表携有中华教育改进社及全国省教育会联合
会所编印之《中国教育概况》、《中国平民教育》等印刷品多种与
会,蔡元培代表因事不能赴会。除代表外,尚有中国代理驻英公使
朱兆梓及留英中国学生数人②列席。中美两国代表团主事之人要
么是熟人,要么是旧日哥大师友;而且汤姆斯与郭秉文自此连任三
届正副会长,在 WFEA 中协同合作了四届 8 年。其间,郭秉文不
容于国内当道,但在世界教育舞台上仍享有不可替代的盛名。在
1927 年加拿大多伦多会议上,日本代表团领袖倚仗本国国际影
响,妄图凭借强权大搞金钱攻势,"极力请宴各国代表,冀得被选,
然副会长卒为郭秉文所得"③。这种惊人的成功产生了巨大的国
际反响,著名的英国路透社 8 月 13 日从加拿大朗图(按:即多伦
多)发出电讯扼要宣告:"两年举行一次之世界教育会大会,举出
上海郭秉文为副会长之一。"④就在这届会议上,郭秉文还担任该
会国际和平教育组的委员长。这就难怪在"各国人士的眼睛里,
中国人在外交界上只有顾维钧、施肇基,教育界上只有郭秉文。"⑤

　　郭秉文参与了历届 WFEA,与继任会长孟禄的公交私谊更为
密切。孟禄是其恩师,曾为其博士论文作过序文,后来又多有交
往,合作起来更是得心顺手。在郭秉文副会长与美国籍正会长十

---

　　①　王志莘(1896—1957)上海人,1923 年刚从哥大硕士毕业,绕道欧洲回国
时为郭所邀,回国后任教于上海商科大学。
　　②　《教育界消息·第一届世界教育会联合会大会纪》,《教育杂志》第 17 卷
第 10 号。
　　③　《第三届世界教育会联合会记略》,《教育杂志》第 19 卷第 10 号,1927 年。
　　④　《教育界消息·杂讯·世界教育会联合会之中国副会长》,《教育杂志》
第 19 期第 9 号。
　　⑤　中国社会科学院近代史研究所中华民国史研究室编:《胡适来往书信选》
(上),中华书局 1979 年版,第 324 页。

年的合作过程中,WFEA 赢得了世界各国的广泛支持,每次大会期间当地市政当局也都热情致意,教育界和政府俱派代表出席,中国大学院院长蔡元培的贺电便曾于 1927 年大会上由黄启明代表当众宣读,引起热烈反响;还团结到众多国际组织的支持,国际劳工局、世界红十字会代表不时积极与会;尤其紧扣时代的脉搏,根据时局通过有针对性的议案,提出诸如"1929 年的日内瓦"的口号,产生了广泛的国际影响。可参照表 5 - 1 - 1:

表 5 - 1 - 1　WFEA 前四次大会各国与会代表人数简况

届别	地点	时间	人数	国别	中国	日本	通过议案
临时会议	旧金山	1923	200 余	60	10		关于国际亲善案
第一次	爱丁堡	1925	近 1600	47	5	10	国际好感日
第二次	多伦多	1927	2000 余	30 余	8		反对强迫军事教育案
第三次	日内瓦	1929	1500 余	48	14		拥护裁军议案

资料来源:据 1923—1929 年《新教育》、《教育杂志》有关文章整理编制。

当时的国际组织如国际新教育协会以欧洲为主,与教育界自身以外的力量联系不够;国际成人教育协会太局限于学校之外,缺乏整体性。相对说来,在郭秉文和美籍会长的合作主持下,WFEA 更能代表国际教育界大联合与整体化的趋势,是联合国教科文组织成立以前最权威的国际教育团体。随着该会的日益壮大,郭氏的国际地位日益显赫。这一方面标志着中国新教育逐步得到了国际认同而获得应有的国际地位,曲折地反映了中国国际形象的改善;另一方面,这表明了郭秉文的中外文化教育交流成绩已得到国际文教界的广泛肯定与褒扬,成为国际教育界的资深领导人,从而以更良好的国际资质、在更广阔的国际活动空间内,进行中美、中外文化交流。

就在中美教育界在 WFEA 中友好顺利合作的时候,日本法西斯使中国与该会的关系突然转冷。本来在此之前中国对该会仍充满热情,如 1933 年伦敦大会上罗廷光就中国社会教育作过精彩发言,1937 年东京大会召开前的 5 月 28 日副会长孟禄还在四川等地访问;为精心准备参加东京会议,6 月 20 日中国代表到中央政治学校开"出席世界教育会议代表第一次集会",公推胡适为主席,商议"结果甚好"①。孰料,东道主悍然邀请伪满洲国派代表参加,理所当然遭到中国方面的反击。7 月 11 日,中国教育学会团体联合办事处召开紧急会议,议定"坚决不参加世界教育会议,并就其准许伪'满洲国'参加一事,向大会提出抗议"②,从此中国与之失去了联系。但不管怎样,该会在与中国保持密切联系的 15 年中,是中国教育界对外自我展示的窗口与国际同行联络的纽带。二战爆发后该会工作陷于停顿。战后该会名字仍见于国人口中,但指的是联合国教科文组织,地位也为其所取代。

中国教育界在留美学生的带动下,继续积极参与国际教育活动。二战后,我国曾派中华职教社的钟道赞参加第十届国际公共教育会议,派唐培经参加美国举行之国际统计学大会,派李方桂参加美洲人种语文学国际会议,派中山大学心理系蔡乐生参加美国举行之美国心理学年会③。这一切有利于中国教育界对世界教育科学整体态势的把握,缩短了同国际学术、学科前沿的差距,提高

---

① 曹伯言、季维龙编著:《胡适年谱》,安徽教育出版社 1986 年版,第 535 页。

② 《教育史之半月旧闻新刊》(7 月 1—15 日),K2 教师频道 http://www.k12.com.cn。

③ 参见蒋致远主编:《中华民国教育年鉴》(九),第 898 页。

了中国教育的国际化程度,中外教育交流因此大大加快。

三、太平洋关系学会上的合作

20 世纪上半叶,与其政治上的孤立政策截然不同,美国教育、经济政策愿意自居世界的龙头,积极发起成立太平洋关系学会,推动沿太平洋国家的教育交流。太平洋关系学会(IPR)的译名到现在还未统一,因它是"一个重要的探究和探讨远东国家和西方大国之间的关系问题的组织"[1],故最初叫太平洋国交(讨论)会,后改为太平洋学术会议,日本译作太平洋问题调查会。它是由美国基督教青年会最先倡议、结果却并无宗教气息的国际学术团体。它同 WFEA 共同点很多:同年成立,最高实权人物(会长或秘书长)俱为美国人,总部在未有永久会址之前都设在美国,均在纽约注册,同是民间的国际文教组织。不同的是,IPR 行政工作由暂时设在纽约的国际秘书处负责[2],没有组织较为严整的总部董事会,相对较为松散;最大的不同是 WFEA 未在中国大地上举行过,但 IPR 离开美国本土召开的第二次会议即第四次会议就在中国上海举行,在这一方面说来,会内中美教育界更为平等。

1. 晏阳初及其平民教育思想与美国代表

本来,美国基督教青年会于 1919 年倡议且商定于 1925 年 7 月在檀香山召开太平洋学会。但时任斯坦福大学校长的韦尔伯

---

① Chih Meng, *Chinese American Understanding*, A Sixty-Year Search, China Institute in America, New York, p. 110.

② 颜惠庆著,吴建雍、李宝臣、叶美凤译:《颜惠庆自传———一位民国元老的历史回忆》,商务印书馆 2003 年版,第 304 页。

(Ray Lyman Wilbur)博士反对召开这样一个宗教会议。他曾说：
"生平最感兴趣的三项工作是教育、医学与社会改善。"当时，他正
主持"太平洋岸执行委员会"以推动"太平洋沿岸的东方人"的问
题的研究，力求找出对亚洲移民特别是对华工的歧视的原因并加
以消除；所以对拟议中的太平洋会议愿意在其改变宗教宗旨的前
提下尽力给予协助。1925 年 2 月，由韦尔伯博士召集关心太平洋
事务的有关专家在纽约会商，决定组织"太平洋关系学会"，互推
韦尔伯为执行委员会主席，卡特(Edward Carter)为执行秘书，并决
定仍按原定时间开会，坦诚讨论太平洋沿岸各国有关问题，"增进
相互了解和睦邻友谊，寻求建设性途径达到各国人民的福祉"①。
中华基督教青年会全国协会总干事余日章一直密切关注该会的筹
备。1925 年 2 月约上海各公团代表商议成立"太平洋国民会议中
国筹备会"，推定筹备委员 50 人，组成执行委员会，互推余日章为
主任，设立专门委员会，当时推定出席代表 15 人：王季玉、罗有节
二女士及温世珍、晏阳初、陈达、陈立廷、李绍昌②等，并以各国取
消在华领事裁判权、中国关税自主、华侨应受公平待遇为中国
提案③。

　　是年 7 月 1 日大会开幕(先一日推定韦尔伯为议长主持大
会)，111 名代表共来自中国、美国、日本、朝鲜、菲律宾、加拿大、澳
大利亚、纽西兰、夏威夷等国家和地区。会议集会分全体讨论、分

　　①　吴相湘：《晏阳初传》，岳麓书社 2001 年版，第 638、93 页。
　　②　李绍昌，著名华人学者，祖籍香山，1891 年生于广州，毕业于岭南大学。
留学耶鲁大学，与晏阳初同班，1918 年硕士毕业于哥伦比亚大学。1922 年起在夏
威夷大学担任中国语言和文学教授，是当地侨界名流之一。1943 年任密歇根大学
中国文化教授。
　　③　参见陈立廷：《太平洋国交会讨论会第一次会议》，《东方杂志》第 22 卷第
9 号，1925 年 5 月，第 38—39 页。

组讨论与晚间公开演讲三种形式进行。只有后者是公开的,欢迎参加。由分组会议主席先一日决定次日演讲题目与人选,其讲题又须为全体讨论及分组讨论即将讨论的主题,中国代表有 5 人被选作公开演讲。7 月 6 日晚由中国代表 3 人主讲:陈立廷讲《今日中国及中国之外债问题》,陈达讲《中国切望解除不平等之条约》,晏阳初讲《中国一建设力量——平民教育》,深受听众欢迎,在当地华人世界引起重大反响,会后即成立了"檀香山平民教育委员会",而该会议长韦尔伯也高度评价了中国平民教育运动。相对于 2 年前在太平洋西海岸城市旧金山世界教育会议的无所不包而言,这次会议的成果更为专门深入,中国平民教育运动开始走向世界,晏阳初也在美国初步获得声望,而中美教育界通过此次会议开始产生共鸣。

　　1927 年 7 月 15 日第二次大会仍在檀香山召开,英国首次参加。连任主席的韦尔伯在致辞时高度赞扬"中国平民教育运动的报告,给大会出席代表以极大的印象"①。晏阳初这次并未出席。1929 年参加完第三次东京大会的美国代表索威尔(Dr. James T. Shotwell)及卡特都曾来定县参观考察平民教育。

2. 胡适等与美方人士的会内合作

　　在各国热心太平洋事务的专家的参与下,IPR 已经完全成为一个民间组织,一个不涉及任何政府、教会、种族等关系的国际组织,拥有自己的会刊《太平洋事务》。自 1933 年开始由离华返美的拉铁摩尔长期担任该刊编辑,对太平洋沿岸各国情况作过许多真实的报道,该会许多高级职员因此纷纷成为国际知名的中国政

---

① 　吴相湘:《晏阳初传》,第 102 页。

治问题专家。虽然中国首次与会是由余日章总干事所领导筹备的,但与会时并无宗教色彩的言论。此后,中国主动与会的界别与人士多了起来,留美学生尤其活跃。

胡适表现最为活跃,曾多次与会。1931 年 10 月 21 日至 11 月 2 日,胡适到上海参加太平洋关系学会,并任会议主席;1933 年 8 月 14 日至 28 日到加拿大班府出席第五次大会,在宴会席上讲《太平洋的规律》;1936 年 7 月 14 日由上海启程赴美国出席第六届学会,1945 年 1 月 6 日至 17 日在美国弗吉尼亚州温泉城出席第九次会议。胡适还于 1935 年 4 月 13 日在《太平洋事务月刊》第 12 卷第 7 期发表英文稿《日本领事会议对抵制日货问题——胡适论合作》,1944 年 5 月在《太平洋事务月刊》第 17 卷第 2 期发表英文稿书评《中国人民简史》。1945 年,他还发表文章《论一般主要题目为战后太平洋之安全及发展》①。1943 年底,他另为蒋梦麟校正《西潮》一书的英文稿(为太平洋国际学会而写的早年回忆录,耶鲁大学出版社 1947 年版)。

此外,颜惠庆曾被邀请担任杭州大会主席。这次会议因中日冲突的爆发后来改在上海举行。但颜很快被任命为驻美公使,故主席职务由胡适接替。1939 年,学会决定在加拿大的维多利亚城举行年会,学会秘书长爱德华·卡特来到上海和重庆,商议中国代表团出席会议事宜,颜再度被邀请出任中国代表团团长。另外,陈衡哲曾 4 次代表 IPR 中国理事会出席参与大会。

3. 南开大学与太平洋关系学会的合作

IPR 本质上是一个为问题研究而起的美国文教组织,十分注

---

① 《太平洋学会开幕》,重庆《大公报》1945 年 1 月 7 日。

重对一些有价值的环太平洋研究课题提供研究经费。重视问题研究、较早成立有关专门机构的南开大学与它有着良好的合作关系。

南开大学东北研究会就因为这样得到它的资助。该会 1927 年成立，原名满蒙研究会，翌年 10 月改为东北研究会。东北移民问题曾受到 IPR 的重视，两次资助东北研究会 4000 美元的经费；而由萧遽（按：即萧公权）撰写的《东北经济资源与发展》的研究报告曾提交 IPR 讨论，受到与会者高度评价，后来在《太平洋事务》月刊上发表。东北研究会接着编印了《满洲》（Manchuria）一书，主要论述东北的铁路和资源，提交给 1929 年 IPR 东京会议①。经济研究所稍后于 1928 年成立，初名社会经济研究委员会，与美国学术团体理事会、罗氏（洛克菲勒）基金会全国社会科学部、斯坦福大学食品研究所均有所交往，在国内外享有较高的声誉。1928 年，IPR 秘书爱德华·卡特与南开经研所长何廉有过深入会谈，IPR 该年在日本奈良召开的国际研究委员会建议以三年为期、每年 7500 美元资助经研所对山东、河北人口向东北边疆迁移运动的研究，后又拨款资助该所研究华北的工业化（为期三年共 15000 美元）②。此后，IPR 与罗氏基金一样，对南开资助甚大，与南开继续保持合作。

IPR 是一个纯民间、纯学术的公益性社团，故能较少受政治观点的干扰，能够相对客观地看待世界和中国，早期在制造舆论和在美政府制定亚洲政策方面曾起过重要作用。因为它的对华态度相对友好，加上它由拉铁摩尔、韦尔伯、卡特等"中国通"主持，故在美国右派政客眼里，该会与《美亚》杂志一样，都是激进的，在五十

① 参见南开大学校史编写组：《南开大学校史》，南开大学出版社 1989 年版，第 196 页。

② 参见何廉：《何廉回忆录》，中国文史出版社 1988 年版，第 45 页。

年代初被美国麦卡锡主义作为重点打击目标之一,活动陷入停止,但其工作却由外交政策协会接过来,赓续进行。

第二节　有组织的官方中美教育交流

官方的中美教育交流的出现比民间的稍慢,但是从一开始就组织更好,规模更大,显得更正式,甚至和政府协定乃至外交联系在一起。虽然至 1869 年才有美国种子换中国图书的举动,但真正的官方中美教育交流应是幼童留美开始的。随着留美学生在各界影响的增大,有组织的官方中美教育交流不断壮大。

一、容闳与官费留美

容闳因促成幼童留美而成为"中国留学生之父",这一点大家都知道;但容闳最终是以政府官员的身份获得这一称号的史实,则被大家忽略了。从他当时的社会身份、工作地点、经费来源及其与同事、上司的关系来看,这种分批派遣实质上是一种有组织的官方中美教育交流。

容闳是一个真正的官员。如果说他前期作为运同衔江苏候补同知还是两江总督曾国藩的幕僚的话,那么后来升任驻美公使副使,则是晚清正式的外交官员。况且,出(驻)洋副委员(即留美学生副监督)也是名正言顺的、为皇帝认可的官衔。当初,他就以这个头衔先期赴美,同美国各界商量"预先布置学生住宿诸事"。容闳先是听从友人海德列先生(Prof. James Hadley)、康州教育司拿德鲁布(Northrop)的建议,暂将学生分散寄居美国友人之家,为"易于分配学生"将办事处设在"新英国省中心点斯不林非尔"

（Springfield,即麻州春田）；后又听从"拿德鲁布及他友之言"①,乃迁居于康州首府哈特福德之森孟纳街（Sumner Street）就近管理学生,但仍留原处为分批次分派学生。后来他又以官方身份监修永久办公之地——中国留学事务所。容种种规划与努力表明,幼童的留美是有组织、有规划、有依靠的,因而保证了派遣的顺利进行。第二批留美幼童温秉忠的回忆也可证实容闳的成功努力②。

　　其实,容闳负责幼童留美事务,也是曾国藩与清廷认真考虑的结果。曾国藩鉴于"携带幼童委员,联络中外,事体重大,……非坚韧耐劳,不足以膺是选",特选中曾助他成功购买"制器之器"、"谙习外洋风土人情,美国尤熟游之地,足以联外交窥秘钥"③的第一个留美学生容闳具体负责;并就"中国派员,每年选送三十名至彼中书院肄业缘由,……悉照美国向章办理"④向美国公使先期说明,并照会美国总统。正因为容闳的计划利于"西人擅长之事,中国皆能究知,然后可以徐图自强"⑤,所以清廷才破天荒放下天朝大国的架子,作出向美国教育学习的决策,从江海关洋税项下指拨所需经费。这也可以看出,幼童的派遣是属于中美官方之间的有组织的教育交流。

　　最后,留美幼童的兴废还牵动美国当局,也可侧证容闳进行的是一项官方的中美教育交流。也正因为清廷愿向美国教育学习,美国"君臣喜中国振奋有为,遇事每能帮助";在出洋时美国驻华

---

① 容闳:《西学东渐记》,中州古籍出报社1998年版,第155页。
② 参见陈学恂、田正平编:《留学教育》,上海教育出版社1991年版,第114页。
③ 陈学恂、田正平编:《留学教育》,第90页。
④ 曾国藩:《曾国藩全集·奏稿》(十二),岳麓书社1994年版,第7335页。
⑤ 《奏带陈兰彬至江南办理机器片(同治九年九月十六日)》,《曾国藩全集·奏稿(十二)》,第7134页。

公使镖斐迪也甘受总理衙门和北洋大臣"函托"而细心"照料"①。但一旦清廷半途裁撤留美幼童，美国公使安吉立马上发来公函，委婉进行质询，略谓"学生颇有长进，半路中辍实属可惜，且于美国颜面有损"②。幼童的裁撤与否关乎留学国的国家体面，印证了美方也承认容闳这一创举的官方性质。

容闳开创的官费留美，实质上是一种官方之间的教育交流，虽有兴废，但还是创始了一条有组织学习美国教育、大规模的培养人才以促进中国近代化的捷径。正因为如此，他不仅是"中国留学生之父"，还是"留学教育"之父，他的"姓名应该铭记，也将被铭记，而且不仅是在中国"③，其肖像于 2000 年 5 月 5 日进入了耶鲁大学的名人堂，接受中外学生的瞻仰。而他与 1909 年撰就的回忆录 *My Life In China And America*（商务印书馆版译本名为《西学东渐记》），成为研究其教育思想和近代留学教育的重要史料，"西学东渐"一词也成为中外交流方面的使用频率极高的专有名词。

官费留美具有极大的开拓意义，开始了中美教育官方接触的先例；而曾氏负责在开办预备学堂与妥筹经费、出洋委员容闳负责在国外建立专职的留学生事务所的合作模式，在特定时间内给后来者以标准示范，以致有人说："中国出洋局之寿命虽很短促，但其影响所及实已非常深切，甚至很可以尊为主导中国的现代化之先驱。"④诸多护送、监督学生留学的出洋委员、留学监督因而成为清末民初的一景。就在四批留美幼童中，护送委员基本上由留美

---

① 中国史学会主编：《洋务运动》（中国近代史资料丛刊）（二），上海人民出版社 1961 年版，第 177—179 页。
② 陈学恂、田正平编：《留学教育》，第 148 页。
③ 容闳：《西学东渐记》，第 195 页。
④ 陈学恂、田正平编：《留学教育》，第 117 页。

学生充任。第一批护送委员的角色,事实上由先期赴美接洽的容闳承担;第二批由首批三人组之一的黄胜率领,时为1873年6月12日;第三批由祁兆熙带领于1874年9月19日前往,第四批由邝其照1875年10月14日离沪赴美。出洋委员是具有官方身份的中国官员,护送也并非普通的旅行送行,不但在语言上充当翻译,更要利用自身的关系和阅历、经验,为学生们找好学校,安顿一切。这就需要护送委员们和美国官方交涉、和大学当局沟通。后来两江总督留美出洋委员陈锦涛、外务部主事兼充游美学务处会办唐国安,以及后来清华驻美监督处的梅贻琦、赵元任,都是著名的以官员身份从事与美国交涉有关留学事务的人物。

二、庚款退还与中美教育交流

1881年留美幼童被裁撤了,但后来地方督抚们恢复了官费留美,而留美学生继续发挥作用,如施肇基①在1903年奉端方之命经理游学美、德、俄三国事宜,在1905年端方边考察美国宪政边游说哈佛、耶鲁等美国大学校长同意提供免费培养留美学生学额时以随员出现。但这些官费留美政出多门,不太统一规范,直至庚款留美才有较大改变。留美学生当然参与了美国庚款退还的谈判及其后续管理与使用。这是他们推动的官方中美教育长期交流的又一件影响深远的事例。

---

① 施肇基(1877—1958)字公立,江苏震泽人。1887年考入上海圣约翰书院,1893年起任驻美、俄使馆随员,1901年毕业于康乃尔大学,获文学学士学位,同年夏回国兼湖北省留美学生监督。历任外务部右丞、左丞,屡次任驻美公使,曾任唐绍仪内阁交通总长、张绍曾内阁外长等职,晚年代表中国出席旧金山会议,参与筹建联合国,著有《施肇基早年回忆录》。

1. 留美学生与第一次庚款退还、清华庚款留美

关于退还庚子赔款，自李提摩太首倡用部分英国庚子赔款办学创建山西大学以来，美国传教士率先响应，明恩溥（Arthur Smith）与韦棣华女士的活动最为积极。在中美两国经历了一场马拉松式的外交谈判中，留美学生出身的外交官以私下的真诚言辞、外交上的折冲樽俎，促使美国国会于 1908 年 5 月 25 日通过法案，授权老罗斯福总统退还中国庚子赔款① 1250 万美元及其利息，共约 2500 万美元。其中，1902—1907 年任驻美公使的梁诚立下了殊勋。

梁诚（1864—1917）原名丕旭，字义哀，号震东，广州市海珠区黄埔村人。他作为第四批幼童赴美留学，是阿默斯特学院 1885 届荣誉毕业生，1902 年以记名道员三品卿衔出使美国、西班牙、秘鲁三国大臣，时值"中国之友"——美国国务卿海·约翰（John Hay）提出"门户开放"政策之后，中美关系相当友好，海·约翰与罗斯福总统对梁诚也相当友好，而梁诚也在校友集会等各种场合宣传中美友谊，并于 1903 年获母校阿默斯特学院赠与的荣誉法学博士学位。本就怀疑赔款过多的他开始探讨美国减免中国付款的可能性。恰好不久世界银价下跌，1904 年 12 月上旬，他就中国的赔款是用黄金还是用白银一事，与美国国务卿海·约翰据理力争。梁诚在谈话间发现海·约翰有"庚子赔案实属过多"的意思，此后机敏地放弃了原定谈判战略，改为部分退还。他拟定了一个可能的削减计划，海·约翰同意向总统推荐，但因日俄战争爆发，罗斯福

---

① 《辛丑条约》分给美国 3293 万海关两，折合美金 2244 万美元，占全部赔款的 7.32%，在 11 国中排第 6 位。美国在偿还了本国侨民的损失后，率先将赔款的一部分退还我国。

介入战争的调停工作,以及后来海·约翰的去世而耽搁。此后,他继续利用各种关系在各种场合如通过接受《纽约时报》等媒体采访、发表演讲、与美国政府官员商讨等方式①,力陈退款理由,争取美国朝野以及舆论各界对赔款的支持,敦促美国退还部分赔款。在他有理、有利、有节的争取下,退赔一事取得了较大进展。1905年(光绪三十一年)4月,在柔克义离美赴华就任公使职之前,梁诚致函外务部,说赔款减额方面大有进展,而且他已和柔克义见过面,商讨过减额步骤,建议外务部在接见柔克义时准备好答复如何使用退款,也提出了他主张用来办学堂、派遣留学生的各方都欢迎的想法以供参考②。在梁诚和中美双方友好人士的共同努力下,退赔一事中有一个较明确的结果,1907年6月15日,美国正式通知梁诚美国的退款计划。1907年12月3日,美国总统要求国会授权,退还及取消超过美国实际损失额部分本息一共2700万元。1908年5月25日,国会在留下200万元余地的情况下,授权总统退还赔款。1909年元旦,退款开始实施。

美国退赔表面上说是无条件的,但希望用于遣派学生赴美留学,并把教育计划列为附件。1907年12月3日,美国总统罗斯福在国会宣布:"我国宜实力援助中国历行教育,使此繁众之国能渐渐融洽于近世之文化。援助之法,宜将庚子赔款退赠一半,俾中国政府得遣学生来美留学。"③1908年7月11日,美国核减赔款之文告由驻华公使柔克义送达我国,留美幼童、外务部尚书梁敦彦在协议上签字。另一留

---

①　参见朱祖凯:《中国学生留美一百五十年》,《美国研究》2002年第3期。

②　参见清华大学校史研究室:《清华大学史料选编》(一),清华大学出版社1991年版,第76—77页。

③　舒新城:《中国近代教育史资料》(下),人民教育出版社1981年版,第1105页。

美幼童唐绍仪1908年11月被任命为特使赴美鸣谢,并商定、确认庚款留美有关留美细节(按:另外肩负磋商东三省借款和谋求中、美、德三国联盟可能性的秘密使命)。唐氏女婿顾维钧回忆道:"中国政府用这笔款办起了清华学堂,培养准备赴美深造的中国学生。由于美国这一友好、慷慨表示,许多中国学生才能在完成清华预备班的学业后赴美国各大学深造。"①这就是庚款留美及清华学堂的来历。

当时,中美共商议定从1909年起,每年用退款派遣100名学生赴美学习,从第5年起减为每年不少于50名,依此循进,至1940年结束,期限32年。根据这一协议,外务部、学部两部共同组建游美学务处,全面负责游学事宜。留美生、外务部左丞参周自齐兼总办,会办为唐国安与留日生范源濂。

唐国安(1858—1913),字国禄,号介臣,广东省珠海市人,是清末民初留美教育事业主要兴办人之一。他作为第二批幼童留美,1879年入耶鲁大学法律系。曾任教于上海圣约翰书院,两任国际禁烟会议中国代表团代表,参与"庚款留美"事业的筹划,任全职会办,实际上担负着游美学务处的日常主要工作,第一批47名甄别生放洋就是由唐氏护送到美国的。他们从上海乘船远渡太平洋,横跨北美洲,行期20余日,抵达目的地即原来容闳所选的春田(Springfield)。唐国安和驻美学生监督容揆(留美幼童出身,容闳侄子,驻美公使馆参赞)根据学生的学习程度分别将他们安排于不同学校就读,并到各校考察留学生的学习和安置情况,见到"所有教授、管理诸法,均甚相合,诸生皆安心向学"。此次成功,为以后护送开了个好头。唐氏后任清华第一任校长,实行专款办学,两次扩大

---

① 顾维钧著,中国社会科学院近代史研究所译:《顾维钧回忆录》第一分册,中华书局1983年版,第360—364页。

校园,为庚款留美奠定了良好基础。庚款留美学生,从 1909—1929 年共派出 1279 名,另有 476 名庚款津贴自费生,10 名特别生,各机关转入清华的 60 人,共达 1825 人,培养了大批人才。

在短短八年间,美国从八国联军参与者一变为退赔首倡者,获得了各方的喝彩。以致当时中国社会普遍有一种"近来美国以退还庚款,大得感情于我,……以美此举,义声直镇天地矣"①的舆论,这一切与留美学生的长期奔波分不开。美国退还庚款,虽别有用意,是一种变质的"友谊";但在留美学生的用于官费留美的方针指导下,还是在很大程度上促进了中美理解与友谊,的确在客观上促进了中美两国教育交流,当事人之一的唐绍仪更理性地指出"退款兴学"乃"明智之举"②。经过留美学生和中美友好人士长期争取而来的庚款兴学,是中美教育交流史上的一件大事。

2. 留美学生与第二次庚款退还及中基会

五四运动前后,留美学生归国形成高潮,全面登上政治、教育舞台,不再局限于驻外使节一隅,对第二次退还发挥了更大的作用。第二次庚款退还是对第一次未尽事宜的善后与继续,因为当时美国对各种"损害赔偿"尚未做出最后的评价,而且截流了总统提案的 200 万美元。这次依然是政府行为,是不折不扣的官方中美教育交流。当时的国务总理、外交总长颜惠庆、顾维钧,曾经双双留美,驻美公使依然是施肇基。可以说,留美学生这次更是直接当事人、甚至是中国的合法代表,较第一次退还发挥了更大的作用。这回仍旧发端于中美的外交交涉,再经总统、国会的相关程

---

① 汪康年:《汪穰卿笔记》(一),上海书店出版社 1997 年版,第 17—18 页。
② 唐绍仪:《中国教育中的美国精神》,《观察》1908 年 11 月。

序,最后签订国家协议。这次共挣回美元"六百一十三万七千五百五十二元九角","关于这笔减免款项,中美签订的协议规定建立一个由十名中国人和五名美国人组成的联合董事会。美国政府指派哥大的孟禄教授前往北京,以便与中国政府制定和达成一项明确的协议"①。顾维钧说:"协议草案拟出以后,由我交内阁审议批准。内阁一致通过协议草案。按例行公事,协议草案又呈送总统,由总统明令公布。协议规定了董事组成。董事会成员由双方政府任命。"②这些话足可表明中华教育文化基金会组建及其渊源的官方性、有组织性。不过这次用途范围急剧扩大,不再仅是植才异国,但依然与教育有关,重点是发展本国的教育文化事业。

留美学生等有识之士依然没停止努力,而是继续顺时度势地推动美国的退赔工作。1917 年中国对德宣战时与协约诸国达成缓付赔款之协定,同时中美两国之有识者为增进两国之邦交及文化之关系起见,更倡议请华府将前次退款余存之部分一并退还,是为第二次退还庚款之起因。"此运动发生后,深得美国政界及社会各方之赞同。而我国政府当局与社会中之热心者,亦不惮烦劳,开诚商洽。"因留美学生在第一理赔中成功进行了外交与教育的双重斡旋,使美方感到中方的可贵友谊、正义力量,美方也表示了一贯赞助对华教育的热情。留美学生此时就地充分发挥了对中美教育交流人地两宜的优势,继续努力促成。驻美公使又站了出来,

---

① 顾维钧著,中国社会科学院近代史研究所译:《顾维钧回忆录》第一分册,第 361 页。另据颜惠庆著,吴建雍、李宝臣、叶美凤译:《颜惠庆自传》,商务印书馆 2003 年版,第 189 页为"根据美国众议院外交委员会公开的听证报告,此退款总额共 12545438.77 美元,其中本金 6137552.90,利息 6407885.77 美元"。

② 顾维钧著,中国社会科学院近代史研究所译:《顾维钧回忆录》第一分册,第 361 页。

"在施肇基博士的主持下,由我国驻华盛顿使馆负责与美方接洽。美国务院退款议案必须经过该国国会同意始可执行。施公使与许多美国国会议员关系不错,他们均表示愿意帮助国会通过国务院的议案。在华的美国朋友也运用他们的影响,促成国会通过退款议案"①。美国继续退还庚款于中国一案,乃在"当用以发展中国之教育及文化事业"。② 该议案于 1924 年相继由国会两院通过。颜惠庆政府接到美国政府之通告,表示同意,遂设中华教育文化基金会董事会,为保管及处置此款之机关。

　　这次退赔仍是经过中美朝野友好人士的共同努力,最后在政府的名义下完成的。有几位美国人值得铭记。积极参与其事的中华教育改进社的总干事陶行知公开明确指出:"此事应归功于文华大学图书馆长伍德女士,湘雅医学院胡梅先生,协和大学波特先生,以伍德之功最大。"③伍德即韦棣华女士④,她曾"特地赶回华

---

　　①　顾维钧著,中国社会科学院近代史研究所译:《顾维钧回忆录》第一分册,第 188—189 页。

　　②　唐钺等主编:《教育大辞书》上册"中华教育文化基金董事会"条,商务印书馆 1930 年版。

　　③　《关于〈致谢俄美退还赔款为发展我国教育案〉的说明》,《陶行知全集》(一),第 467 页。

　　④　韦棣华女士(Miss Mary Elizabeth Wood,1864.8.22—1931.5.1),纽约州巴达维亚埃尔巴镇人。1889 年担任理奇蒙特纪念图书馆(the Richmond Memorial Library,Batavia,New York)的第一任馆长;1899 年只身赴武昌探望其幼弟韦德生(Robert Wood)牧师,因怜惜武汉民众的疾苦和教育条件的不足,遂决定留在中国,并立志发展中国图书馆事业以提高民众的智识。1910 年创办了文华公书林(Boone Library),1920 年与沈祖荣先生共同创办文华图书馆学专学校(Boone Library School);1924 年促成美国政府退还庚子赔款用于发展中国图书馆事业,并于 1925 年发起并促成了中华图书馆协会。1927 年代表中华图书馆协会在英国图书馆协会 50 周年纪念大会上与其他 14 个国家同发起成立了国际图书馆协会联合会。后病逝于武昌。作为中国近现代图书馆事业开山鼻祖,被黎元洪总统誉为"中国现代图书馆运动之皇后"。

盛顿,留居数月,四处奔走,游说国会通过退款议案"①。国人没有忘记这位朋友,中基会曾经长期大力资助文华图书科(图专),并把利国利民的"她深爱的图书馆事业"顺理成章地列入重点扶植的永久性文化事业,还建立了中基会北平图书馆。而作为美国柯立芝总统私人特使来华的孟禄,作用能够更加明显。他与中方磋商如何管理退款事宜。孟禄弟子陶行知在为哥大师院国际教育研究所《1924 年世界教育年鉴》撰写《中国》一文中提到:"8 月,孟禄博士来华访问,导致了名为《中华文化教育基金会》的建立。基金会由十名中国人和五名美国人组成,直接使用这笔基金。"②后来,孟禄担任中基会董事会的终身副董事长,成为美国政府和教育界的对华喉舌。另有两位留美学生也值得注意。他们各自利用同在华影响、实力最大的两位美国人物——来华特使与美国公使的关系对中基会施加了特别影响。槛内人顾维钧断言"美方成员是由美国公使馆按美国政府的指令提名的"。③ 一位便是孟禄的高足东南大学校长郭秉文,一位是原康乃尔校长、现任美国公使休满的爱徒胡适。他们利用特殊的公私交情发挥了特别的作用。郭秉文为游说退赔、董事人选而奔波纵横,但难免给人以操纵垄断的嫌疑④,从而结下了积怨,得失之间,令人欷歔。与之政见不同的杨铨激烈指责"郭秉文博士一辈,……凭借孟禄客卿之势力,包办中华教育文化基金委员会,以美政府友谊之退庚款,为少数私人垄断

① 颜惠庆著,吴建雍、李宝臣、叶美凤译:《颜惠庆自传》,第 186—191 页。

② 上海市陶行知研究会、上海市陶行知纪念馆、上海师大陶研会编:《陶行知佚文集》,第 17 页。

③ 顾维钧著,中国社会科学院近代史研究所译:《顾维钧回忆录》第一分册,第 361 页。

④ 参见唐钺 1924 年 1 月 14 日致胡适的信,《胡适来往书信选》上,第 230 页。

中国文化之工具"①；后来的中基会总干事任鸿隽也抱怨说："此次董事会的人选，除顾、颜、施三人之外，简直可以说是校长团"，只有丁文江还"带一点学者气味"。② 其实，任鸿隽也承认"杏佛所说有许多并非事实"③，首届董事会华董 10 人中，颜惠庆、顾维钧、施肇基是外交部人员，前二人是留美学生，后者是现任驻美公使，遵照美方意见必不可少；而蒋梦麟、郭秉文、张伯苓是出身于哥大师院的现任大学校长，范源濂、颜惠庆、周诒春则是前任清华校长，何尝不是有名的学者？饱受非议的郭秉文确实为此做出种种的贡献，除开在巴黎和会的游说不提，当年韦棣华女士在国会庄严作证时说，郭秉文一手创建并主持之东南大学的"每一部分，都能表示美国教育的模范"④，纽约长老会协会干事傅克思博士的谈话也做了类似陈述，使其办学成绩与大名回荡在国会山的大厅里，成为促进美国国会决定退赔的一个重要原因。

考虑到当时教育走向和庚款退还的外交途径及其使用的历史情况，该会人员构成还是有较强的代表性。颜惠庆认为："该基金会的成绩可以证明，其工作既务实公正又井井有条，远胜于其他同类组织的管理。它的年度报告完整精确，财政账目收支均经详细审核，全部公布，已和美国同类的著名基金会的管理方法相去无几。该会为我国的公益事业机构树立起优秀的管理模式。……而这一切的管理方法正是至今中国仍极其缺乏的。"⑤为赔款事曾破

---

① 《杨杏佛文存》，上海平凡书局 1929 年版，第 329—330 页。

② 《胡适来往书信选》（上），中华书局 1979 年版，第 265 页。

③ 中国社会科学院近代史研究所中华民国史研究室编：《胡适往来书信选》（上），中华书局 1979 年版，第 467 页。

④ 璩鑫圭、唐良炎编：《中国近代学制史料汇编·学制演变》，上海人民出版社 1991 年版，第 418 页。

⑤ 颜惠庆著，吴建雍、李宝臣、叶美凤译：《颜惠庆自传》，第 190 页。

例前往拜访休满，后又为南方政府中基会董事会改组弥缝奔走的胡适也认为它"流弊较少，成绩较大"。① 当时与南北政府都保持一定距离的学者梁启超曾这样评价："庚款退还，美最大方，一切由董事会自主，毫不干涉，实足根据，以为将来各国模范。"②

第二次庚款退还历程、缘于政权转换的中基会改组，都说明该基金会并不完全独立，有深深的官方属性。但不管怎样，中美董事合作的中基会长期有规划、有组织地从事于中美文教交流事业，为推动中国科学与教育做出了历史性贡献。

三、郭秉文率团考察美国教育

考察外国教育在 19 世纪末 20 世纪初是一种国际风气。明治政府订"求知识于世界"为《五条誓文》之一，并于 1872 年派岩仓具视率团访欧美 11 国。美国教育初起时"有少数明达之士起而研究，先后往欧洲考察，以探其究竟，结果而有 John Griscon（1818、1819）、Calvin E. Stove（1837）、H. Barnard（1854）、A. D. Bache（1839）等人的报告。此种报告，与后来美国教育之真正建设关系綦重"③。我国也逐步认识到向外国学习的重要，如陈独秀就曾大敲"国民而无世界智识，其国将何以图存于世界之中"④的警钟，陈宝泉则自承"本校鉴于世界各国之教育学说及科学研究日新月

---

① 《胡适来往书信选》（上），第 370 页。
② 丁文江、赵丰田编著：《梁启超年谱长编》，上海人民出版社 1983 年版，第1083 页。
③ 蒋致远主编：《中国华民国教育年鉴》（六），第 438 页。
④ 陈独秀：《敬告青年》，《新青年》第 1 卷第 1 期，1915 年 9 月 15 日。

异,自应随时调查讨论,以谋进步"①。考察外国教育的个人与团体不断出现,较早的有吴汝纶东游日本、梁启超游览新大陆、温秉忠率教育事务团访美②。清末民初主要是取向日本,到五四前后向美国教育学习成为主流,考察美国教育一度成为热潮。这主要由兼通中美教育文化的留美学生领头实施,不同于李圭、单士厘③的走马观花,也不同于黄炎培、陈宝泉考察的无所不包;其目的更为明确,范围更为集中,接触人士与考察问题更专业,所得结果要比前人来得扎实、精深。如岭南的钟荣光与南开的张伯苓兄弟就屡次赴美考察,到哥大师院求取真经,归来办起了声名卓著的岭南、南开两大学。不过,相对而言,郭秉文率领的战后欧美教育考察团最为庞大、正规,影响也最深远。

留美博士郭秉文于 1918 年 3 月正式代理南京高等师范学校(简称"南高",下同)校长,1919 年 9 月就任校长,重视进行教育参观与考察,曾公开表示"参观亦为增长智识之一途"④;长于表达,与孟禄、杜威关系密切,是国内两大教育团体江苏省教育会的交际部主任和中华教育改进社的国际教育组主任⑤,无可争议地

①　璩鑫圭、童富勇、张守留编:《实业数育　师范教育》,上海教育出版社1994 年版,第 997 页。

②　温秉忠,留美幼童出身,与宋耀如是连襟。1907 年夏,顺路将姨侄女宋庆龄、宋美龄姊妹带往美国留学。

③　李圭 1876 年 5 月 13 日离沪赴美参加世博会,于 1878 年出版的《环游地球新录》一书,这是第一本中国人亲身环绕地球的游记。单士厘著有《归潜记》。丈夫钱恂,其子钱稻孙。梁启超 1903 年赴美,第二年出版《新大陆游记》。

④　南京大学校庆办公室校史资料编辑组、南京大学学报编辑部编辑:《南京大学校史资料选辑》,1982 年刊印,第 52 页。

⑤　参见江苏省教育会编:《江苏省教育会年鉴(第 11 期)·附录》,江苏省教育会 1926 年印行,第 57 页;《中华教育改进社简章》,《新教育》第 6 卷第 3 期,1924 年 3 月。

成为当时中国教育界的首席对外代表,并考察过日本教育。郭氏随着南高和他本人地位的日益上升,成为代表教育部进行世界教育考察的极佳人选。

1919 年 3 月,郭秉文以主任身份率领战后欧美教育考察团考察美、英、法、德、意、瑞士等国高等教育,成员有陈宝泉等。此行充分体现出他交游广泛、广闻博览、多看多思的特点。他途经日本东京时,见到日本升国旗时民众齐声唱歌,对其爱国主义与民族主义教育印象颇为深刻;并拜会正在日本讲学的杜威,代表南高、北大、中华教育改进社、江苏教育会、《新教育》社等机构邀其来华讲学,后又代之向哥大师院请假一年①(尔后北大校长蔡元培向哥大打电报为杜威正式请假一年,使之得以成行)。到美国后,在美与哥大师院院长孟禄、全美教育联合会会长斯特拉耶、华盛顿教育局局长克莱斯顿博士(Dr. Clayston)等知名人士进行了深入交谈②。前两人都是郭氏在哥大师院读博士时的恩师,故交重逢,欣喜之下悉心解答了郭氏的提问。孟禄的回复尤为精当,他先答"教育为国家实力并原料之最要者",在郭氏问到"美国之经验,以何者最有益于中国"时说"为地方操持教育权",最后建议中学与职业学校合并,大力培养应用型人才。郭氏最后邀请孟禄来华做教育调查,为杜威、孟禄来华讲学掀起学习美国教育的新高潮做好了铺垫。后来,孟禄来华与回国时郭秉文俱到上海迎送。富有大局观、敏锐性、指导性和进取意识的他,对欧美教育有过比较分析,大大加深了对职业教育、师资培养、教育调查等专题的认识,对"我国今后

①　参见中国社会科学院近代史研究所中华民国史研究室编:《胡适来往书信选》(上),第 34 页。

②　参见郭秉文:《欧美教育新资料·记欧美教育家谈话(二)》,《新教育》第 2 卷第 2 期,1920 年 2 月。

教育问题"进行反思,得出了如下 10 项结论:强调"地方自动教育"、"义务教育应竭力推行"、"成人教育宜设法提倡"、学术研究、"教育辅助外交",提倡对军队教育、女子教育、体育、灌输共和精神多加关注;认为大学与国家生死存亡有密切关系,赞成发起西南大学,支持地方发展高等教育,呼吁"增设大学不容或缓"①。可见,孟禄的回答与他的反思在相互激荡。离开美国后但又与中美教育交流的另一件事就是,他在赴巴黎和会"游说凡有庚款各国,退回赔款,供我国教育用途"②,并取得了一定的成效,美国首先无条件退还。他协助孟禄建立了中华教育文化基金会,并且在首届董事会中发挥了重要作用。

此前,郭秉文率教育部代表团和北高师校长陈宝泉、成都高师校长韩振华、武昌高师校长张渲、江苏教育会副会长黄炎培等人参观"一八九八年为美所得,今遂为美之领土矣"③的菲律宾及日本、广东、香港等地的教育,并担任团长,时为 1917 年 3 月。当时他为南高教务长,实际主持教务。此行对乡村教育与职业教育甚为注意,归国写有《考察日本菲律宾教育纪实》一书(由商务出版),不久他与黄炎培等 48 人发起成立了中华职业教育社。另有一件比较特殊的行动,便是于 1922 年和张伯苓、司徒雷登等人一道协助"芝加哥大学褒顿教授"④为首的中国基督教教育调查团的工作,对促进基督教教育中国化有一定作用,这无疑是另一种形式的中

---

① 郭秉文:《战后欧美教育近况》,《新教育》第 2 卷第 3 期,1920 年 3 月。

② 刘绍唐主编:《民国人物小传》(一),传记人物出版社 1975 年版,第 200 页。

③ 《菲律宾职业教育报告会》,《教育杂志》第 9 卷第 4 号,记事,第 31—32 页,1917 年。

④ 郭秉文:《十年之教育调查》,《新教育》第 4 卷第 3 期,1922 年 3 月。

美教育交流。

　　每次考察美国教育归来,郭秉文既向有关方面作报告,又广给各界讲演,或将考察时笔录发表以飨关心新教育的各界人士,为当时国内的新教育改革提供了最佳借鉴;而他本人通过教育考察在比较中鉴别,在模仿中提高,形成了一套综合创新的、较为完备的、美国气息浓厚的"四个平衡"的教育思想,为发展近代高等教育树立了一个典型,为官方中美教育交流的进行奠定了一个榜样。

　　在留美学生的奔走主持下,学习外国教育到 30 年代初已成为人们的共识,知道考察与学习美国教育应"着眼于本国教育之改进有何可供借镜"①,从而使中国高等教育从原来保守封闭的形态中彻底解放出来,走向近代化,走向世界。

四、图书、师资的官方交换

　　从前文看来,北洋政府并非一无是处,官方组织的中美教育交流一度十分频繁;参政的留美学生也非泯灭良知,虽沾染了当时政坛的许多坏毛病,但关心教育之情仍在,也为教育做过不少功德无量的事。蒋介石时期也是如此,在波涛汹涌的民间中美教育交流面前,国民政府也逐渐加强了官方的中美教育交流,抗战以来(1938 年芝加哥大学硕士陈立夫任部长)达到新高,而参加者仍多留美学生。这主要集中在师资、图书的频繁交换上。

1. 交换教授

　　陈立夫并非全然不学无术、寡鲜廉耻的政客。他极为重视应

―――――――――――

① 蒋致远主编:《中华民国教育年鉴》(六),第 438 页。

用学科教育，并主持创建国立师范学院制度，着意加强同美国的各项往来，交换大学教授就是其中一项重要的举措。后来的留美硕士、教育部长杭立武部长也是如此。"国际文化合作，不因战事而中断。三十年春，郭任远教授应聘赴英美两国洽商文化合作事宜。"①据国立编译馆统计，1943 年美国务院邀请中央大学、西南联合大学、浙江大学、武汉大学、四川大学及云南大学各派教授一人赴美讲学；由教育部派遣蔡翘、金岳霖、张其昀、刘迺成、萧作梁及费孝通诸教授前往。1944 年春，美国务院来函，拟另聘六教授赴美讲学；……经分别选派杨振声、汪敬熙、萨本栋、陈序经、陈裕光、容启东诸教授赴美，……1945 年春，梅贻宝、严济慈、郑作新、袁同礼、林同济五教授复应美国务院之聘赴美讲学②。以上三批共 18 人，多是留美学生且多赴美国。

抗战以来除国内自行邀请、聘用的美籍教授外，经由教育部接洽来华讲学之外国教授，1943 年度受邀来华的有航空工程专家卜郎教授、畜牧专家蒋森博士、机械工程专家伊赖教授与电机工程专家麦弥澜博士等美国人士，也有英国科技史学家李约瑟教授等。其中，卜朗教授返美后与美各著名大学洽商为中国工程学生设置研究助理奖学金，不久美国麻省理工学院等校允设置是项奖学金四十余名，为沟通中美教育留下了自己的印记。1945 年又聘请近代哈佛大学法学院院长庞德教授及哥大教授裴裴来华讲学。庞德教授系法学权威，受邀为中国司法部顾问，曾在京作连续性学术演

---

① 罗家伦主编：《革命文献》第 58 辑，台北"中央"文物供应社 1979 年版，第 412 页。

② 蒋致远主编：《中华民国教育年鉴》（九），第 878 页。

讲;裴裴系国际关系问题专家,曾分别在京、沪、平、渝、蓉、昆、穗各地演讲。以上各教授专家来华后,均由中国政府"妥为招待,供给膳宿,并酌致生活费用,其来华讲学者,则由教育部派员陪同赴各地文化中心各大学演讲,并参观有关机关,俾各教授能提供意见以备参考"①。

这些长期浸淫在美国一流大学的著名专家,陆续由官方邀请来华讲学,对提高中国大学的学术质量、跟踪世界前沿学术、与世界接轨具有重要意义。

2. 图书交换

中美教育各有所长,大可以互存互荣,双方很早就有物质往来。科学编排、内容先进的原版美国教材与知识丰富、装订精美的美国杂志,对教育相对落后的中国师生来说,无疑是难得的精神食粮;而中国图书、典籍尤其是善本古物是美国顺利深入研究汉学、现代中国学的绝佳材料。

中国在大量引进美国原版教材外,也与美国进行经常的国际出版品交换。中国于1925年正式加入出版品国际交换公约,由北洋政府教育部出版品国际交换局专司办理,后改为中央研究院辐射的出版品交换处负责,中美交换图书更加频繁。抗战爆发后,教育仪器图书损失重大,1939年教育部联合有关机构成立战时征集图书委员会,主动向英美两国募集大学用书60余箱,分配国内各大学;1947年,芝加哥出版商委托联教组织转赠我国大英百科全书45部;美国联合援华会赠书72箱;另美国图书中心赠送图书期

①　蒋致远主编:《中华民国教育年鉴》(九),第878页。

刊共 804 箱①。美国的赠品科技"含金量"一般较高,对促进中国教育有一定的积极作用。

礼尚往来,中国对美国并不是一味索求,很早便不乏慷慨赠与和交流。国会图书馆收藏有同治皇帝回赠美国种子的 933 卷明清刻本图书,并在此基础上创建了东方部。1905 年当哥大创设"丁龙汉学讲座"之时,慈禧太后也曾赠与汉文书籍。和平时期中美之间就有过民间图书交流,战时中美官方的图书交换与合作迅速达到新高,典型的有中国国际文化服务社与美国学术资料服务中心的交流。

由于美国的突然参战,美国大学一批中国学研究人才暂时舍弃心爱的讲台,奔赴军营,奔赴中国,像费正清夫妇这样有高学历、会中文、曾经来华的人自然较受青睐,而他们相对热爱中国及其文化,为推进中美教育交流做出了应有的成绩。如费正清夫人威尔玛也成为官员,1946 年 7 月促成了中美文化资料供应委员会的成立,主任委员为杭立武,副主任委员威尔玛、萨本栋,并在国防联欢社举行的鸡尾酒会②庆祝成立。费正清则收集有关西南大后方的政治、经济、文学、艺术、戏剧、歌谣等实况记录约 5000 种资料,交给上级部门,后也由国会图书馆保管,对研究华西古代社会及中国现代史有重要的帮助。前者由"中国图书馆界的巨擘"袁同礼主持,是教育部的下属机构,与各大学有广泛的联系;后者由费正清负责,隶属于美国大使馆,与美国国务院文化司是上下级关系。袁同礼作为"中国第一流的学术事业提倡者",在代表中国参加国际学术交流的同时,与第二次来华的美国官员费正清亲密合作,"以官方名义主持散发美国国务院文化关系司提供的缩微胶卷,附有

---

① 蒋致远主编:《中华民国教育年鉴》(九),第 896 页。
② 《胡适由南京来沪》,上海《大公报》1946 年 7 月 18 日。

内容索引的胶片,装在漂亮的大红盒子里,然后送往各重点大学的中心阅览室。……运用最新技术科学的成果,能够大大克服书籍运输的困难,受到极大的欢迎";他还为费正清的办事处取了个中文名字——"学术资料服务中心"①。这个名字对挂靠在美国大使馆的教育文化机构美国书刊服务社(American Publications Service)、对肩负搜集军事情报秘密任务但公开却以大使馆职员亮相的牛津大学博士来说,都是一个极好的名字。正是有了年轻考古学家郑德坤教授、国民参政会议外交委员会主席钱端升、行政院副院长孔祥熙在内的各方的欢迎与合作,费正清"与中国官方主持的工作网、私人关系网连接起来了"②。

　　这种公私夹杂的交换,虽不普遍,但目的明确,特定时期有特别的作用。

第三节　中美交流的重镇——华美协进社

　　留美学生不但曾到美国大学实地学习过美国教育,而且再度赴美宣扬中国教育与文化。他们不仅在大学宣传中国文化,也在做公开演说宣扬中国近代教育与社会进步,甚至创设组织从事各种中美教育交流活动,其中最著名、最重要的是华美协进社。

一、郭秉文与华美协进社的创设

　　20世纪20年代,国际交流走向一个新的高峰,当时的精神是

---

① 费正清著,黎鸣、贾玉文等译:《费正清回忆录》,第256页。
② 费正清著,黎鸣、贾玉文等译:《费正清回忆录》,第257页。

"努力组织活动,消解种族与民族间的冲突,形成一个统一世界"①。随着世界政治经济、教育文化一体化进程的加速,中国教育近代化进程加快,留美学生也日益走向世界,中美教育交流因而更加深入进行。留美学生认识到:"自明,明他,他明,是解决二人以上的问题的根本方法;也是解决二国以上问题的根本方法。"②华美协进社就是这样一个由留美学生组织的在中美教育、文化之间有效地自明、明他、他明的文教机构。

当年杜威高兴接受郭秉文、胡适等哥大学生的邀请来华讲学时,竟"惊讶地发现大多数大学师生有充足的关于美国的背景知识",而在哥大"除中文系的一些成员外,几乎任何教职员都缺乏对中国相应的理解",回到美国后与刚从华返回的孟禄交换心得;孟禄也深有同感,并早已关注到"美国各大图书馆有关中国的优质藏书相当缺乏",共同希望创办一个机构"交流美国大学有关中国的可靠的、基础的、最新的消息"③,作为传播中国文化,帮助美国大众认识中国的基地。当他两人被推选为中基会董事时,又解决了关键的开办费问题。1926年2月,中基会在北京饭店召开了董事会第一次常会,决议以三年为限常年补助2.5万美元来设立华美协进社,1926年5月25日在纽约注册成立。

虽然华美协进社历来把其"创始归功于约翰·杜威与保罗·孟禄"④,事实上与郭秉文的穿针引线分不开。郭于1908年赴美,

---

① Chih Meng, *Chinese American Understanding*, *A Sixty-Year Search*, China Institute in America, New York, p. 118.

② 《对于参与国际教育运动的意见》,《新教育》第4卷第4期,1922年4月。又见于上海市陶行知研究会、上海市陶行知纪念馆、上海师大陶研会编:《陶行知佚文集》,四川教育出版社1989年版,第240页。

③ Chih Meng, *Chinese American Understanding*, p. 141.

④ Chih Meng, *Chinese American Understanding*, p. 141.

又在哥大师院获硕士学位,还是哥大师院"第一个获得哲学博士学位的中国人"①,回国后成长很快,没几年就当上了南高——东大校长,是最大的地方教育团体江苏省教育会的交际主任、全国最权威的中华教育改进社董事兼国际教育组主任、中美合璧的中基会的董事兼交际,还曾率教育部教育考察团考察菲律宾、美国教育,成为名副其实的中国教育界首席对外代表,加上与母校教授杜威、孟禄、斯特拉耶三位国际名流的良好关系,以及在 WFEA 中与会长 Augustus O. Thomas、孟禄等美国人士的协作(参见本章第一节),已与美国教育界建立了立体而长久、友好而密切、公私兼顾的交流关系,是留美学生乃至近代国人中最适宜于到美国实地筹建一个传播中国文化教育、密切中美教育关系的桥头堡的人选。郭既可以在中基会里与杜威、孟禄一起推动董事会批准所需的启动基金,也可以利用与美国教育界的联系到美国大都会纽约、也是新教育重镇哥大师院所在地创建这样一个前进基地,可向杜威、Stephen Duggan 教授请教并邀其为顾问,甚至可以请求孟禄②出任董事长。正因为如此,他能帮助华美完成四大任务:发布中美教育的消息,帮助留美学生实现教育追求,通过交换教授、学生来密切中美教育团体之间的联系,帮助美国学生激发对中文的兴趣③,并逐渐扩展为致力于开展中国文化在美国的研究及宣传,加强中美教育合作,促进中美友谊,从而领导华美协进社在中美教育界之间

①　John King Fairbank, *the Great Chinese Revolution*, 1900—1985, Harper & Row Press, New York, 1986, p. 197.

②　郭秉文、孟禄私交甚深,1914 年孟禄为郭氏博士论文出版作序,1919 年郭氏与孟禄会谈并邀其来华讲学,1924 年两人共同筹组中基会,两人之间还多有相互赞赏之语,参见前文。

③　Chih Meng, *Chinese American Understanding*, p. 142.

"开始合作,在中美产生了热烈的反响"①。

二、郭秉文与华美协进社的辉煌起点

郭秉文社长在华美协进社甫一建立,就有频繁的大动作,使之拥有一个辉煌的起点,成为第一个日常以美国社会为对象、传播中华教育与文化的常设机构,成为美国主流社会认识中国的第一道窗口;同时成功地接引无数中国学者来到美国学习西方文化,并对留美学生与华侨提供重要指导,终成中美教育交流与文学、艺术乃至商业往来的重要桥梁。

1. 主办费城博览会中国展

郭社长接受中华教育改进社主办费城博览会中国展的委托,极短的时间内成功完成了这一重任,显示了他与华美协进社开场白的大手笔。

1926 年 6 月,美国特在费城发起一次世界性的博览会以资纪念建国 150 周年。中国方面受到了与会邀请,由郭氏代为主办。他为中国展的筹备做了大量艰苦细致的工作。首先,同美国方面进行交涉,把展览场地从原定的 $300m^2$ 扩大到 $1100m^2$;接着,取得费祥麟总领事的政治支持,组织了一个筹委会策划有关事宜,成员有纽特博物院陈列技术专家罗雅慈夫人、熊芷、黄清仪、邱昌渭、于浚吉、蔡承新等人参与其事②;最后,邀哥大学生罗隆基与纽约华

---

① Chih Meng, *Chinese American Understanding*, p. 142.
② 参见林子勋:《中国留学教育史》,华冈出版有限公司 1976 年印行,第315—316 页。

昌公司经理李国钦具体协助,进行紧张有效的筹备工作。在多方
撙节经费的情况下,他出色地主办了展览。天津永利公司新出品
的"红三角"牌纯碱荣获金奖,这与郭秉文的大力宣传与得体展览
不无关系。教育展览方面也较为出色,由东西文化史比较、最近我
国新学制一览、中国教育制度之进化三表组成的名为 Five Thou-
sand Years of Education of Republic of China(《五千年之中国教
育》)的英文壁展①,吸引了大家的围观。而在《孔子与中国教育》
展中,华盛顿与孔子的画像并肩而挂,标志古老中国的圣人孔子来
到了年轻的美利坚合众国,似乎也在暗示正在进行的中美教育交
流。这次展览展示了中国五千年的教育文明,宣传了中国,广受好
评。其中,"中国教育展览品得一百分得特等金质荣誉奖章"②,
"华美协进社因陈列展览品有方,另有奖凭",事后中国各教育机
关所得奖凭又"由博览会委托华美协进社转递"③。

2. 率团参加美国图书馆协会创建五十周年纪念大会

1926 年 10 月 4 日至 9 日,华美协进社的郭秉文社长与寿景
伟参与了美国图书馆协会创建五十周年纪念大会。1876 年,J. 温
泽、W. F. 普尔和 M. 杜威等人在费城组织成立了美国图书馆协会
(ALA),温泽为理事长,M. 杜威为秘书,后来该会发展成世界上最
大的图书馆协会之一,1909 年起总部改设芝加哥。1926 年正值其
50 周年大庆之际,郭秉文代表中国教育部及中华教育改进社率华
美协进社代表寿景伟与来自济南图书馆的桂质柏、同时在美的裴

---

① 此表照片可见于《教育杂志》第 18 卷第 9 号。
② 《教育界消息·杂讯·中国教育品之获奖》,《教育杂志》第 19 卷第 1 号。
③ 《教育界消息·杂讯·我国在博览会得奖之教育机关》,《教育杂志》第
19 卷第 11 号。

开明以及中国教育近代化的忠实推动者韦棣华女士积极与会。美国图书馆协会"特指定去岁代表该会至华演讲之鲍士律博士担任特别招待之责,以示郑重,并以达我国去岁欢迎鲍氏之旧谊,其雅谊实至可感也"①。他在会中表现积极,在特别会议上演说《中国图书馆之历史及其在文化上之地位》,面对众多的美国及与会各国代表生动形象地估价了自"新图书运动"以来中国教育所取得的进步与地位。极大增进了中美理解与友谊。但他因华美创建不久,"社务冗繁"未能参与"会余游览(Past Bonference Tour)"。此行给中国代表以很大触动。桂质柏事后到哥大攻读硕士(1928)、博士(1931)。

3. 郭社长的其他贡献

郭秉文还曾设法首邀国内文化艺术界的名流到美讲学,如邀太虚法师赴美讲学,并代他向多伦多会议提交过《以大同道德促进世界和平》的论文。郭秉文主办中国展、参加美国图书馆协会50大庆的任务的成功完成,逐渐形成了华美协进社就近代表国内参加美国教育事业的典型模式。这种向美国学者、公众宏观、全面的宣传与介绍,产生了极大的影响。这一切标志他在国内不得志的时候反而在异邦的土地上开辟出中美进行文化、教育、艺术交流的新阵地。

郭秉文对华美协进社与中美教育交流的另一个贡献是对孟治(Chih Meng)、程其保等未来领袖人才的物色与培养。孟治在1924年的巴尔的摩会议上为郭氏所推毂,1927年受聘为华美社重组委员会秘书;程氏1923年在哥大师院博士毕业后应邀到东南大学任教,

---

① 蒋致远主编:《中华民国教育年鉴》(四),第877—879页。

为郭氏推荐到 WFEA 工作。两位哥大校友继他先后成为华美协进社的社长,为有组织地进行中美教育交流准备了领导人才。

郭秉文任社长的 5 年,是华美协进社的前期。华美开始站稳了脚跟,成长很快,增进了美国人民对华了解,对华侨与留美学生极具指导作用,在全美产生了极大的影响,享有极高的公信力,为以后中美教育交流有组织的进行提供了可靠依托。

三、孟治与华美协进社的赓续发展

孟治是华美协进社的第二任社长(1930—1957),也是任期最长的社长。他为华美在美国社会扎根下来,得到可持续性发展立下了殊勋。

他到华美有一个比较选择的过程,但在郭秉文的知遇与期待下,最终选择了华美并为之服务终生。1924 年,留美学生中国基督教协会会长孟治参与了太平洋关系学会(IPR)1925 年檀香山成立大会的预备会议——巴尔的摩会议,认识了许多中美领导人,如该会议的重要组织者、男青年会领导人 J. Mele Davis,驻美公使施肇基(Sao-ke Alfred Sze),霍普金斯大学教授 W. W. Willoughby 等,前者邀他加入 IPR,后者要他跟其读研究生。东南大学校长、未来的华美协进社首任社长郭秉文就是在这里与他相识的。郭氏仔细听取了孟治的有关想法,对他赞赏有加,要他写篇文章以备到《亚洲》杂志发表①,这次会见对孟治今后事业走向产生巨大影响。先后毕业于南开中学、清华学校的孟治当时与张伯苓昆仲、梅贻琦的

① 参见 Chih Meng, *Chinese American Understanding A Sixty-Year Search*, China Institute in America, New York, p. 110。

关系更为密切,他们还为其提供了调查欧洲留学生的机会,可孟治最终放弃了在国内发展的想法而选择了华美。这是因为孟治觉得"在美国华美独立的观念有着热情的赞同,至少有道德的支持",但在国内却充满争斗与外来压力等政治性因素,而更主要的原因是他当时已"深深卷入中美关系中"①。

早在 1927 年,孟治就与华美协进社首先结缘,当时的该社调查委员会在郭秉文的提议下向他"提供了一份把它改组为一个独立、自我支持的公司的工作",孟接受了这个要他"成为一个联系留美学生的渠道,帮助征募志愿者参与华美社的计划"的"挑战性的机遇"②,到 1929 年转任为荣誉秘书,1930 年接任社长职务完成了改组。他针对当时政局变动、华美社依靠中基会拨款资金即将枯竭的情况,认为"不应变成纽约当地的组织,而应有来自中美各界的男女社员。在维持与政府良好关系的同时,不应看政府的脸色行事,也不要使华美社卷入政治"③,改变了办社方针,转而在细节上落实中美教育交流的各个环节。

孟治虽然没有郭秉文那样的声望与大手笔,但也有自己的办社优势。当时时局较为有利,虽然有大危机的残余影响,但"美国在 1930 年代对中国的美好愿望多于期待"④。他又与国内政界没有恩怨纠葛,与胡适等人有良好私交,在纽约求学时胡与张彭春把他介绍给他们的朋友,其中一些人成为孟治的朋友,对他"今后的事业有所帮助"⑤。而且孟治本人是个有才能、有阅历之人,此前

---

① Chih Meng, *Chinese American Understanding*, p. 139.
② Chih Meng, *Chinese American Understanding*, p. 121.
③ Chih Meng, *Chinese American Understanding*, p. 143.
④ Chih Meng, *Chinese American Understanding*, p. 150.
⑤ Chih Meng, *Chinese American Understanding*, p. 110.

便已小试其锋。自 1923 年就任中国留美学生基督教协会主席以来,他领导着 97 个会员中心 2471 位会员,出版发行新的年鉴,向会员提供建议;达成该会财政平衡,节余 4700 美元①,在组织与指导留美学生方面展示了自己的超群的才能,在全美享有知名度。他在任调查委员会秘书时,工作积极,走访全美各界人士,在"大多数时候被真诚热爱中华民族和愿意倾听我说的人推崇和欢迎,无论当时他们多么繁忙",他认真听取了南加州大学 R. B. Von Kleinsmid、斯坦福大学 Ray Lyman Wilbur、燕京司徒雷登、北京协和医学院顾临与刘锡恩、张伯苓等中美大学校长,以及孙科、宋子文、颜惠庆、任鸿隽等各界人士的意见,从而组建了"在地域、职业、公私机构上有着广泛的代表性的亲密的建议委员会,以致华美协进社成为一个真正的联合组织"②,到 1930 年元月华美"完成了重组,变成了一个股份公司,拥有托事会"③,成员如下:

表 5 - 3 - 1　华美协进社托事会成员简表

托事部成员	职　务	本职工作	备　注
Paul Monroe	主　席	哥大师院国际学会会长	中基会副董事长
Mrs. W. Murray Crane	副主席	城市领导人	
C. F. Yau	副主席	通用公司执行总裁	华侨,姚姓
Erenst K. Moy	秘　书	外国出版社通讯处主任	
Edward H. Hume	秘　书	纽约医院研究院执行副主席	
D. E. Douty	司　库	美国试验公司总经理	

① 参见 Chih Meng, *Chinese American Understanding*, p. 114.
② Chih Meng, *Chinese American Understanding*, p. 145.
③ Chih Meng, *Chinese American Understanding*, p. 147.

托事部成员	职 务	本职工作	备 注
Edward C. Carter		太平洋关系学会荣誉秘书	MEM 秘书
Grover Clark		远东协会顾问	
Walter H. Mallory		外交协会执行会长	政府智库代言人
Steghen P. Duggan		国际教育学会会长	远东部主任孟禄
Edwin R. A. Seligman		哥大政治经济教授	
Mrs. F. Slade		城市领导人	当时在华
Henry Killam urphy		中国政府建筑顾问	之江、东南、燕京诸教会大学校园的规划者
J. A. L. Waddell		中国政府工程咨询顾问	当时在华

资料来源：据 Chih Meng, *Chinese American Understanding* 第 147—149 页改编制作。

在孟治的运作下，华美协进社拥有一个具有广泛影响的托事会的强力支持，克服了大危机的不良影响，度过了困难时期，依靠华美社自身精干的职员班子，迎来了新的发展机遇。到 1943 年，华美协进社已实现财政平衡，虽只增加至 5 名职员，但已"同被中美两国政府、教育结构认可为管理奖学金、交换学者、作家和其他人士的机关"[①]（并代管清华庚款基金），旗下管理着至少 250 万美元的奖助学金，统筹全美 40 个文化机构，与中美两国的许多委员会有着经常的合作，赵元任、林语堂、老舍、冯友兰与桂林大学校长吴一方等知名人物来美讲学时常在此驻足，由此成为中美教育文化的前进基地，使华美协进社获得了跳跃性的发展。

孟治继任后的第一个大动作就是 1930 年初邀请梅兰芳剧组

---

① Chih Meng, *Chinese American Understanding*, p. 191.

赴美演出。当时美国等西方国家民众对中国十分生疏,仍存浓厚的歧视情绪。清华大学德籍教授乔治·H.代顿曾语重心长地对孟治说:"在美国有排华偏见,尤其存在于一些从未见过有教养的中国人的美国人中。"①为改变大多数的美国民众认为中国民众粗鄙的成见,亲身感受到中国文化的优美,扩大华美协进社在美国社会各界的知名度。花一年的筹备时间,说服当时的中国京剧泰斗梅兰芳到美国演出。他请"相信中西文化沿着不同的轨道发展,可以互补"②的老学长张彭春出任总导演,以重量级戏码《霸王别姬》在旧金山、芝加哥、洛杉矶等地演出,更破天荒登上纽约百老汇(Broadway)舞台,让西方社会第一次见识到中国京剧(Peking Opera)。梅兰芳精彩演出引起了轰动,不仅是一次国粹的海外展示,也堪称"一次巨大的商业成功"。通过它"华美确实获得了一些知名度,增加了一些新成员"③。但是,"把中国戏剧和音乐介绍给美国公众只是华美协进社工作的一小部分"④,华美协进社融入美国社会还有很长的路要走。

华美协进社切实扎下根来,靠的是其开办中文学校得到各界的公认。孟治觉得"有必要与美国大学教师合作了解非专业人士的需要,并以合适的方式开设合适课程","建立提供基础知识与课程而非专审课题的会员中心"⑤,改变单纯依靠中基会资金、从宏观传播中国文化的办社模式。将华美协进社的中文课程,列入纽约市教育局认证的学分,就是这一计划开始成功的标志。为了

①　Chih Meng, *Chinese American Understanding*, p. 102.
②　Chih Meng, *Chinese American Understanding*, pp. 150 - 151.
③　Chih Meng, *Chinese American Understanding*, pp. 151, 154.
④　Chih Meng, *Chinese American Understanding*, p. 156.
⑤　Chih Meng, *Chinese American Understanding*, p. 157.

将中华文化传播给美国大众,华美协进社在 1930 年 2 月开设中国文化与历史课程,供美国公私立中小学教师来上课,当时每期的学费是 5 美元。但因纽约市教育局并不愿给予华美协进社认证的资格,愿意前来的教师有限,每期学生只有 8—12 人,"即使在纽约市相当有地位的杜威,也未能改变纽约市政厅的主意",直到"1933 年 Fiorello H. LaGuardia 当纽约市长"才得以改变。与孟治共同翻译《中国爱诗》的 Mrs. Huie 的儿子埃尔文是新市长的密友,引荐孟治拜访了市长办成了认证这件大事。从此华美协进社所开设的教师培训班(Programs for Educators),正式取得学分认证资格,很快发展成为"全美最早、最大中文进修学校"①,华美协进社因而在诸多的中文爱好者与中小学教师中获得了崇高的威望,为沟通中美教育交流做出了持续稳定的贡献。

与上文 1943 年数据对应的是,华美协进社有了一座四层楼的社址,这标志它在寸地寸金的纽约真正扎根。相对于他接手时期的两间教室、两名工作人员相比,确是一个空前的成功。1943 年,华美协进社"闻名于全美"②,被中美两国朝野寄予厚望,但为资金所苦无宽敞场地,不利于大规模的发展。孟治苦思良久,最后鼓起勇气给曾有一面之缘的时代集团(Time Inc.)总裁亨利·路思③(Henry R. Luce)打电话募捐。路斯亲自邀请孟治到洛克菲勒中心的 Time-Life 大楼的私人餐厅共餐,之后两人共观看了 East Side 的

---

①　Chih Meng, *Chinese American Understanding*, pp. 157, 159.

②　Chih Meng, *Chinese American Understanding*, p. 190.

③　路思(1898—1967),燕京大学副校长路思义(H. W. Luce,1866—1941)之子,生于登州。1920 年毕业于耶鲁大学。1923 年在美创立《时代》周刊,1930 年创办《幸福》杂志,1937 年创办《生活》杂志,销路都很广,共达数百万份。1941 年曾再次来华旅行。路斯家族第三代 Elisabeth Luce Moore 曾担任华美协进社托事会主席。

60 至 80 街间看了 27 间住宅,最后筛选剩下一大一小的两栋。华美协进社的理事们开会时,考虑到小房子日后的维护费用较低而接受 Leigh House,将其命名为"中国宫",而与另一更大更豪华的场地失之交臂①。1944 年 8 月 27 日,华美社在此举行孔子诞辰 2495 周年纪念大会,有华美社名誉董事长、至圣后裔孔祥熙与路思总裁等名流出席,让好奇的美国民众在参观之中亲身感受中国文化氛围。从此,教师培训班越办越红火,华美社也有了固定的场所与发展空间。

此外,孟治另有三件事值得注意。第一,为赛珍珠佳作《大地》辩护。1932 年,孟治在一次 Waldorf-Astoria 欢迎赛珍珠的会议上对客人们说,认为该书不是"瓦解中国的证据",而是"一部动人的小说,文辞优美,不应当做历史而要当成小说来理解"②。第二,他创办了旅美南开校友会,会所就设在华美社内。1945 年张伯苓来美就医并接受哥大赠荣誉博士学位,孟治为之主办七旬大寿庆祝会,指派言木彬主持游艺节目,中美教育界人士欢聚一堂。第三,劝说华裔富商卢芹斋筹建教育基金。1928 年孟治在欧洲调查留学生时就曾会见过卢,1949 年冬天孟治夫妇在家以典型的北京口味家宴款待卢氏夫妇与姚 C. F.③,最终促成卢氏翌年设立(C. T. Loo's Chinese in America Foundation)④。

孟治常谦称自己在管理与传播华美协进社不够积极,然而华美协进社几项关键性的发展,都是在他任职期间促成的,如发行定期刊物,回顾评论中国历史和现状,出版以中国为主题书籍,调查

---

① 参见 Chih Meng, *Chinese American Understanding*, pp. 192 - 193。

② Chih Meng, *Chinese American Understanding*, p. 160.

③ Chih Meng, *Chinese American Understanding*, pp. 221 - 222.

④ 参见《美国中国学手册》,中国社会科学出版社 1985 年版,第 589 页。

统计留美学生状况,产生了深远的影响。路斯家族的第三代 E. L. Moore 说孟治"最现实、多边地丰富了达成国际理解的方式","多年以后,孟治的名字必将铭刻在中国两国的家族纪念碑上,象征他终生致力于两国联系的贡献。"①

　　除 1927—1930 年间的合作外,孟治与 1930 年转入经济界但仍活跃在国际文教领域的郭秉文还有几次合作。1943 年共建中美文化协会就是一例。当时中国的国际地位有了较大提高,但中美之间仍旧存在许多隔阂,美国人对中国的善意大多源于情感、怜悯,对中国文化缺乏深层的理解,宋子文主持"战后问题中国研究小组"(晏阳初、郭秉文都是成员)接受赛珍珠"应立即进行一项极具智慧且又详细计划的教育工作,让美国人知晓中国和中国人的真相"②的建议。9 月 24 日,在华盛顿集会决定成立中美文化协会,下设计划组、讲演训练组、宣传组,由郭秉文担任首任会长,华美协进社现任社长孟治自然参加,创议人赛珍珠等一些美国名流应邀为顾问。另一例是同年成立的战时中国留美学生计划委员会上的合作。宋子文、孔祥熙、胡适、魏道明与陈立夫为主席,李国钦与 Li Meng 为副主席,侯德榜为司库,张其昀为秘书③;改组后郭秉文为主席,孟治为执行秘书④,是郭氏最重要的合作者与支持者。1944 年 2 月 1 日,郭秉文与孟治、胡适与魏道明大使以及路思夫妇等人还亲切合影留影。郭秉文、孟治作为两代留美学生的代表,在美国文化教育界都做出了巨大贡献。比较而言,郭秉文的高度自难为人企及,擅长于从宏观着眼把握中国的辉煌文化与现实教

---

① Chih Meng, *Chinese American Understanding*, Preface.
② 吴相湘:《晏阳初传》,第 345 页。
③ 参见 Chih Meng: *Chinese American Understanding*, pp. 188 – 189。
④ 参见赵新那、黄培云编:《赵元任年谱》,商务印书馆 1998 年版,第 273 页。

育进步,屡有大动作,主持华美协进社把它们整体介绍给美国公众,开创了中美教育交流的新高。而孟治只是郭氏哥大的小师弟,面对郭氏开创的高起点,迎难而上,改组华美协进社,充实了资金保障,并达成财政平衡;细化中美教育交流环节,创办教师进修学校,使介绍中国与传播中国文化的工作具体化、长期化、大众化。但他们两人对华美协进社的热情与投入是一样的,前赴后继,把它建设成为留美学生与访美学者的服务中心与精神之家,以无限的精力、有限的资金把它建设成为出色的中美教育交流的前进基地。颜惠庆曾客观评价道:"虽然该组织和规模如日常经费都在一般水平,但该会在美国文化生活中占有一席之地,得到中美两国人民的高度赞赏。"①

华美协进社在留美学生的主持与组织之下,使中美教育交流出现了难得的繁荣局面,赢得了中美两国朝野的广泛尊重与赞扬。与郭秉文、孟治两任社长先后交好的太虚法师曾为其题字"镕华铸美"②,既嵌华、美二字,又寓意美好,表达了他对华美协进社及其事业的衷心祝福。这种有组织的中美教育交流有着强大的生命力,中间虽一度沉寂,但仍在曲折中前进,留美学生创造的经验与遗留的历史教训至今仍不无启示与借鉴意义。

留美学生通过双边合作,或直接到美国创建教育组织,进行有组织的中美教育交流,使中美教育交流有计划、有组织、上规模地有序进行。

---

① 颜惠庆著,吴建雍、李宝臣、叶美凤译:《颜惠庆自传》,第190页。

② Chih Meng: *Chinese American Understanding*, p. 158.

第六章　留美学生与新教大学

　　发源于近东的基督教,由亚入欧,又自西徂东,逐渐遍布全球,本来就不专属于某一国家或某一民族。它的传播过程,就是一部两千年来各种各样的语言和文化的交互诠释而逐步融合的历史,在此过程中基督教高等教育起了不可替代的作用。具体到中国,基督教想要对中国传统根深蒂固的社会进行渗透,更需要教育,尤其是其高等教育的帮助。而这与留美学生有着不可分割的关联。在颜永京、陈裕光等人的主持下,基督教会大学尤其是其新教大学①(Protestant Universities)的美国色彩变淡,成为近代中国高等教育的一个重要组成部分,拥有较高层次上的、连绵不绝的中西文化的交汇与融合,在近代中西教育交流史上曾起到重要的中介作用。

第一节　留美学生与新教大学的共同成长

　　新教大学主要是由美国来华传教士、差会创办的学校在 19 世纪末 20 世纪初归并升格而来。留美学生归国后,多有人积极从事

---

　　①　新教大学,此处特指来华的基督教新教差会系统所创建或资助的大学,得到留美学生的大力办理,与在华天主教大学相对。二者统称基督教大学,即教会大学,立案后成为中国私立大学的有机组成部分。

传教及教会教育事业、甚至参与新教大学的创办与注册,成为近代中国教育界的一支特殊力量,在与新教大学共同成长的过程中,为近代中国教育的发达做出了重要贡献。

一、新教学校与留美学生队伍的形成

美国来华传教士、在华教会学校与留美学生之间有着深厚的渊源。第一个新教大学华籍校长陈裕光就曾说:"我青年时在金大前身汇文书院附中读书,后入金大直至毕业前后达十年之久。一九二五年至一九五一年,我重返金大,由教授至校长,又历二十六个年头,与金大的历史渊源很深。"①而第一个留美学生——容闳的产生也离不开传教士的支持。

虽然马礼逊学校诞生在鸦片战争前,但到第二次鸦片战争之后,才有各类名目的教会学校的风起云涌。新教团体尤其是美国差会,热衷教会高等教育机构的兴办,到 20 世纪初期,中国已形成包括初等、中等、高等各级学校在内的完整教会学校系统。传教士在华开办教育的初期,教会学校主要集中在开放的五个通商口岸、

---

① 陈裕光:《回忆金陵大学》,《上海文史资料选辑》第 42 辑,1982 年。陈裕光(1893—1989),教育家、化学家。生于宁波,自幼随父陈烈明迁居南京。1905 年入成美馆求学,1915 年毕业于金陵大学化学系。在大学期间,认为辛亥革命成功是时代的进步,自号"景唐"(即景慕初唐盛世之意),树立了科学救国的远大抱负。1916 年被母校选送到哥伦比亚大学攻读有机化学,1922 年获博士学位。留学期间,曾担任中国学生联合会会长,参加美国化学会,并被预聘为北京师范大学教授。回国后主讲有机化学,积极参加中华教育改进社科普工作,主持编译柯威和史罗苏的《科学与世界改造》一书(由商务印书馆出版),曾任北师大教务长、化学系主任,兼任学校评议会主席,两次担任代理校长职务;1927—1951 年间担任金陵大学校长。

香港和澳门,通常为附设在教堂里的洋学堂,规模很小,程度均为小学。到1875年左右,基督教传教士开办的学校约有350所,学生有6000人,教会中学也开始出现。此后由于西方国家在华开办的企、事业日益增多,同时中国人自己办的实业也开始发展,中国近代化需要大批的人才。在这种大环境刺激下,教会学校急剧发展。到1899年,教会学校达到约1766所,学生人数增加到3万多人①。到1900年,几乎所有重要的在华传教中心至少都开设有一所小学。它们大多由来自美国的差会及传教士开办,即使首重宗教教育,但还是开设了数、理、化之类的新式科学课程,对落后的中国来说,具有意义重大的启蒙作用。

　　近代的留学潮是先从新教学校中开始的。1846年9月,马礼逊学校校长、美国传教士布朗(R. S. Brown)将自己亲自培养的容闳、黄宽、黄胜携往美国继续深造,1847年4月到达美国纽约,先进麻省芒松读高中。除黄胜因病回香港外,容闳和黄宽都在该校学习了两年,于1850年毕业。接着,黄宽前往苏格兰,考取了爱丁堡大学,读了7年医科,于1857年毕业回国,成为经过医科大学正规训练的第一位中国西医。容闳则考取了美国耶鲁大学,1854年毕业回国。1887年,官方的留美活动暂时停止,但是教会与教会学校的留美仍在悄悄进行。在此前后,颜永京父子、宋耀如父女、余日章、王正廷等人通过教会学校而成功留美,并得到了美国教会或传教士的资助,而颜、宋二位父亲自己毕业归来马上成为传教士。新教大学建立后,到国外留学的学生更加增多,像圣约翰大学每年都有几十名学生赴欧美留学。

---

　　①　王忠欣:《传教士对中国近代教育的贡献》,美国《海外校园》第27期,1998年2月。另见"信仰之门"网 www.godoor.net 的"信仰史话"超链接。

　　继男子留学后,女子留学也由美国差会及其传教士启动。1870 年,浙江宁波一位叫金雅妹(韵梅)的 6 岁孤儿,由美国传教士麦加蒂(Dr. Mocartee)带往日本求学。1881 年,17 岁的金雅妹又被送往美国学医。四年后,金雅妹以优异的成绩毕业于纽约医院附属的女子医科大学,成为近代中国妇女界第一位大学毕业生,后来担任过北洋(长芦)女医学堂的总办,最终在燕京大学去世。继金雅妹(韵梅)之后,福州女子柯金英于 1884 年在福州教会医院的资助下赴美国留学,在 1894 年毕业于费城女子医科大学。1892 年江西女子康爱德和湖北女子石美玉也在传教士的资助下赴密歇根大学医学院留学。她们回国后致力于医疗传道和中国医学现代化。至 1918 年,全国有教会所办的女子学校 3697 所①,占当时全国女子学校的一半。中国女子教育之倡导推行,教会学校首开其端。

　　新教学校培养了许多人才,如中华全国基督教协进会总干事诚静怡在英华书院毕业后赴西北大学留学,中华基督教青年会全国协会总干事余日章在圣约翰大学毕业后赴哈佛大学进修,中华基督教女青年会全国协会总干事丁淑静与洪业、刘廷芳、陈裕光、刘锡恩等人毕业后也都留学美国。他们日后成长为中国宗教界和教育界的重要人物,在不同程度上推动了近代中国教育的发展。此外,培养出近代第一代职业女性,如卫生部长李德全、郭秉文夫人郭鲍懿、香山慈幼院长毛彦文以及校长吴贻芳、王世静等人,活跃在医药、宗教、慈善与教育各条战线上,为留美学生队伍的壮大打下了一定基础。

---

　　① 汉芮:《中国基督教纪事(近、现代部份)》,北美《生命季刊》第 3 卷第 3 期,1997 年。

二、参与新教大学的创办

历史进入 20 世纪以来,近代中国教育尤其是高等教育迎来了一个大发展的阶段,具体表现为新兴大学纷纷出现。清末设立的京师大学堂、北洋大学堂、山西大学堂与清华学堂、南洋公学都在不断提高自己的程度而演变为完全大学;辛亥革命武昌中华大学、北京中国大学及朝阳大学、上海复旦大学、天津南开学校大学部、厦门大学等民办大学也纷纷成立。与此同时,最初各行其是的来华差会逐渐加强合作,通过对原来的教会学校实行归并和升格,在中国新成立许多新教大学,以及天主教系列的震旦大学、辅仁大学。

就在这个时候,甚至早些时候,新教系统的留美学生归国后,大多以宗教般的虔诚献身于新教教育事业,如福州英华书院资助一部人优秀学生赴美留学,归国后仍回母校任教。经过中美文化教育双重训练与洗礼的他们,整体素质要比原来的为传教办教育而没有受过必要的师范训练的传教士师资强,也更适宜于新世纪的语言教学要求,受到差会的重视,有的出任新教大学的院系领导职务,如刘廷芳、赵紫宸先后出任燕京大学宗教学院院长;有的成为西籍校长的副手,甚至直接对教会学校的归并与升格发挥了重要作用,并参与新教大学的创建过程。

确实,在各类学校、各个时期的在华新教的创办活动中,基本都能看到留美学生的踪影。下面撷取几个典型例子予以说明:

1. 颜永京与圣约翰大学的创始

早年的在华新教学校从学堂发展到书院,其程度大体提高到了大学预科的水平。它们大多是由美国传教士创办的。但他们的合作者,多是院校大学毕业的、崭露头角的归国留美学生,其中最早的一位便是颜永京牧师。

美国圣公会(亦称监督会)教徒颜永京(Ngan Yung King)1861年留美归来后虽然当了职业传教士,但对新教教育仍十分感兴趣。他曾参加中华教育会,与美籍传教士教育家狄考文、傅兰雅(自中国赴加州大学任教,后入籍美国)等有较多交往,后积极协助美籍犹太人、圣公会主教施约瑟(Samuel Isaac Joseph Schereschwsky,1831—1906)将培雅书院(Baird Hall)和度恩书院(Duane Hall)合并成圣约翰书院,于1879年4月15日(复活节后一天)在沪西梵王渡(今万航渡路)兆丰花园举行"立础礼",同年9月1日正式开学。施约瑟任校长兼国文部主任,文惠廉任英文文学兼伦理学教授,还有朱问渔、杨南生、孙云岗、朱鼎卿四位国文教师。分设"正馆"和"备馆",正馆即正科,也叫特班,备馆即预科,学制均为四年,有中国风格的二层的教学楼一座,住宅四座,占地90亩。首批学生39人中90%来自教徒家庭,全部免费入学,连衣服、饮食、书籍、文具等全由学校供给。翌年学生逐渐增至71人,全部来自教会学校。

颜永京"任学监兼数学、自然、哲学教授",1883年施约瑟中风辞职后接替主持校务,直至1888年离校出任圣公会牧师。在他的主持下,圣约翰"各科均用中国言语教授,初用普通国语,继以学生大半来自苏省,改用本地方言"[1];针对学生多只有中学程度决定加强教学,在1880年开设英文课程,锻炼和提高学生的外语水平,首开中国近代教育体制上对学生进行系统英语教学的先河,受

---

[1]　卜舫济:《圣约翰大学沿革略》,《教育季刊》第1卷第2期,1925年6月。

到社会的广泛欢迎。十年间颜永京殚精竭虑，为圣约翰的未来发展奠定了坚实的基础。1896年圣约翰改组，1905年建成完全大学，并向美国哥伦比亚特区立案，一度成为中国著名高等院校。颜氏办学得到了继任校长卜舫济（Francis Lister Hawks Pott，1864—1947）的高度评价——"初立校务者为圣公会会长颜永京先生"①，长久为圣约翰所铭记，如1904年10月1日新落成的大会堂便被命名为"思颜堂"②。

2. 钟荣光与岭南大学的兴衰

如说颜永京仅办学10年而未与圣约翰改大相始终的话，那么钟荣光（1866—1942）则经历了岭南大学（简称岭南，下同）的兴衰荣辱，可基本代表岭南的发展史，是新教学校出身的留美学生参与创建新教大学的完全缩影和最好见证。

岭南的前身是格致书院（Canton Christian College），1885年由美国基督教长老会的哈巴与香便文两牧师发起，并得到容闳等海内外名流的支持赞助，1900年7月迁往澳门改名为岭南学堂，1904年迁回广州康乐村，1927年正式更名，是一所没有差会主管的新教大学。钟荣光1899年应邀出任汉文总教习，同时与陈少白等是首届17名学生之一，随班学习英文、算学和自然科学，1905年毕业时已39岁；1909年任学堂"中国教务长"，1914年入哥伦

① 卜舫济：《圣约翰大学沿革略》，《教育季刊》第1卷第2期，1925年6月。
② 又称同学厅，今华东师范大学学生宿舍4号楼，即河西校舍40号楼。该楼呈现U字形，采用中西结合建筑形式，楼顶四面皆为曲线形，东侧南顶以阳台护栏式装饰。基地面积2414平方米，建筑面积4052平方米，计114个房间，砖木结构。北侧三层，当时系教员寄宿处和招待室，东侧一楼为办公室。1903年10月24日奠基，建筑经费共55337美元，经费来自圣约翰大学校友、上海商人和学生方面的居多。

比亚大学（简称哥大,下同）选修教育,研究西方教育原理和办学经验;1917年任副监督,1924年任副校长,1927任校长,1937年后退休后又一度担任名誉校长。他为发展岭南主要做了如下几件事:

首先,解决了学校的经济紧张局面。一战中正值学校因西方捐款大量减少而陷入经济困境之际,钟荣光受任为副监督,认识到依赖中国的学校还是应由中国人自己出钱自己办,外国人捐款办学终非善法,先后周游美国和东南亚各大城市宣传教育,利用广东多华侨的优势发动他们捐款,动员他们遣送子弟回国升学,取得了良好效果,从此以善于向海外华侨募捐而扬名;并因此特于1918年秋设立华侨班,招收百余名侨生,首创我国大学开设华侨班的先例。1924年至1926年,钟荣光开始了一生中规模最大的筹款活动,他与陈辑五代表岭南访问美洲,获得小洛克菲勒资助,为岭南筹集美金231.6万元,其中洛氏个人出资57.9万元。可以说,他的在海外募捐效果仅少次于司徒雷登,而要强于晏阳初、郭秉文、孟治与张伯苓等募捐名家,为岭南的持续发展创造了良好的条件。

其次,依靠社会办学,搞好校园建设。钟荣光广向社会各界募捐,先后建成四座中学生寄宿舍,以及张弼士堂、爪哇堂、嘉庚堂、陆佑堂、十友堂·马应彪招待室、马应彪夫人护养院等,使岭南成为当时广东最堂皇秀丽的花园式学校。在校长任内,更加大手笔地进行校园建设:1928年10月,科学院大楼落成并投入使用,12月1日,由钟荣光筹集资金的农业教学楼（十友堂）破土动工,1929年12月6日投入使用,同时土木工程学院的工程大楼也破土动工。这一系列主要依靠中国人自己的力量建设起来的建筑工程的完成,标志着岭南办学规模的不断扩大。

再次,综合进行学科建设。虽然钟荣光自己的学术方向是在中国古文方面,但针对中国实际,接任校长后先后增设农学院、工学院、商学院、神学院以及医学院,使岭南从原来仅有文理学院一个院系的基础上发展为6院30系,所开设科目也达400余种,成为南中国较大规模的多学科综合大学。他重视学以致用,强调教育决不能脱离中国的社会现实,农学院的曲折经历就生动地表明了这一点。他环游美洲、南洋各国,参观当地农业,感于中国以农立国而广东粮食却不能自给,认为欲求中国富强非急谋农业之改进不可,因此决心筹办岭南农科大学。他说:"创办农科的目的,一面在养成实用人才,一面在改进农民生活。"①这得到孙中山和廖仲恺的大力支持,由省政府拨给开办费30万元,自1921年起每年补助常年经费10万元,并拨地建立农林试验场。当纽约岭南董事局无意扩办岭南农科时他决意摆脱对外国人的依赖,单独由中国人组成岭南农科大学董事会,负责学校的领导和经费筹措工作,这是国人收回岭南外国人管理教育行政权的先声。它后来作为农学院并入岭南。他还考虑到大多数学生来自商人家庭,附设了广受欢迎的商科职业学校。

最后,他使岭南历史性地成为第一个向中国政府完成注册的教会大学。在他的不懈努力下,1927年1月,一个按中国政府颁布的规则工作的、主要由中国人组成的岭南校董会正式成立,校董会举钟荣光为校长,李应林为副校长,香雅各为顾问,筹备接收事宜。同年3月31日校董会向国民政府教育行政委员呈请立案,8月1日校董会与旧董事会举行正式交接,从此全校主权收回,岭南学堂更名为"私立岭南大学",成为中国第一所由外国教会设立而收归华人自办的大学。

---

① 李坚、余齐昭:《钟荣光传》,《中山文史资料》复刊号总第4辑,1984年。

　　正如自撰挽联"三十年科举沉迷,自知错悔改以来,革过命,无党功;做过官,无政绩;留过学,无文凭。才力总后人,惟一事工,尽瘁岭南而后死"①所描述那样,钟荣光把自己一生都奉献给岭南。1924 年落成的一座四层楼房后被命名为"荣光堂",在此之前的 1914 年,因感于他在康乐村简陋的临时住所一住就是 10 年,芝加哥的伊沙贝·布勒斯顿(Blackstone)夫人也因此专门出资为他建造了住所"黑石屋"。钟荣光为教育救国鞠躬尽瘁、死而后已的一举一动,受到了海内外的广泛赞誉。

3. 孔祥熙与铭贤

　　孔祥熙对教会教育的办理,与前面两位是从大学预科程度与人合作开始办理教会教育不同,是从零开始的。虽然他的教育事业基本被其政治经济经历所湮灭,但从时间长度来说,铭贤学校(简称铭贤,下同)才是他萦系终生的事业。

　　孔祥熙自小就在太谷的"福音小学"上学,受到美国女教士贝如意的赏识,以第一名的成绩被推荐到华北公理会通州潞河书院继续深造;又由于协助华北公理会总部赴山西善后代表处理太谷基督教传教士遇难事宜表现得力,被推荐到欧柏林大学②去学习。几经周折到 1903 年 6 月他才正式入学,先学理化后转学政治、经济,3 年后获文科学士学位,1906 年夏天毕业后到耶鲁大学进修了一年的矿物学。1907 年秋,在孔祥熙完成了在耶鲁大学学业就要回国、

---

　　①　《钟荣光——尽瘁岭南精神永生》,《中山大学校报(新)》第 58 期,2003年 12 月 18 日。

　　②　欧柏林大学由公理会创办,地处俄亥俄州,最早男女同校的美国大学。这所大学中早就成立过一个"中华团",是由立志去中国传播基督教的师生组成的。义和团在太谷杀死的 6 名美国传教士都是该团的成员。

欧柏林大学"中华团"的学友专为他组织的欢送会上,有人提议为了纪念传播在山西殉难的教友捐建一座纪念堂以资怀念。但孔祥熙转而提议在教友殉难原地建立一所纪念学校,用以提高中国人的文化,促进基督福音的传播,并志愿终身充当校长,得到了大家的热烈拥护。于是孔祥熙携巨款回乡兴办起一所新式学校,取名为铭贤学校,取"纪念庚子为道殉难中西先烈之意",校额"铭贤学堂"系由末代状元刘春霖题,下附英文校名 Oberlin Shansi Memorial School,由美国友人韩美瑞题写①。铭贤成立后设理事部专管校事,而在美国欧柏林大学建托事部,一应重大事务需呈请托事部。

　　孔祥熙重视学校基金的募集,大力进行基础建设。当初他就是靠欧柏林的捐款建立学校的,1909 年依靠各界支持把铭贤从南关明道院(当年 6 个教士被杀处,今太谷县人民医院)搬到东关孟家花园,为未来的发展提供了广阔的空间,陆续建起了教室、实验室、操场、礼堂和美国教师居住的几处小洋楼;后又靠继续募捐建起了"杭氏楼"、"田氏楼"(科学楼)、"韩氏楼"(宿舍楼)等楼房。1921 年募到基金 30 万元。1926 年初在领取获欧柏林大学所赠法学博士名誉学位的同时,为铭贤募得霍尔基金 75 万美元,存入美国银行后每年可得利息 3.5 万美元,充作铭贤学校的常年办学经费。而孔祥熙和宋子文也先后捐建嘉桂科学楼和亭兰图书馆。

　　孔祥熙重视师资建设。他广泛网罗人才,聘请教师,购买仪器、书籍,自己既当校长也当老师,教过英文、地理、矿物学、体育等课程,对教学也颇费苦心。铭贤有不少外籍教师,1908 年美国欧柏林大学毕业生韶华熙夫妇抵谷,到铭贤担任教员,是为铭贤学校第一批来华美国教师。1910 年 1 月,铭贤学校中学第一班王时

---

① 　参见赵荣达著:《孔祥熙述评》,山西高校联合出版社 1992 年版,第 210 页。

义、任兆祺顺利毕业。而母体欧柏林大学 1918 年认可每年派一名毕业生来铭贤任英文教员,同年公理会决定欧柏林大学捐款全充太谷铭贤费用。以后他所聘校长要么是留美归来的学人,要么解职后留美,都具有一定的办学水平。

孔祥熙重视学科建设,一直朝大学目标努力。由于孔祥熙有事经常外出,铭贤校政管理机制经常变换,由科长制、副校长制、校务委员会制到代理校长制,但他一直任校长,并未拉下学科建设。铭贤在 1916 年开办大学预科,接着分设大学科、中学科、小学科。田俊卿(美国人)、程步云、温尔安分任科长。1921 年美国人穆懿尔(Raymend T. M. Meyev)在学校创办农场。可惜 1923 年遵照当时全国教育会议决议案实行新学制时,大学预科停办,但在 1927 年成功立案后又重新开始了建设大学的步伐。1928 年留美学生乔晋梁主持校务办起农科,由穆懿尔任农科主任;1931 年办起了工科,1933 年工科实习厂建立。1934 年孔祥熙聘请燕京大学梅贻宝先生为代理校长整顿校务,扩充农、工两科,创设乡村服务部,呈请教育部补助经费;1937 年 5 月 19 日决定拨基金二十万美元添设农业专科学校,成立孔祥熙兼任董事长的校董会,呈报山西省政府转咨教育部立案在 1940 年建成。1943 年 8 月铭贤升格改制为四年制独立学院,设机械工程、纺织工程、化学工程、农艺、畜牧兽医、农业经济、银行及工商管理等八个系科,并有若干实习工厂,仍保留从幼儿、女中到高中的编制,由杨文若担任院长,体制与张伯苓所掌的南开大学相仿,在中国教育史上占有一定地位①。

---

① 1950 年成都解放后,铭贤中学和铭贤学院由成都撤回大谷旧址。1951 年 1 月,人民政府对铭贤进行院系调整,铭贤学校历史至此结束。原六系中留农学、畜牧在太谷并加以扩充,正式成立山西农学院。1979 年 9 月 1 日,山西农学院扩建成山西农业大学。

　　孔祥熙并非一个纯粹的无聊政客,更不"庸之",而有自己的一套教育理论及其实践,曾任齐鲁大学、成都燕京大学的董事长,是朝阳大学、中国大学、之江大学、岭南大学的董事或名誉董事,也确实帮过这些学校,曾关心过燕京等大学的内迁;对民国教育目的也有着明确认知,赞同"中华民国之教育,根据三民主义,以充实人民生活,扶植社会生存,发展国民生计延续民族生命为目的。务期民族独立,民权普遍,民生发展,以促进世界大同"①这个根本教育方针,同时也客观地给教会教育明确定位,说:"我国自革命运动肇始,以至今日,我们不能不承认教会在我国创办学校作育人材,曾经发生过很大的作用。"②他重视学生德智体的全面发展,号召学生"锻炼体魄"、"养成尚武精神"、"遵纪守法"、"练习吃苦耐劳"、"实行劳动服务"③,早年曾亲任体育教师,而铭贤也开设过"国术课",学生曾在各项竞赛中多次夺得锦标。他还向铭贤学生说自己"创办本校,作育人才,以期达到救国救民的目的,符合淑世爱人的本旨"④,说明新教大学与铭贤同样具有进步的教育功能与社会意义。在这个意义上说来,他兴办铭贤实施的并非全然的奴性的宗教教育;事实上,他重视科学知识的传播,"如农工商三科之设立,亦实为山西省环境之最需要"⑤,具有浓厚的世俗化、乡土化色彩。孔氏与铭贤的历史似乎比他的经济与政治言行更值得我们研究。

　　鲜为人知的是,这些留美学生及其所创学校的爱国热情较为

---

① 刘振东编:《孔庸之先生演讲集》(下),文海出版社 1962 年版,第 564 页。
② 刘振东编:《孔庸之先生演讲集》(下),第 620 页。
③ 刘振东编:《孔庸之先生演讲集》(下),第 547—549 页。
④ 刘振东编:《孔庸之先生演讲集》(下),第 615 页。
⑤ 刘振东编:《孔庸之先生演讲集》(下),第 616 页。

激烈。三人与革命及其领导人孙中山有或多或少的关系。颜永京
与孙中山交情并不特别深,但培养了颜惠庆、沈缦云①等革命党
人。而钟荣光则与孙中山夫妇颇有私交,1922 年陈炯明政变时宋
庆龄曾夜宿其家,而孙中山多次到岭南演讲以表支持,岭南首先收
回教育权与这种关系分不开。至于孔祥熙也曾是革命青年,与孙
中山先后成为宋家的女婿,尔后开始政治上的亲密合作,曾支持孙
中山北上。在此前后,铭贤在山西辛亥革命、五四运动、五卅运动
中的表现都较为突出。留美学生曾从新教学校吸取到最初的近代
知识,留美归来后又曾参与它们的创建与升格,一起成长,共同发
展,形成了良性循环,为近代教育的多元发展做出了自己应有的
贡献。

三、主持新教大学的立案

20 世纪 20 年代,新文化运动将中国聚积了半个多世纪的生
产和经济变革的力量在思想意识形态领域内释放出来,极大激发
了中国人的民族意识和爱国热情。依靠特权建立起来的在华新教
大学大多在美国立案,按照美国大学教育的模式规定自己的宗旨,
从语言、建筑到课程,处处宣传西方宗教和生活方式,并不属于中
国学制统辖的范畴而自成系统,像是一个近代中国教育的租界,理
所当然地成为最直接的攻击目标。在中国教育大发展的时候,基

---

① 沈缦云名懋昭,字缦云,以字行。1869 年 2 月 7 日出生于江苏省吴县,祖
籍江苏无锡。原名张祥飞,其父张桐龄是举人,后蒙培雅书院(约翰书院的前身)
校长颜永京的允许,进校成为插班生。因其学习勤奋,品学兼优,深得师长赞许。
后经颜永京介绍入赘为无锡富商沈金士孙婿,遂改姓沈。先后历任沪军都督府财
政司长,后曾任上海总商会会长、全国商会联合会副会长等。

督教教育调查团却发表调查报告 *Christianity Occupation China*
(《基督教占领中国》),它们自然遭到了猛烈反击,以民族主义和
科学名义的"反基督教"、"收回教育权"呼声响彻云霄。

1. 留美学生的建言与推动

在这种情况下,中国政府也采取了一些行动。1925 年 11 月
16 日,北洋政府教育部正式颁布"外人在华设立学校认可办法",
以后广州及一些省政府也颁布类似文件。虽然当时"以外籍神职
人员为主的教会组织和教会学校成为矛盾的焦点,主要原因在政
治而不在宗教"①,但一时之间其中关于宗教问题的规定成为传教
士和教徒反对的重点,致使新教大学归属中国进程进展缓慢。
1928 年国民政府完成了对全国的统一,并开始加强对全国高等教
育的管理。1929 年 8 月 29 日,哥大师院毕业生蒋梦麟主政的教
育部公布了五章三十八条的《私立学校规程》,规定私立大学、独
立学院及专科学校必须置于教育部的主管之下,一切事项均须遵
照现行教育法令办理,不得以宗教课为必需课目,校长、院长须以
中国人担任;办得不好或违反法令的,主管教育行政机关得勒令停
办。接着,国民政府公布了《中华民国训政时期约法》,规定"私立
学校成绩优良者,国家应予奖励和补助",给各类已经立案的公私
院校以平等地位。一个统一、相对严密的全国学制系统建立起来
了,相对于 1922 年的新学制是一个进步。它改变了以往对私立学
校和外国人创办的学校放任自流的局面,有利于国家的统筹规划;
充分发挥新教大学的效力,补充公立高等学校的不足,一起沿着国
家统一的方向前进。

---

①　朱维铮:《基督教与近代文化》,上海人民出版社 1994 年版,第 265 页。

　　留美学生,特别是任教于在华新教大学的留美学生,在他们必须迅速采取措施改变自己的尴尬形象、扭转不利局面之时挺身而出,积极建言献策。因他们的特殊经历,对当时新教大学内外两种文化的冲突有着深切认识,故多中肯之语。首先,他们对新教大学的美国色彩过浓有深切认识。燕京大学实权人物之一的刘廷芳曾说:"教会大学由差会负责经营办理,其政策便时时与差会政策互相表里;而主办者美国人努力使之在美国州政府注册,能在中国给予美国的学位;总要想办得像美国的私立大学,尤其是像美国教会的私立大学。"①也难怪罗廷光说:"外人攻击教会学校,总说是洋气太重。"②1932 年,初次来华的费正清到北京华北华语学校学习时,就觉得它与周围格格不入,那"高高屹立在一群灰色平房之中"的棕色楼群"就好像是用直升飞机突然从加利福尼亚运到北京似的"③。其次,建议办学中国化。他们意识到如想从长远来发展新教大学,在办学中必须迅速采取得力的"中国化"措施,迎接社会挑战,应付办学竞争。主编中华基督教全国协进会的宣传喉舌——《教育季刊》的留美学生程湘帆在其发刊宣言中呼吁:"贯彻基督教教育之中国化,发挥基督教教育之真精神。"④早在 1909 年,工作于商务印书馆的学界前辈邝富灼在中华教育会的会议上就极力主张"传教士工作者应与中国政府合作,应该向政府注册"⑤,其他中国教育工作者也向会议提出了类似的建议。多年

---

　　① 刘廷芳:《教会大学办学之困难》,《教育季刊》第 15 卷第 3 期,1939 年 9 月。

　　② 罗炳生:《基督教高等教育当前的问题》,《教育季刊》第 2 卷第 3 期,1926 年 9 月。

　　③ 黎鸣、贾玉文等译:《费正清自传》,天津人民出版社 1993 年版,第 47 页。

　　④ 《本刊宣言》,《教育季刊》第 1 卷第 1 期,1925 年。

　　⑤ 转引自[美]杰西·格·卢茨著,曾钜生译:《中国教会大学史 1850～1950》,浙江教育出版社 1987 年版,第 196 页。

后,曾是燕京大学立案的关键当事人之一的刘廷芳总结道:"中国职员引教会先导马悌尔博士(Dr. Caivin Mateer)之口头禅,说基督教教育必需更切之中国化,更大之效率,更深之基督化。……第一我们即须毅然决然,使基督教高等教育,接近中国情形,切合中国的需要。"①1925 年 3 月,深受各界敬重、与司徒雷登私交甚好(后曾为其自传作序)的胡适在燕京大学教职员聚餐会上之直言"今日教会教育的难关",建议集中财力人力来办极少数真正超等出色的学校、抛弃传教而专办教育②。这些言论,较有针对性、可操作性,对新教大学的办学转向在实践中产生了比较好的作用,推动了新教大学的立案工作,有利于它们与北京大学、东南大学、南开大学、厦门大学等新老大学展开激烈的竞争。

2. 留美学生主持立案工作

留美学生不仅对新教大学的办学转型有深刻认识,而且还亲自参与、甚至主持了他们向国民政府的立案工程。

和世界上其他国家相比,中国近现代高等学校聚散离合特别频繁,新教大学的序列尤其复杂。按其成立的先后顺序,人们常说的 13 所教会大学为上海圣约翰大学(1905 年),南京金陵大学(1910 年),成都华西协和大学(1910 年),苏州东吴大学(1911年),杭州之江大学(1914 年),金陵女子大学(1915 年),北京燕京大学(1916 年),福州华南女子文理学校(1917 年),福州福建协合大学(1918 年),广州岭南大学(1926 年),武昌华中大学(1929

---

① 刘廷芳:《教会大学办学之困难》,《教育季刊》第 15 卷第 3 期,1939 年 9 月。

② 胡适:《今日教会教育的难关》,《胡适学术文集·教育》,中华书局 1998 年版,第 253 页。

年),济南齐鲁大学(1931年),上海沪江大学(1931年)。20世纪20年代末30年代初,留美学生在民国的特殊的政治和社会的环境中,也是处于宗教和文化上有着明显差异的环境中,面对中外和新旧的复杂形势,推动新教大学经历了一场向国民政府立案注册的高潮,使其经历了一场大浪淘沙般的洗礼。从而能与其他公私立大学分庭抗礼,让基督教会与政府主管教育的部门都能接受,知名教授乐意应聘来校授课,莘莘学子也慕名前来踊跃应考,走出一条办理高等教育的新路。

留美学生负责的新教大学立案工作是一条较为漫长的道路。如福建协和女子学院的首次申请便被驳回,而华西曾有过临时立案的经历。而曾经风光一时的圣约翰大学由于卜舫济校长的顽固立场,直至1941年到涂羽卿任上才重新启动。严格说来,陈裕光是第一个代表金陵大学(简称金大,下同)向南京国民政府大学院申请立案的华籍新教大学校长。陈是金大1916届毕业生,留美化学博士出身,1925年自北师大代理校长任上回归金大,翌年担任文理科长,1928年5月办完立案手续,9月20日得到喜讯,金大由此举行欢迎大会。陈在会上说:"金大原为教会学校,一切教育行政皆操外人之手,经同人努力奋斗,已将本校教育权收回,华人任校长,为本校创举,此后本校将进而为中国化革命化之学校。"[1]其实,1927年初钟荣光所代表的岭南由广州国民政府教育行政委员会核准立案,翌年增加商科。更早的有1925年春天燕京大学向北洋政府教育部申请立案成功,1929年再次向南京政府申请立案。以后,立案工作由国民政府教育部负责,申请立案情况参见下表:

---

① 《金陵大学举行欢迎陈裕光大学》,《教育季刊》第3卷第3期,1927年11月。

表 6-1-1　新教大学(含学院)立案时简况

校　名	建校	首任校长	立案	学院/科	校址	校长	校长学历
岭南大学	1888		1927.1	文—理	广州	钟荣光	哥大　硕
燕京大学		司徒雷登	1929.6	文—理—法	北平	吴雷川	中国进士
金陵大学	1911	福开森	1928.9	文—理—农林	南京	陈裕光	哥大　博
沪江大学	1903		1929.3	文—理—教—商	上海	刘锡恩	哥大　博
东吴大学	1901	孙乐文	1929.8	文—理—法	上海	杨永清	留美
华中大学			1931	文—理—教	武昌	韦卓民	哈佛　硕
齐鲁大学	1866	狄考文	1931.12	文—理—医	济南	林济青	
华西协和		毕启	1933.9	文—理—医	成都	张凌高	德鲁　博
福建协和	1915	庄材伟	1931	文—理	福州		
圣约翰大学			1947		上海	沈嗣良	留美
之江文理学院	1899	孙乐文	1930	文—理	杭州	李培恩	
金陵女子文理学院	1915	德本康	1929.11	文—理	南京	吴贻芳	密歇根博
福建女子文理学院		程吕底亚	1934.6	文理	福州	王世静	密歇根硕

资料来源:据蒋致远主编《中华民国教育年鉴》(四)第99—140页有关内容增补。

新教大学在1930年联合成立了中国基督教大学联合董事会,对交流信息、统一办学步伐、提高办学质量有一定作用。虽然圣约翰大学在这个立案浪潮中显得有点另类,美国圣公会和圣约翰大学一开始都拒绝在中国立案,一直拖到1947年,校董会才向国民政府提出立案申请并获批准,但这并未过多妨碍中国高等教育体系的统一格局的形成。

新教大学在历经立案的考验后,其行政权基本被本来与其密不可分的留美学生所掌握。而他们申请立案的成功,虽使美国色彩大为削弱,但并没有导致办学实体的崩溃,反因贴近国情与现实需要而有了进一步的发展。刘湛恩治下的沪江商学院可为典型。1932年,刘湛恩在圆明园路真光大楼创办这所沪江大学最负盛名的学院,又称城中区商学院,院长为朱博泉。除本科外,另设专科与普通科,利用晚上业余时间上课,为大上海的在职职工、家境贫寒的好学青年提供接受高等教育的机会。该院既有切合实际的课程,又聘有章乃器、潘序伦等名流执教,颇获社会好评,成为当时办得较好的并卓有成效的一所夜大。他本人不仅是一位著名的教育家,更是一位坚定不移的爱国者。1937年抗战全面爆发后,他被推举担任上海各界人民救亡协会理事、上海各大学抗日联合会负责人、中国基督教难民救济委员会主席,又是太平洋关系学会和国际俱乐部创始人之一。1938年初他断然拒绝日伪教育部长高官的利诱。同年4月7日,刘湛恩上班之际,惨遭日伪特务暗杀,以身殉国。正如刘锡恩一样,这些新教大学的校长们普遍比较爱国。燕京大学校长陆志伟与洪业教授等人曾在日帝的集中营里威武不能屈。而钟荣光则是孙中山、廖仲恺的革命密友,还把1928年接收过来的博济医院发展成为拥有5个系的"孙逸仙博士医学院",在1936年并入岭南。

教会大学的出现曾使中国高等教育与西方高等教育的差距一下子缩短了几百年,这个奇迹原本与留美学生分不开。但是在新教大学融入中国高教体系后,这个光荣才属于近代中国,新教大学本身也才真正向中国教育全面开始其固有的创造力,从而真正在中华大地生根发芽。在国内其他公私立大学完整纳入民族教育体系的时候,在华新教大学的加入,促进了中国近代高等教育的健全发展,促进了新的国家的统一。

除此之外,有的留美学生出任新教大学的院系主任,在培养出大量专业人才的同时,直接在若干领域内为中国的现代化作出重要贡献,如金大的农科、燕京大学的社会学系与新闻学系、文华图书科、东吴的法学院,圣约翰的商科分别在农业改良与农业调查、社会调查与新闻事业、图书馆学事业及其教育、比较法学、经济等方面,在社会上突出的表现,表现出较高的教育质量,提高了新教大学的声誉,推进了它们的发展。

值得指出的是,这些教会学校出身的留美学生参与创办新教大学具有许多难能可贵之处。其一,奉献精神可嘉,如颜永京虽未能与圣约翰改大相始终,但他仍关注其发展,其四子颜惠庆便曾在圣约翰任教;钟荣光虽然没有固定的差会经费支持,却是社会办学的先驱;而孔祥熙虽受英文校名所累,但他扎根农村远非一般滞留大城市的留美学生可比。其二,敢于综合办学。初期的新教大学宗教教育气氛浓厚,但他们富有综合办学的胆略,颜永京首开设立英语语言教学的先风,而钟荣光、孔祥熙更重视应用学科建设。其三,有科学眼光。虽然颜永京重当传教士,但翻译出版过我国第一本心理学著作,而钟、孔有自己的系统的教育思想,为发展本地经济而不断调整本校的发展方向。最后,改变了高校布局。孔祥熙所建的铭贤甘处山西内地,沈祖荣的文华图书科矢志立足两湖地区,不像当时大多高校集中于上海、北京两地,培养了不少急缺人才,对当地甚至对全国的社会发展起了不小的促进作用。

成长起来的教会学校出身的留美学生,归来后以自己的努力积极参与新教大学的办学工作,与其一起成长,从根本上突破了传统教育的缺陷,在办学模式、教学内容、人才培养、适应社会等许多方面提供了崭新的内容,一度成为近代中国高等教育的主体,对当时社会教育与文化产生了巨大的先导作用。在留美学生与新教大学共同成长的历史进程中,中美教育交流的双向性又一次得到鲜明的体现。

第二节　留美学生与新教大学的国际化

作为教会大学存在的新教大学,在向中国政府立案注册后,并未停止前进的脚步。虽说,越民族化的就是越世界化的,但立案只是更多的中国化而已,并不直接等于世界化,更非新教大学的终极目标。留美学生在推动母校注册立案成功的同时,继续发挥它原有的"外来和尚念经"办学的优势,锲而不舍地在校园内外推动中美教育交流,努力按高标准把母校办成名校。

近代中美文化交流的双向对流特征,在新教大学里表现得尤为明显。掌握新教大学校政的留美学生在办学过程中,利用在学校的特殊地位,借助新教大学相对开放的优势,与西方教育、文化乃至西方社会有更多的直接接触与联系,更有资格、能力与机会进行中美教育交流。从学校内部来说,因语言、课程、学制乃至教育宗旨等方面更接近原版的美国教育,他们能顺利地向学生传播美国教育思想与方法;还利用学校董事部与在大洋彼岸托事部之间的天然联系,可向美方报告本校的发展成就,想方设法进行资金与人员方面的多种往来。其实,在校内与美籍外教进行交往的同时,还可向他们的祖国介绍中国的教育或文化。新教大学在他们的主持下,既是外人观察、了解中国社会不大不小的窗口,又是他们自己沟通中美教育、文化的桥梁,其国际化程度不断得到加深。在校园文化的营建、中美图书馆学交流等方面,以及陈裕光校长等人身上,都有充分的体现。

一、建设中西合璧的校园文化

留美出身的校长们注重建设沟通中美的校园文化,并形象地将其物化为全校师生员工所共同认可和接受的校规、校训、校徽,在学校中形成营造一种精神氛围,较好地表达了留美学生与新教大学沟通中美教育文化的寓意。

最为丰富、活泼的是校歌。校歌一般分为两类,一是一般性校歌,如简又文《岭南牛》节奏明快,旋律感人,体现了积极向上的精神,宜于一般场合的歌唱。另一类是庄严、郑重的"母校歌"——正式校歌,大多雄壮有力,很有气魄。而赵紫辰作词的燕京校歌讴歌"雄哉壮哉燕京大学,轮采奂美且崇,人文荟萃中外交孚,……为国尽效忠";东吴中文校歌有如下歌词"中西文艺,并蓄兼翰,……资筹中美,经始规模,堂厦峙姑苏。道契大同,教无畛域,一体冶洪炉。……古今完人,天地正气,更勉以同符"①。这种校歌篇幅适中,易记易唱,热情、大气,如实地反映了新教大学师生沟通中美教育的便利、抱负与文化理想,富有感召力和凝聚力,对大家的影响不言而喻。

校训作为学校精神、校园文化和核心价值观的充分体现,用词简洁精练,寓意高尚,既契合基督教原理,又熔铸儒学传统的精神气质,反映了中国教会学校的特殊性质。如岭南校训为"作育英

---

① 何晓夏、史静寰:《教会学校与中国教育近代化》,广东教育出版社 1995 年版,第 346—349 页。

才,服务社会",另一说为"今之学者为人"①。金大校训则更具古典风采,陈裕光曾深有感慨地说:"诚真勤仁,本校五十余年之校训也",誉之为"金大之灵魂";还说诚即"金大人所说的'诚心向学'。金大校训以'诚'为首"②。沪江大学 1915 年经校董会决议,确定校训为"信、义、勤、爱"。燕京大学的校训是"因真理,得自由,以服务"。圣约翰大学校训则为"光与真理",后接孔子名言"学而不思则罔,思而不学则殆",俨然暗示燕京大学由福音传布者成了教育者。金陵女子学院的校训则较简单的两字:"厚生",源于《圣经》中的一个词语,意思是人活着不能光为自己,而是要用自己的能力和智慧去帮助别人造福社会,这样不但有益于别人,自己的生命因而也就更丰满。福建协和女子学院校训为"受当施"。东吴大学美籍校长孙乐文(David L. Anderson)从《圣经·新约》第四章第十三节中引"Unto a Full Grown Man"作校训。1927年杨永清当选首任中国籍校长,又订"养天地正气,法古今完人"③为中文校训。而孔早年在办铭贤学校的时候,曾向全校师生明确地提出过一条校训,叫"学以事人",源出于《圣经》"新约全书"马太福音的第 22 章 28 节,号召学生学以致用,为社会服务。留美学生既常以《圣经》中的话语作校训,又常利用中文警语,甚至制定中文校训。这种中西合璧式简练地反映了教会学校将中西文化的核心和精华统一起来的内在的精神追求。

---

① 何晓夏、史静寰:《教会学校与中国教育近代化》,第 352 页。
② 陈裕光:《回忆金陵大学》,《上海文史资料选辑》第 42 辑,1982 年。
③ 孙中山应蒋介石要求写的一句话,在当时为许多学校作为校训。1948 年东吴大学重建的校门正面刻校名,背面上端横刻"Unto a Full Grown Man"英文校训,门柱上则竖刻"养天地正气,法古今完人"的中文校训。参见杨铭、吴竞:《东吴大学校训的由来及其演变》,《苏州杂志》2003 年第 3 期(总 88 期),2003 年 6 月。

而校徽大都简洁新颖,含义深刻,主题鲜明,集中反映了本校的历史与学风,甚至有的把校训移植于上,极具象征和激励的意义。岭南和圣约翰的校徽就是例证,前者采校址北望的全景——大图形之中上有白云山,横亘其中为珠江,而下半部则为校址北部江岸——曲溪南流,左有田畴,既将岭南自然景观浓缩于一处,"望白云而思母校,指珠水以盟赤心"的深刻含义尽在这"红灰"两色的寓意之中。而将红校徽嵌入灰校旗,不仅色素调和,庄严壮丽,十分契合岭南学子的"红灰儿女"之称。后者依照西方名校传统,在校徽上写有格言。整体呈圆形,中心有中英文校名,配以竹子枝叶,周围环绕着中英文校训"LIGHT & TRUTH"和"学而不思则罔,思而不学则殆"。

在留美学生的参与与维护下,新教大学的校园文化较为和谐,中西合璧,内容和形式高度统一,高度概括和抽象了留美学生们的办学宗旨与希望,中美教育交流在这里有声有色地进行。

二、沟通中美教育的陈裕光校长

新教大学的华人校长不仅校务出色,也都善于沟通中美教育。颜永京在圣约翰讲授过当时极为少见的心理学课程,还将美国的海文①牧师所著的《Mental Philosophy》的上卷翻译为《心灵学》并

---

① 海文(Joseph Haven,1816—1874),曾在 Amherst College 教心理学、Chicago Theological Seminary 教神学,他沿用了康德(I. Kant,德国人,1724 — 1804)的说法,它和我们现今所说的心理学大体相当,从内容上看,其中有不少见解都是可取的,显出哲学心理学的进步趋势。未见颜氏出版下卷。首次使用"心理学"一词的是日本学者西周(1829—1897),这是他翻译海文的同一原著于 1875 年出版时所用的书名。1896 年,康有为在编《日本书目志》时,首次使用"心理学"的汉译名称,并一直沿用至今。

于 1889 年出版。相对稍早的山东传教士而言,他应是讲授高校哲学心理学的第一人;在东方学者中,他是出版心理学著作的第二人,仅稍迟于日本的西周。这在当时心理学教育在西方也不健全的情况下,尤为可贵。钟荣光以举人出任岭南的汉文总教习,以岭南教务长赴美留学,可谓兼修中美;虽第一个收回新教大学办学权,但并未削弱它的国际化程度,他曾实施一个与外国学校交换学生的计划,使中西文化得以更充分地交流。另一位岭南校长陈序经则主张教育更彻底的美国化,实行指向明确的"全盘西化"。他一直倡导中国教育现代化,因为"新的时代的中国,也要有新的教育现代化的国情。现代的环境,并非中国独有的,更非中国所固有的。这么一来,中国教育之要现代化,不但是理论上所必然的,而且事实是所不免的"①。在近代宗教界,号称"南韦北赵(紫宸)"中的"南韦"韦卓民不但从神学的中外融合上立论,还三次赴美讲学宣传他的见解。1931 年曾应聘为芝加哥大学的特约讲师,主讲中国儒学伦理;又应耶鲁大学之约为其所主办的暑期中国行政人员比较教育讲习会授课,后在该校研究院任伦理学客座教授,并被授予荣誉博士学位。1945 年到哥大讲学中国古籍中的上帝观和祭祀研究、孟子的政治思想。他在美国巡回讲学讲演的一部分于1947 年以《中国文化的精神》为名在美正式出版。他还是美国"鲁斯教授"这一荣誉称号的第一个获得者②。

任期最长的新教大学华人校长、金陵大学校长陈裕光,一直坚持沟通中外的办学宗旨。他曾说:"本人自办学以来,一再与本校

---

① 陈序经:《教育的中国化及现代化》,《独立评论》第 43 号,1933 年 3 月。

② 鲁斯教授,全称是亨利·鲁斯世界基督教客座教授。鲁斯,燕京大学首任副校长路思义之子。时为 1945 年,参见曹方久:《韦卓民与康德哲学——〈韦卓民:康德哲学著译系列〉简介》,《华中师范大学学报》2001 年第 2 期。

同仁与同学畅谈办学方针,以沟通中西文化为职志。本人曾于三十二年六月在成都华西五大学举行毕业典礼时云:'大学之共同职志乃在沟通中西文化,取人之长,补己之短,使吾国固有之文化,更臻完善。'三十四年一月,应邀赴美,曾与美记者谈话,仍以沟通中西文化,为今后中国办学方针。返国后亦以此项意见,告诸同学。"①他还系统地在办学中沟通中美教育文化,为办学殚精竭虑二十五年如一日,使之成为与燕京大学齐名的著名高等学府。

1. 建设特色学科

教会大学开始就有一点不同于普通大学,即注重一些特色学科的建设。金大也不例外,原设的文理、农林两科在立案后扩充成为文学院、理学院和农学院。陈裕光在任上依托美国教授与资金,继续发展农学院,又加强了文史学科的建设,使自己的特色更加鲜明。

农学院历史悠久,前身为初创于 1914 年的农科,1912 年,该科斐义理教授请求临时政府提倡造林,经批准规定清明日为植树节(后改为 3 月 12 日),它是当时国内大学唯一的农科,开四年制农科先河。

加强农学院的发展:

陈裕光主政后,将农林科升格扩充为农学院,下设农业经济系、农艺学系、植物学系、动物学系、森林系、蚕桑系、园艺系、乡村教育等 8 系和农业推广部,另辟农场及试验场多处,其中农艺学系共有总场一所、分场四所、合作场八场、区域合作试验场五所、种子

---

① 《陈裕光校长在金大举行 60 周年大会上的讲话》,《金陵大学校刊》第376 期,1948 年 11 月 30 日。

中心区四所。仅总场就有农地 1700 余亩,蚕桑系桑园有 230 多亩,试验场面积一百多亩,种植桑树数万株,对改良中国蚕桑业起了一定的作用。他大力倡导教学、研究、推广为一体的"三一制",重视联系中国农业实际;农学院师生在他与卜凯(详见第四章第一节)等中外师资的倡导下,足迹因而遍及全国十多个省的农村,得到社会各界的高度赞誉,"金大校誉鹊起,闻名国内外,农科是一主要因素"①。在东南大学农科停办后,金大农学院一枝独秀。他还大力从中基会、罗氏基金会等处募来资金建设农学院,促进农学院与燕京大学社会学系、平教总会的合作,协力推进华北乡村建设计划。

金大农学院培养了大批农业科学方面的人才,如 1929 级的樊庆笙后来成了母校的教务长,有陈俊愉院士(1935 级)等毕业生广布于国内农业科学阵地上,也有左天觉(1936 级,美国烟草实验室主任)等校友活跃在国际科学领域,对推动中国乃至世界的农业发展做出了巨大的贡献。金大农学院在人才培养、农村调查上的贡献超越了其他兄弟单位而首屈一指。

倡导国学研究:

金大虽是个新教大学,但重视对中国文化的学习与研究。金大文学院设有历史、政治、经济、国文、英语、哲学、社会及社会福利行政等八个系,初以研究为主,后重应用及推广。1930 年,吴景超、柯象峰等留美学生发起成立社会学系;同年陈校长利用哈佛燕京学社限制性开支中给金大的专款,办起了中国文化研究所,请李小缘襄助校友徐养秋筹建中国文化研究所。该所于翌年 5 月创立了由李小缘主编的《金陵学报》,拥有专任研究员吴景超、刘国钧

---

① 陈裕光:《我与金陵大学》,《上海文史资料选辑》第 42 辑,1982 年。

与兼任研究员雷海宗、贝德士[1]等中、美学人的参与,实行教学与科研并重的方针,确立史学、哲学、外人对中国文化之研究、目录学、国画研究等5个研究方向,编纂、出版有《范氏天一阁藏书考》(陈登原)等论著。虽然新教大学当时普遍重视国学研究,但都较少涉及金大的后3个方向。该所附设有博物室,藏有殷墟甲骨数百片,包括《老残游记》作者刘鹗女儿陪嫁之物的甲骨片。陈裕光趁机游说金大首任校长、校董福开森(John Calvin Ferguson)[2]将其在中国40年用巨资收藏一部分文物(包括南唐王齐翰所作的名画《挖耳图》)捐赠给该所,既为开展考古学提供了良好条件,又为中华文物回归祖国做出了贡献,商承祚来所后便对此进行整理研究,编有《福氏所藏甲骨文字》。文学院还成立了国学研究班,后又成立文科研究所史学部、中国文学部,与中国文化研究所合作招收研究生,培养了沈祖芬、殷孟伦等学者。他还加强图书馆建设,为国学研究创造了良好条件。

2. 推广教育电影

当代教育已经进入信息技术和多媒体教学时代,但19世纪教

---

[1] 贝德士(Miner Searle Bates)美国人,1935年的耶鲁大学博士,曾任金大政治历史系主任、历史系主任。

[2] 福开森(1866—1945)汇文书院创始人,1888年来华传教。曾充盛宣怀、端方的顾问,后来又多次出任政府顾问。曾是盛氏南洋公学的第一任监院,又参股上海《新闻报》,是中国红十字会董事。编著有《中国绘画》、《历朝瓷器》、《历代著录吉金目》(1938,中文本)。早在抗战前,陈裕光就深知他嗜好中国古代艺术,研究并收藏了大批我国古代书画、铜器、瓷器。大约在1930年代初校董事会开会时,福开森不时吐露对我国古代文化的向往及收集珍藏的情况,陈裕光当即提出希望他对金陵大学有所捐赠,以作纪念。福开森允诺,后因抗战爆发,未能兑现。福开森去世后不久,他女儿遵照遗嘱捐赠给金陵大学,现存在南京大学。

育还处于直观技术教学阶段。19 世纪末 20 世纪初,幻灯、留声机、电影等电教媒体被逐步引入教学,开始出现电子化和现代化的特征。1926 年,柯达公司发明 16 毫米胶卷,因其廉价使得非电影公司的部门与个人也可摄制与使用,不久电影就成了媒体技术阶段的核心教育技术被广泛应用。而电影在中国教育市场的认同与推广,陈裕光起了关键的作用。熟悉中国电影掌故的电影专家孙建三就这样说:"陈裕光是谁? 他是一位桃李天下的学者、教师、教育家、科学家和非凡的爱国者。他还是中国电影高等教育的最早倡导者、推行者与领导者。FILM 在中国会叫电影,这个叫法在中国被全民族接受,他是一个最重要和影响力最大的肯首者、传播者。"①陈裕光的贡献大体在于:

倡导电影的中文名称及其教育功能:

在近代中国,西学东渐乃是普遍的正常现象,故绝大多数先进事物都有个"洋"名,而且因为原产地不一,称呼也就难免不规范统一,当时的电影就面临这种情况。南欧叫"Move",新教系统称之为"Cinema",好莱坞则呼其为"Move Picture",而美国在华公司一般和美国官方一样叫"Film"。五四运动以后,国人对这些洋名

---

① 孙建三:《FILM 为什么叫电影?》http://www.bfa.edu.cn/kycz/xssd/sun-jiansan/xssd_sjs1.htm。本节内容大多来自该文及 2003 年 12 月 21 日电话采访孙氏时的口述。孙建三,北京电影学院教授,系孙熹圣(电影教育界老前辈,在汇文书院传教士的对话中创造出"电影"一词)之孙,孙明经(我国早期电影事业的开拓者之一,一直致力于中国电影事业发展与教育工作,摄制各类电影 100 多部,翻译了英、法、德、日、俄各国电影、电视研究资料 200 多万字。先后担任金大教育电影部主任、《电影与播音》杂志主编等职。1940 年曾赴美芝加哥大学与南加州大学考察教育电影,当时极少有人从事此项专业工作)之子。孙家与陈裕光分属世交,幼时曾与陈家比邻而居。本节材料(含未注明的)便是来自对孙先生的采访。孙先生的口述史料则来自其父辈与陈裕光的口耳相传。

十分反感,有些人提出要用"影戏"一词对应上述众多外文单词,但未能如愿,因为当时传入教育界的电影大都是真实的、电动的,而非手工制动的、虚假的,但它是由皮影戏而来的国产名词,也引起了不少的附议。陈裕光力排众议,坚持使用"电影"一词,逐渐得到了大家的认同,而且这个中文称呼也被运用到国际正式场合上。

陈裕光自幼便与孙熹圣(齐鲁大学第一届毕业生、汇文书院Cinema放映兼职助理)亦师亦友,10岁就爱放电影,并从他那里接受了"电影"一词。他自从大学毕业后便赴美留学6年,1922年获哥大化学博士学位。但其间对一部歧视华人的电影的收看使他的心情沉重起来。本来陈氏攻博期间,正逢美国开始发展利用电影推动教学,大公司和各著名大学合作摄制教学电影,他对于用电影教学发生浓厚兴趣。但当时中国移民及其母国的近代国际公众形象不佳,连带而来华人的艺术形象也很丑陋,在有一次和美国同学一起去看电影时,看到电影中出现的中国人"不仅脏,而且行为可憎,言语怪诞,引发观众斥声不断",愤激之下写有诗句"热血横飞恨满腔,汉儿发愿建新邦",在后来的几十年中他把此句写成条幅一直压在他办公桌的玻璃板下;还发誓"从此立誓永不穿西装,在正式场合只穿中式长袍马褂",决意要推广电影教育、发展中国教育技术,用以沟通中西文化。这与鲁迅在日本学校看到的丑化、侮辱中国人的电影而弃医从文的人生转折经历极为神似。

归国后他担任北京高师理化部主任,后又代理校长,一直大力倡导教育电影。他在课余参加蔡元培倡导的教育改进与科普工作,在有一次主持《科学与世界改造》(商务印书馆出版,柯威和史罗苏原著)的编译委员会时,放映从金大农林科长芮思楼处借来的一批影片,并表演了各种放映技巧,就此实例说明电影作为一种新兴科技成果在美国教育中已得到广泛应用,通报了金大已经把电影应用到课堂教学的情况,引起了与会者的极大兴趣,从此教育电影在北高师流行起来。他进而强调指出"电影是教育利器。……不要称 Film 为'影戏'要叫'电影'",成为中国第一个正式把电影运用到大学并把它当作一种先进教育技术的电教先驱。"电影"一词,随着北师大师生的口耳相传和中华教育改进的活动分子们的群起响应,不久中国知识界基本接受了把"电影"当作Film 的中文标准称呼。而上海美国八大电影公司在金大老校长包文的推荐下找到陈裕光征求 Film 的中文称呼,欣然采纳了陈氏建议。从此,在华洋人及洋人办的教会大、中、小学及幼稚园中,及与洋人有关系的中国人,开始对 Film 都统称电影。

1932 年,由金大师生确定的一份中英、一份中法电影术语、名词名称对照表,呈送中国教育电影协会,确立了"电影"中文称呼的正式的全国性地位。至于"电影"这一中文名称的国际应用,则是在他和他的学生及小朋友孙明经等人的努力下做到的。1946年,联合国教科文组织成立,陈裕光、孙明经、顾毓琇、黎锦熙、顾颉刚等被聘为首届联教组织中国委员会委员,孙明经还同时受聘担任联教组织中国委员会大众传播组成员,孙明经受托起草的本国电影、电视、广播国家标准母语用名表经讨论后签呈转报联教总部大众传播委员会备案,在一切正式文书中用中文"电影"一词对应英文"FILM"、法文"CINEMA"。从此,"电影"一词举世公用。

支持拍摄教育电影:

陈裕光担任金大校长之后,除继续制造宣传教育电影的舆论,还大力支持制作教育电影,取得了不错的教学效果。

陈裕光原在北高师的时候,就想摄制用于一批理化试验教学的电影,但因工作调动没来得及完成。到金大后,他大力支持教育电影的拍摄,平时的理化试验、农林试验以及英语学习都采用过电影进行教学,从而培养出大批高素质的学生,在 1928 年初华东四大学英语演讲比赛中金大学生就获优胜。曾经他亲手指导过的孙明经在金大校园中拍摄了《校园之声》和《校园生活》两部影片。前者有 20 世纪 30 年代初陈裕光、魏学仁、吴贻芳、顾毓琇等人的生活与工作照,而赛珍珠女士安详地坐在打字机边打字①,背景是今日南京大学校园里的"赛珍珠故居"。后者场景主要有 1936 年的毕业典礼、女大学生精彩激烈的篮球比赛、生动活泼的教学活动以及学生走出校园参加社会活动等画面。在抗战中金大电化教育摄制人员的足迹遍及上海、北京、江苏、安徽、河南、江西、山东、河北、绥远、福建、广东、湖南等省市,拍摄各种有关地理、工业、农业、手工业等方面的教育电影,到全国一百多个点巡回放映,后又制成《日蚀》教学片一部,对群众进行科学普及教育,影响超越了金大而直达华西坝五大学,受到了国内外的广泛注意。1944 年 6 月,美国副总统华莱士访问成都,特将所携 14 部影片送给金陵大学。

发起教育电影专业组织:

陈裕光除继续制造宣传教育电影的舆论,还注意成立电教组织,团结全国有志之士,为推进电化教育而共同努力,利用先进电教技术贯彻百年大计。

陈裕光首先建议成立理学院,由芝加哥大学光学博士、教务长魏学仁出任院长,与之共倡电化教育。1928 年,当金大理学院学生在四大学英语比赛的优异表现吸引教育部社会教育司司长陈礼江、专员郭有守(同是留美博士)特来金大拜访时,陈、魏乘机建议"应吸

———————

① 《校史博物馆征集到金大珍贵电影资料》,《南京大学报》2003 年 3 月 20 日。

引美国大学用电影于教育的科学方法于我国教育中,应建立专门机构,广纳各方关怀教育的贤士,共同推进运用电影改造中国学校教育与社会教育",直接结果是郭有守联合中国文化、教育、工商、政界要员等50余人于1932年发起成立的"中国教育电影协会"。

1930年春,在化学系主任、美国人唐美森教授的建议下,由魏学仁牵头在理学院建立金大的电影教育委员会,开始批量引进与译制(自然是美国的居多)、流通发行,并自行摄制教育电影,正式开设专业与课程,裘家奎、戴安邦、吴汝麟、陈纳逊、范谦衷等十位当时学贯中西的著名教授列名参加,书法较好的孙明经被聘为勤工俭学式的书记员,专司开会记录和抄写文件,并到教育部成功备案,成为中国电影教育史上为国家教育主管机关正式立案开办电影高等教育的第一所大学,开正规电影教育的先河。1932年,中国教育电影协会成立,金大被定为推广实验基地。抗战时期,陈裕光还办过二年制的电化教育专修科、三次电化教育人员训练班。金大电影教育在更接近于工具主义层面,沟通了中美教育,成为教育利器,发展成为另一个特色学科。

金陵大学作为新教大学,曾引起了一部分人的误解。事实上,在校长陈裕光的主持下,金大中西合璧色彩比较浓厚,他所推动的中美教育交流无可厚非,而且还饱含着民族情感,理应予以客观定评。正是在这个意义上,胡适在陈氏上任不久作诗《题金陵大学四十周年纪念册》,为其沟通中美教育的言行叫好。诗中写道:"四十年的苦心经营,只落得'文化侵略'的恶名。如果这就是'文化侵略',我要大声喊着,'欢迎'!"①

---

① 曹伯言、季维龙编著:《胡适年谱》,安徽教育出版社1986年版,第365页。

三、新教大学中的中美图书馆学交流

在中美图书馆学交流中，不仅有组织上的联系，也有事务上的合作、思想上的交流，更有专业教育及其师资方面的交流。图书馆学教育是较少被近代中国大学注意的角落，却是新教大学的优势学科之一。1920 年设立的文华图书科、1927 年设立的金陵大学图书馆学学系是当时该专业教育的两大重镇，发展一直相对顺利，人才辈出，远非国民大学、河南大学等校旋设旋撤的图书馆学专业可比，并为中美图书馆学教育交流做出了不可忽略的贡献。

1. 中美图书馆学师资交流与教育合作

在近代中美图书馆学界中，师资对流与教育合作形成了良性循环。新教大学中来华的美籍老师不乏传授图书馆学知识之人，如在金大就有克莱门斯（H. C. Clemons）。而卜凯对金大图书馆事业也不无贡献，他所主持的农业经济系成立有农业图书研究部，收集中国古今农业书籍及各种图册，编纂《先农集成》及《农业索引》，为搜集、整理我国农业文献，做了大量的工作。近代图书馆专业的留美学人，基本上是由新教大学的美国老师培养的；而他们在留美归来后，创建了中国最早、最完善的图书馆学专业教育，进而培养了一大批专业人才，散布于国内外各高校与图书馆，产生了广泛的影响，文华图书科韦棣华女士、沈祖荣与胡庆生、裘开明三代师徒便是典型代表。

韦棣华女士、胡庆生、沈祖荣与文华图书科的建立：

中国图书馆学教育就是留美学生在美国老师的指导与协助创

始的,并创立于新教大学,这便是韦棣华女士与胡庆生①、沈祖荣
(Samuel T. Y. Seng, 1884—1977)合作创办的文华图书科(Boone
Library School),位于原日知会旧址(胡兰亭主持的圣约瑟礼拜堂
旧址,今昙华林街 11 号湖北中医学院内)。后二人是韦棣华女士
一手教出来的弟子,也正是受她资助才得以留学纽约公共图书馆
专科学校(校长 Melvil Dewey, 1851—1931),此前他们还于 1910
年合作建立了一所开放式的图书馆——文华公书林。师徒三人按
照"一套班子、两块牌子"的原则各就各位、精诚合作,由韦棣华女
士任公书林总理,胡、沈任协理佐理一切,韦棣华逐步退出行政管
理后由沈接任总理职务;图书科方面胡氏父子发挥了独特的作用,
胡庆生担任主任,直至 1928 年 11 月辞职,但仍兼任了一段时间的
教授;女士代理过渡到 1929 年 2 月由沈接任主任。虽然韦棣华师
徒并非传教士,文华图书科也不叫文华大学图书科;但基于图书科
设在文华大学内、教职员职位与学生的学位均由大学配给或发放、
女士也须听从英籍校长翟雅各(James Jackson)的指令等原因,本
文仍把打文华旗号的图书科作为新教大学的一部分加以论述。其
实,二者名称不对应的根本原因是由于美国圣公会与韦棣华师徒
所坚持的美国大学公共图书馆学教育精神与大学整体的办学宗旨
有所背离而已,最终导致二者彻底分离。但是文华图专在 1933 年
仍接受"(三)美国圣公会补助费每年八〇〇〇元,(四)美国圣公

---

① 胡庆生(1895—1968)汉阳人,1915 年文华大学医科毕业,毕业后留校教
英语,1917 年留美。其父胡兰亭,也曾学习、工作于文华书院,1902 年任武昌高家
巷圣约瑟礼拜堂会长,1905 年与刘静庵、曹亚伯于自己主持的礼拜堂内创办日知
会,1906 年留日,1909 年任汉口圣道书院院长,1914 年升圣公会会吏总;与黄兴、
孙中山有革命情谊,1904 年与黄吉亭掩护过黄兴,而孙中山曾书赠"博爱"横匾以
嘉奖其革命精神与慈善事业。

会妇女图书研究会每年认捐二〇〇〇元,(五)中华文化教育基金委员会助学金每年一〇〇〇元"①。这表明该校与教会仍有千丝万缕的联系。

沈祖荣在经历留美与创业的艰难后,认识到自办图书馆教育对于近代中国图书馆事业发展的重要性。他曾说:"海外留学,所费不赀,远涉重洋,谈何容易?纵令虚往实归,而橘积变异,势所必然。所学之件,在外国虽称合法,在中国不能完全采用。由是言之,欲推广图书馆之事业,务须在中国组织培养人才的机关,使学生将来学业有成,可以充图书馆之应用。"②他毅然与韦棣华、胡庆生合创文华图书科,并于 1929 年 8 月独立,校址不变。文华图书科在国内没有先例可援的情况下,是仿照美国纽约公共图书馆学校的制度、模式办理的,最初是从文华大学二年级以上的学生中招收兼修图书馆学课程的学生,本科毕业除授予文学学士学位外另发给图书馆学专科证书;但它并非一味模仿美国,如在课程设置上就注重中西融合。据文华图专最后一届毕业生彭斐章教授回忆,当时开设的课程有:中国目录学;中文参考书举要;西文参考书举要;中文书籍选读;西文书籍选读;中文书籍编目学;西文书籍编目学;中文书籍分类法;西文书籍分类法;中国图书馆史略;西洋图书馆史略;图书馆行政学;图书馆经济学;各种图书馆之研究;图书馆建筑学;西文打字法等③。

韦棣华女士对近代中国图书馆教育的献身精神以及她与沈、胡二人的合作,得到了国人的赞赏,中基会特多次拨款资助文华图

---

① 蒋致远主编:《中华民国教育年鉴》(四),第 179 页。
② 沈祖荣:《民国十年之图书馆》,《新教育》第 5 卷第 4 期,1923 年 4 月。
③ 参见彭斐章:《文华图专和中国图书馆学教育的发展》,《图书馆》2001 年第 2 期。

书科,该科因而取得了更大发展,并于 1929 年 11 月在教育部获准立案,独立成为文华图书科专科学校。

在美文华图书科毕业生群:

文华图书科培养了大批出色的毕业生,1930 年前毕业的有裘开明(首届)、冯汉骥(1923)、皮高品(1925)、汪长炳与徐家麟(1926)、毛坤与钱亚新(1928)等,严文郁、田洪都、查修也是它的早年毕业生,1930 年后的毕业生有陈颂与、周连宽、房兆楹、蓝乾章、陶述先、徐家璧、吴鸿志、童世刚、于镜寰等人,且有人在美国的大学图书馆或国会图书馆站稳了脚跟,其中裘开明起了导夫先路的作用。

裘开明(Alfred Kaiming Chiu,1898—1977)生于浙江镇海县,1915 年被推荐免费攻读文华中学,1918 年又被推荐免费攻读文华大学,1920 年文华图书科创办时改修图书馆学,1922 年毕业,成为中国第一届图书馆学专业毕业生(仅 3 人);担任厦门大学图书馆第一任馆长,两年后受厦门大学的派遣赴美国纽约公共图书馆学校攻读图书馆学;1925 年考入哈佛大学,同时继续完成纽约公共图书馆学校的一年实习课程,1927 年获文学硕士学位,1933 年获哲学博士学位。1927 年 1 月,在哈佛大学勤工俭学时应哈佛大学图书馆馆长柯立芝(C. Coolidge)之邀负责整理有关中日文图书,1928 年担任哈佛大学图书馆汉和文库主管(Custodian of the Chinese-Japanese Collection);自 1931 年起一直担任哈佛燕京图书馆馆长至 1965 年,他"孜孜不倦"地"收售整理了大量供学术研究之用的珍贵图书文献资料"①,使一个仅有中日文藏书 5000 多册规模的图书馆发展成为仅次于国会图书馆的大馆,而中日文古典藏

---

① 费正清著,黎鸣、贾玉文等译:《费正清自传》,天津人民出版社 1993 年版,第 118 页。

书竟占第一,对美国高校东亚图书馆的建设有着无比巨大的示范作用,从而开创了一个"裘开明时代"。

在裘开明成功效应下,诸多文华毕业生投入美国正待壮大发展的东亚图书馆事业。据程焕文估计,大学系统有芝加哥大学远东图书馆的桂质柏,哥大东亚图书馆的严文郁、汪长炳、岳良木、徐家璧,普林斯顿大学哥斯德东方图书馆的吴元清,耶鲁大学东亚图书馆的顾家杰;而哈佛燕京图书馆内文华毕业生更多,其中包括副馆长冯汉骥、于震寰。国会图书馆中文部有王文山、曾宪三、李芳馥、房兆楹、徐亮、张葆箴、陶维勋、吴宝珠等。另外,查修、曾宪文(裘开明夫人)、徐家麟、杨漪如、姜文锦、黄慕龄、舒纪维、富兰英、聂锡恩、黄作平等人①。普林斯顿大学哥德斯图书馆第二任馆长(第一任为胡适)童世纲,为其1933届毕业生,曾任美国亚洲研究委员会东亚图书馆分会主席。

燕京大学、金陵大学专业师生与中美图书馆学交流:

两校在开展中美图书馆学交流方面的成绩与影响没有文华图书科大,但也不容小视。

燕京大学图书馆与留美学生大有关系,与哈佛燕京图书馆有着长期的合作往来。洪业(William Hong)虽非图书馆专业出身,但他在毕业后的在美旅途中有时间"就找机会去访图书馆。他很羡慕美国大众可随意翻阅各种参考工具,如百科全书、索引、地图、织计表、年表、族谱……到美国国会图书馆去考察该处中文书如何编目"②,回国后任燕京大学图书馆馆长,1926—1928年到哈佛大学讲学,参与哈佛燕京学社的筹备工作,其中就涉及了中美双方在

①　参见程焕文:《跨越时空的图书馆精神》,《中国图书馆学报》2002年第6期。
②　[美]陈毓贤:《洪业传》,北京大学出版社1996年版,第69页。

图书资料方面合作的内容。他一直关注两馆的合作交往，"不但对燕京图书馆藏书出力甚多，对哈佛大学的东亚藏书也很有贡献。"①1930 年，哈佛燕京图书馆馆长裘开明趁获中央研究院社会科学研究奖金回国经过北平之便，与燕京大学图书馆田洪都馆长商定合作采购书籍，凡燕大买书同时为哈佛燕京图书馆也买一份，开始了有关图书资料购买与交换的长期合作。为哈佛燕京学社的学术发展奠定了坚实的物质前提。后来，留美学生梁思庄到馆，先任西文编目组主任，后任馆长，对馆务作了一定改进。

金大图书馆、图书馆学系的力量相当强，图书馆学系 1927 年设立，主要领导人有留美博士李小缘（首任主任兼图书馆馆长）、刘国钧（中文编目组主任，1930 年接任馆长）等。他们一道与图书馆学专家美国人克莱门斯（H. C. Clemons）努力将馆系办好，培养了钱存训等优秀学生。钱存训 1928 年入金大攻读，曾选修刘国钧教授主讲的《中国书史》和《图书馆分类法》课程，毕业后曾任上海交通大学图书馆副馆长。1947 年作为北平图书馆交换馆员到芝加哥大学图书馆工作和进修，并担任芝加哥大学远东图书馆馆长，与夫人许文锦女士将 1936 年以来该大学图书馆所积存的中文藏书十多万册加以整理和编目，为建立一流的芝加哥大学远东图书馆奠定了基础。

2. 对杜威图书分类法的模仿与发展

伴随着图书馆学教育的纵深发展和公共图书馆精神的传播，对知识的需求是水涨船高，图书馆也在朝大型化、综合化、社会化方向发展。因此，解决对浩瀚图书、尤其是中文古籍的归类整理问

---

① ［美］陈毓贤：《洪业传》，第 108 页。

题,以便读者和学人检索而得到快捷利用,充分发挥公共图书馆的职能,创制中文图书分类法,就成为社会急需。

留美学生在出国前较少或根本没有受过现代图书馆学训练,在面对近代图书馆事业发展的急迫情况,他们一旦归国,就立即宣传和实践留美时所见所学,自沈祖荣开始,掀起了持续10年的"新图书馆运动"。正如旅美学者严文郁所云:"民六以后,沈祖荣由美返国,到各省都会演讲图书馆之重要与方法,是为西洋图书馆学派流入中国之先声。"①这集中在对图书分类法、要素说等理论方法的积极探讨上。由于要素说更多的是个人的学术探讨,且亦多有论述,本文不再赘言,主要勾勒归国留美学生学习杜威十进分类法而创制中国图书分类法的大体情况。

19世纪末,图书馆管理研究的中心转移到美国,先后涌现出一批卓越的图书馆学家,C.卡特和M.杜威、P.巴特勒是其中的代表人物。M.杜威,1887年在几个朋友的协助下在哥大任教时创立了世界上第一个图书馆学专业教育机构;在他担任纽约市公共图书馆馆长后,又将这个小型的私人学校附设于该馆,后发展成为举世闻名的纽约公共图书馆专科学校,使图书馆学这门科学趋于成型。他既是图书馆事业的组织者、图书馆学教育家,又是一个"实用派"大师。他编制了《杜威十进分类法》,热心倡导图书馆用品设备标准化、版本编目、流动书车以及储存图书馆等工作,对图书馆事业的发展做出了卓越贡献,对留美学生以及近代中国图书馆学教育产生了直接、深远的影响。

1914年留美的沈祖荣与稍后的胡庆生是较早学习图书馆专

---

① 严文郁:《中国图书馆发展史:自清末至抗战胜利》,台湾枫城出版社1983年版,第198页。

业的留美学人①,也是较早效仿并运用杜威分类法之人。沈祖荣回国后,在文华公书林与胡庆生合编、出版了《仿杜威书目十类法》,是为中国首部仿"杜威法"著作。它用标记符号代表类目,虽然比较简单,且在划分古籍上颇为困难,但仍是在学习、应用新技术编制图书分类法的先驱性成果,有特定的时代意义。从此,创制中国图书分类法成为留美学人与图书馆界的一个中心工作。

　　10 年后,新教大学的留美学人对国内外图书馆学的思想和理论有了进一步的比较与认识,表现在对杜威分类法的态度上则是开始较多地考虑中文书籍的特点而编制本国特色的分类法。刘国钧是其中的佼佼者。他主要编著有《中国图书分类法》、《中文图书编目条例》、《图书馆目录》、《现代西方主要图书分类法评述》、《图书馆学要旨》等,主编过《图书馆学季刊》。他的编目条例比沈、胡要先进多了,单独给中文编目,分为通目、书名、卷数、著者、版本、稽核事项、附注、标题、参照、别出、互见、注释笺证校勘之书、附刻合刻合订、丛书、官书及机关团体所发行之书、翻译之书、期刊、附则等 18 个单元。这就避免了如简单运用杜威法将无法囊括中文典籍的复杂分类的遗憾,从而可对中国图书馆的所有资料进行分类,有利于广大师生的检索和利用,具有较高的科学性与学术价值,受到了各界的欢迎,并被逐渐推广到全国使用。藏书丰富的金大图书馆就采用了他的编目方法,"中文分类用刘国钧所编之中国图书分类法,西文用美国国会图书馆分类法,中西文编目均用卡片式,个数有著者署名标题"②,约 23 万册的中西文图书、期刊、

---

①　沈祖荣确是第一个学习图书馆专业的留美学生,黄炎培在 1915 年考察美国教育时就"知美国已有一人留学图书馆管理法",可参见黄炎培:《一九一四年至一九一五年留美学生统计》,《教育杂志》第 8 卷第 6 号,1926 年 6 月。

②　蒋致远主编:《中华民国教育年鉴》(四),第 868 页。

杂志陈列井井有条,皆得力于刘氏法之有效。

在国外,裘开明专门针对东亚国家、尤其是中日文资料的编目创制了汉和图书分类法。裘氏听从柯立芝的建议,兼采四部分类和十进法等中美图书分类思想的精华,在 1928 年底又首创了罗马字编目卡加写中、日文的方法(中文用音译的办法即 Wade-Giles system;日文则先译为罗马文字),以便排列检索,可较好地对中日文书籍档案进行归类整理,大大方便了美国汉学研究与亚洲研究。这集中体现在《中日文图书分类法》这一书中,该书得到了冯汉骥、于震寰的协助,1943 年由美国学术团体理事会远东研究委员会出版。此外,他还有《哈佛燕京学社中文书籍分类目录》(哈佛大学出版社,1938)《中国图书编目法》(重庆商务印书馆,1941)。裘开明对中日文古典文献的分类比较周全、完善,为美国大多数东亚图书馆所采用,在今日台湾仍存在极大影响。

此外,留美时就留意美国图书事业的洪业,发明了一种新型的索引方法——"中国庋撷法",用来编辑汉学引得丛刊,"为大量中国古典名著和人物传记提供了方便的检索资料"[1]。而中美之间也有图书分类法之间的直接交流。1930 年裘开明回国曾到燕京大学,接受时任燕京图书馆委员会委员长洪业的委托,帮助整顿燕京图书馆,用其汉和图书分类方法,重编中文书目,并一同编印目录卡,制定了精密的合作计划。1936 年再次到燕京大学,分年分册刊印目录卡,促成 1940 年代后各馆卡片合作的项目。

具体掌握新教大学办学大权的留美学生,通过从虚的校园文化,到更虚的办学宗旨,再到具体的教育电影与图书馆学与图书馆

---

[1]　费正清著,黎鸣、贾玉文等译:《费正清自传》,第 117 页。

课程与人才,特别使这个不同于普通大学的地方成为进行中美教育交流的用武之地。

第三节　留美学生与哈佛——燕京学社的研究生培养

留美学生在办理新教大学有关中美教育交流的另一个重要贡献,就是积极参与它们与美国哈佛大学的研究生交换培养工作。这种培养是在哈佛——燕京学社内部合作伙伴中方(以燕京大学为基地)和美方哈佛大学之间有计划地长期连续进行的,对中美合作研究中国文化有着重大意义。相对当时的国际留学而言,这是一项近代罕见的、高层次的专门人才培养工程,是一种双向、互惠的中美教育交流。

一、共同推动汉学基金的创建

哈佛——燕京学社(以下简称"学社")作为一个以独立基金会形式存在的、讲究国(汉)学教学与研究并重的公益性文教机构,重视对研究生的培养,特地在内部合作伙伴之间进行研究生的交换培养。它是由美国哈佛大学与中国燕京大学、岭南大学、金陵大学、齐鲁大学、华西协和大学、福建协和大学等基督教大学合作建立(华中大学在 30 年代初加入),正式成立于 1928 年 1 月 4 日,总部设在哈佛大学拉德克利夫学院笛威尼提大街 2 号①。中美双方利用学社的充足专项经费与中美大学合作的便利条件,为提高合

---

① 保罗·埃文思:《费正清看中国》,上海人民出版社 1995 年版,第 25 页。

作双方的学术水平和社会声望,持续交换培养研究生。这实质上是在中美大学之间进行互派留学生活动,从一开始就得面对当时频繁的国际留学浪潮。

1. 留学:多元的、多样化的国际现象

留学,是国际经济、教育发展不平衡和提高个人教育、民族教育水平的必然结果,约翰·霍普金斯大学首任校长吉尔曼便是留德博士,而哥大师院院长孟禄也曾留德一年。自日本"遣唐使"捎带来华"留学生"以来它就以各种形式延续下来,单纯从留学生的学杂费的来源来看,就存在以下几种情况:

第一,国际性奖助金奖励。受到激励的学生可以接受他国更为良好的教育,并支持学者作更进一步的学术研究。如"最古老的奖学金"——罗德斯奖学金(Rhodes Scholarship)[①],就是英国牛津大学在1902年面向英联邦、美国和德国的学生设立的,待遇优厚,连与研究目的有关的旅行费用也可额外提供。该奖刚设立两年,第一个美国获得者就来牛津留学了;而27年后,哈佛大学毕业生费正清也因此来到了英国,第一次来华的成行也是拜其所赐。此后,美国、法国、日本等国大学纷纷设立奖助金,甚至将触角伸至中国,如李美筠就是靠膺选密歇根大学的中国营养奖学金赴美留学的,而严元章是因获得英国文化协会的奖学金才到伦敦大学攻读教育学博士学位的。而中国政府为增强友谊、弘扬中国文化,抗战期间就拟议设立奖学金,如1944年教育部"为奖励外国青年研究中国语文历史与文化起见",在国外14所著名大学设立"中国

---

① Oxford and the Rhodes Scholarships, http://www.rhodesscholar.org/brochure.html。百年庆典在英国议会大厦西敏斯厅举行,有1000多人参加。

文化奖学金"①,获奖者共 70 余人。中国政府为酬答"美国军人在中国服务颇有成绩",自 1946 年设立"中国战区美军奖学金"②,每年共 10 人,奖学金有 1500 美元。第二,基金会支持。就美国来说,自 1905 年卡内基金会成立以来,美国各种类型的基金会纷纷成立。其中,洛克菲勒基金会与中国关系最为密切,广泛资助中国大学及有关机构的建设、教学与研究;虽重在科学领域,但也设研究金资助社会科学方面的研究,如毕恩来(Thomas Arthur Bission)1937 年靠洛克菲勒基金会的资助再度来华做研究工作,曾到延安同中国共产党领导人有过交谈,著有《日本在中国》(1938)、《美国的远东政策》(1945)等。而美国学术团体理事会也设有奖助金,较为集中对社会科学研究的资助,如拉铁摩尔(Owen Lattimore)就凭此研究金 1929 年到东北旅行,完成了《满洲——冲突的发源地》(*Manchuria, Cradle of Conflict*)等有预见性见解的论文,九一八事变后正式出版,受到美国朝野中关注亚洲问题人士的欢迎。第三,纯粹自费的留学。其中来华留学人员大多要过语言关,如毕恩来、韦慕庭(C. Martin Wilbur)③、费正清等人到北平就大多进入华北协和华文学校学习,不过前者毕业后到燕京大学任教,后面两人都曾留校任教,成为国人学习英语的最佳教师。最后,值得指出的是国民政府曾与友邦交换学生。近代"留学生之交换肇端于民国二十五年中波中意之交换学生各

---

①　首批在美国哈佛、耶鲁、密歇根、芝加哥、加利福尼亚、哥伦比亚等 6 大学,英国牛津、伦敦,印度加尔各答国际大学等 10 校设奖 50 名,每名每年金额为 1500 美元。后在美国南加州大学、华盛顿大学及斯坦福大学、英国之剑桥大学增设 5 名。此外还给美国之米尔女子学院 1 名、英国驻华大使馆前文化专员蒲乐道 1 名,合共 72 名。见《中华民国教育年鉴》(九),第 896 页。

②　蒋致远主编:《中华民国教育年鉴》(九),第 896 页。

③　费正清著,黎鸣、贾玉文等译:《费正清回忆录》,第 47 页。

一名。……抗战期间,同盟国为加强彼此文化联系藉以增进相互了解起见,常有向我国政府建议互换留学生之举"①,先后与印度、土耳其等国实现交换培养留学生。种类繁多的留学形式,助长了留学大潮的形成。

2. 中心明确的学术合作

此前的各种留学形式都多少存在种种遗憾,要么分散资助学科或严重向理工科倾斜,难以产生深远的文化反响;要么是缺乏规划,不成体系;要么奖助额太低,力度不够;要么参与大学较少,形不成规模,等等。哈佛—燕京学社内研究生的交换培养,作为一个相当特别的专项研究人才培养计划,较好地克服了这些弊端。

学社章程规定自己存在的目标"旨在通过哈佛与燕大和其他大学之间的合作,为中国文化领域的研究、教学和出版提供设施和帮助。因此其基金优先用于中国文化的研究,主要是包括文学、艺术、历史、语言、哲学和宗教的教学与研究。"②中国文化的研究,在中国当时被通称为"国学",在美国则叫"汉学"。20 世纪 20 年代,美方当时颇负盛名的哈佛与中方正在成长之中的燕京等教会大学都有在汉学上实行国际合作的迫切要求。哈佛在应对普林斯顿大学、哥大对汉学开始进行学院教学与研究的同时,还立志赶超欧洲汉学。而燕京等新教大学在应付当时国内高校大办教学竞争外,还急需克服当时因非基督教运动所带来的形象认同危机,迅速改变它们不重视中文教学的状况,最好是立即加强国学研究。而

---

① 《中华民国教育年鉴》(九),第878—879 页。

② 刘海平主编:《世纪之交的中国与美国》,南京大学出版社 1999 年版,第224 页。

各有特色与优势的中美双方利用申请到手的郝尔（Charles Martin Hall）教育基金来交换培养研究生，是符合该基金会宗旨的，也符合教育、学术发展的规律。

说到底，学术竞争从长远来看就是学术人才的竞争，高层次的研究生培养在人才难觅的情况下无疑是持续提供优质人才的经济捷径。学社十分重视对研究生的培养，这个时段，既是教学的最高阶段，又是学术研究的起步时期。中美交换培养研究生，既是对学社学术宗旨的最好贯彻，又可最大限度地利用各项优良条件，为学社不断培养高素质的国（汉）学研究人才，全面取得竞争优势。学社正式成立后不久，就相继选派有潜力的学生到对方留学。集中教学可规模培养后备人才，长久维持其学术研究的高水平；反过来高水准的研究队伍同时也是良好的师资，可为其教学提供强力支持。学社内部教学与科研的紧密结合，使其研究生培养有着良好的条件。而且合作双方各有优长，美方哈佛有成熟的管理体制、先进的学术训练，中方则有丰富的相关文献资料、实地文化氛围，在友好协商的基础上正好交相为用，互补互惠，开展研究生的交换培养。在双方的共同努力下，交换培养工作有条不紊地得以进行，并克服了战乱、国别等因素的困扰，长期坚持下来，不能不说是国际汉学史乃至中外教育交流史上的奇迹。

二、共同创造交换培养的神话

郝尔及其基金会对汉学的学院教学与研究的热衷是毫无疑问的；而新教大学内外之人对此也有明确的认知。1926 年 9 月，在哈佛—燕京学社筹备正进入紧锣密鼓的时候，中华全国基督教协进会名誉干事罗炳生(Edwin C. Lobenstine)在分析各新教大学的办学潜力及发展趋势后说,"除各个大学一律发展其国文系外,更宜择一人才设备比较完善之大学,设立中国文字,中国哲学,中国史学,中国社会学之专科,以为学生深造之所",大力主张将"此种专科应设于燕京大学"①。而中华全国基督教协进会主席刘廷芳指出教会大学"当研究发挥中国的文化,为它宣扬国外。同时又当时实际的输入各国文化,提倡纯正的、人道的、平等的国际主义"②,主动引导中美教育交流。学社成立伊始就决议建立两个合法的研究基地,分设在哈佛与燕京,确定燕京基地为基础教学中心,哈佛为研究中心,并在资金分配上向燕京倾斜。后来中美双方商定,决定交换培养研究生,以各取所需,取长补短,共同提高。而哈佛的动作更快,甚至在 1929 年就用奖学金选送 2 人来华留学,学社内部的中美交换培养研究生开始了,从而实现优势互补、共同提高。

1. 哈佛替中方培养博士研究生

哈佛是中方获得学术支持的理想来源, 有美国史星格莱和莫里森、英国史艾伯特、政治思想史麦可温、国别史朗格、现代史费等知名教授③,能到哈佛留学是当时很多人的光荣与梦想; 而且能探求新的治学途径, 达到新的境界。不久哈佛鉴于

---

① 罗炳生:《基督教高等教育当前的问题》,《教育季刊》第 2 卷第 3 期,1926 年 9 月。罗炳生(1872—1958)北长老会传教士,1898 年来华在上海、安徽一带传教,1935 年回国。

② 刘廷芳:《我对于基督教在中国教育事业的信条》,《教育季刊》第 1 卷第 1 期,1925 年。

③ 齐文颖:《纪念我的父亲齐思和》,《燕大文史资料》第 5 辑,北京大学出版社 1991 年版。

中方选送学生先读硕士再读博士耗时费力，建议改送研究生到
美方直接读博士，以加快人才培养的步伐。从 1931 年至 1949
年，中方基本上是按每 4 年一批、上批回来再派下批的做法，
向哈佛共派遣了 12 名研究生以培养高层次的研究人才，具体
名单①如下：

表 6-3-1　齐思和等人留美简况（附王钟翰）

姓名*	出生	毕业	毕业论文题目	备　注
齐思和	1906	1935	春秋时的中国封建制度	燕京历史系主任 1938，文学院长 1946
翁独健	1906	1938	爱薛一生的研究	曾任燕京历史系秘书
邓嗣禹②	1905	1938	张世与 1842 年南京条约	1935 赴美帮恒慕义编《清代名人传记》
郑德坤	1907	1941	四川的史前考古学	华西哲学系主任 1951，文学院长 1950
黄延毓	1903	1940	叶名琛总督与广州事件	岭南中国文化研究室主任 1934
林耀华	1910	1940	贵州的苗族	燕京社会学系主任 1943
周一良	1913	1944	中国的密教	清华历史系主任 1951
陈观胜	1907	1946	"善来"譬喻故事研究	华裔，北平办事处执行干事 1946
蒙思明	1908	1949	总理衙门的组织与功能	华西博物馆馆长 1941

---

　　①　综合《美国中国学手册》（中国社会科学出版社 1994 年版）与《哈佛燕京学社》（《近代史研究》1991 年第 5 期）和齐文颖《纪念我的父亲齐思和》（《燕大文史资料》第 5 辑）。

　　②　据唐特凡：《一位历史学博士的追求——记邓嗣禹先生的一生》（《常宁文史资料》编辑部编《常宁文史资料》第五辑，第 2 页）与齐文颖：《纪念我的父亲齐思和》增补。张世为 Chang His 的音译。

姓名 *	出生	毕业	毕业论文题目	备注
王伊同	1914	1949	中日之间的官方关系	美国远东图书馆代理馆长 1943
杨联升	1914	1946	金朝经济史上的纸币	学社奖学金资助
王钟翰				进修，代理副执行干事 1947

　　* 关于齐、蒙二人出国前学历，张寄谦《哈佛燕京学社》一文有误，齐并非燕京硕士，蒙非华西硕士。齐 1927 年入南开大学，翌年转燕京，以燕京大学 1931 届学士留美，1933 年在哈佛得硕士学位，战后出任文学院长；蒙为蒙文通之弟，1933 年毕业于华西社会及历史系；5 年后得燕京硕士，1944 年留美，战时曾代理齐氏为燕京历史系主任，1951 年为华西文学院院长。1942 年修改后由芝加哥大学出版社出版。至于陈观胜，乃檀香山侨子弟，长于佛教史研究，博士论文题目为 *A study of the Svagata story in the Divyavadana in its Sanskrit, Pali, Tibetan and Chinese versions*。郑德坤，厦门人，生于 1907 年，1930 年毕业于燕京大学中文系；1933 年到厦门大学任教并致力于福建考古工作，1936 年受聘到华西协和大学任教；1974 年从剑桥退休，受聘为香港中文大学文学院院长、副校长。主要著作有《厦大校址考》、《中国考古和艺术导论课程纲要》、《中国考古学大系》、《中华民族文化史论》、《水经注引得》、《四川古代文化史》、《中国历史地理论文集》、《中国考古学论文集》、《中国陶瓷论文集》等。后来邓、王、杨均未返国，前者曾任印第安纳大学东亚计划主任，王氏后来任匹兹堡大学东亚语文系主任，杨氏 1965 年出任学社第一任讲座教授。

　　从论文题名所反映时代与专业方向来看，他们的研究具有如下特点：基本都研究中国史，时间跨度较大，内容范围较广。黄延毓、王伊同、蒙思明、邓嗣禹四人研究均与近代外交有关；林耀华、周一良分别研究民族学、宗教；且与原来的研究方向有一定关系，如翁独健仍是元史，郑德坤读硕士时就专攻考古，杨联升专攻经济史。他们多是燕京基地培养的硕士，都有一定的基础，如蒙思明的硕士论文《元代社会阶级制度》就曾刊于《燕京学报》专号第 16 期。在接受美方先进学术训练后，开拓了国学的研究视野，迅速成材。他们所写的博士论文质量普遍较高,其中王伊同的博士论文于1953年同被哈佛、牛津两家大学出版社出版,还发表在《哈佛燕京学报》第9期上,其余有一半发表在《哈佛亚洲研究学报》(HJAS)上,具体情况见表6-3-2:

表6-3-2　HJAS刊载林耀华等人博士论文情况简表

姓名	毕业时间	卷次	页码	年份
林耀华	1940	5	261—345	1941
黄延毓	1940	6	37—127	1942
周一良	1944	8	241—332	1945
杨联升	1946	9	107—185	1946
陈观胜	1946	9	207—314	1947

而这些在读博士研究生都比较活跃,曾积极为战时美国教育效力,如邓嗣禹曾任美国陆军特别训练计划中国语言和区域研究主任,周一良在哈佛讲授日文两年。其实,他们所收获的不仅是一篇博士论文,还另专有相关论著,如蒙思明另有《北京俄罗斯使馆考》和《瑷珲条约的签订》两文交付哈佛大学出版。林耀华更是一个特例。他在1938—1940年间,跟随哈佛大学教授胡顿(E. A. Hooton)、托泽(A. M. Tozzer)、库恩(C. S. Coon)和克拉克红(Clyde Kluckhohn)学习民族学、人类学。毕业后因未婚妻饶毓苏患肺病不得不留美就医而羁留在哈佛人类学系当助教,萌生了写作的念头,在太平洋关系学会腊斯克教授父子(B. Lasker and G. Lasker)的帮助下,1944年以《金翼》(*The Golden Wing*: *A Sociological Study of Chinese Family*)为名在美国纽约出版,引起了一定的国际反响。后又加以修订,并请费斯教授作序,交伦敦 Routledge and Kegan Paul 书局出版。

2. 燕京为哈佛培养硕士研究生

燕京等新教大学在派人留学哈佛的时候,同时在增聘师资,加强图书馆建设,为哈佛的来华留学生的培养尽力创造条件。美方为了夯实研究生的基础知识、使之加深对中国古典文化的感性认知,便充分利用中方合作伙伴得天独厚的资料优势与人文氛围,自燕京基地创建不久就不断选派人员到华读研。这为它培养了一批基本素质要高于其他美国大学的研究人才,为其取得汉学研究的竞争优势、赶超欧洲汉学水平奠定了基础。从最先的魏鲁男(有时也被称作魏楷)。到最后的倪维思,二十年间燕京共为其培养了 10 多名研究生。具体名单如表 6 - 3 - 3:

表 6 - 3 - 3 哈佛留学燕京大学之研究生情况简表

英文姓名	专业、时间	主要学术经历 *	备 注
W,Roland	六朝史 29—32	哈佛大学教授	
Schuster	艺术比较 29—32	费城艺术博物馆中国馆助馆长	
G. Taylor	现代政治 30—32	华盛顿大学东方学院院长	亚洲研究协会首任会长
L. Sickman	东方艺术 30—35	密苏里美术馆东方艺术馆馆长	
B,Knigh	教育史 30—35	康乃尔大学远东语言系主任	晚清学堂研究
E,Swisher	现代史 31—34	科罗拉多大学教授	
H. G. Creel	政治史 31—35	芝加哥大学东语系主任	
D. Bodde	哲学史 31—35	宾夕法尼亚大学教授	译冯友兰《中国哲学史》

英文姓名	专业、时间	主要学术经历 *	备　注
Reischaver	东亚史 37	56—61 学社社长	学社自己培养的社长 **
A. F. Wright	哲学史 39—40	哈佛、耶鲁教授	
D. Nivison	思想史 47—48	斯坦福大学教授	

　　*　获哈佛研究生奖学金的并非全为美国人,如戴德华(乔治·泰勒)就是英国人;也非全部派往中国,如波普到欧洲学习,赖肖尔更是先后在巴黎大学、燕京大学、东京帝国大学学习,但多研究中国史或东方艺术。

　　**　与费正清、克雷格合著有多卷本的《东亚文明史》,费正清并非哈佛—燕京学社的研究生,见 *Chinabound a Fifty-year Memoir*, p. 65。

　　哈佛留华学生的起点本来就高,研究中国文化的热情较高,来华留学更让他们留下了特殊经历,增添了对中国文化的真切了解,提高了汉学研究水平,不断出版有相关研究论著,其中毕乃德与卜德尤为突出。前者 1930 年来华,他与当时的硕士生邓嗣禹成为学术上志同道合的朋友,两人合作编撰了一本《中文参考资料选编》①(*An Annotates Biblioghy of Select Chinese Reference Works*),在他离华的第二年出版。后来二战中再次来华担任过驻华大使馆中文秘书,回国后曾任康乃尔大学远东语言系主任,另著有《中国近代最早的官办学校》(1961),颇知名于晚清学堂研究。后者热爱中国哲学,对近在咫尺的“被认为是国内最强的”两大哲学系之一的清华大学哲学系主任冯友兰教授大名自然是如雷贯耳,对他新出版的、代表了 30 年代中国哲学史研究的最高水平的《中国哲学史》(上)十分欣赏,决定把它翻译成英文介绍给本国人民。地位、年龄的差距不是问题,两人从此结下了深厚

---

　　①　费正清著,黎鸣、贾玉文等译:《费正清回忆录》,第 179 页。

友谊。经过几年的艰苦努力，该书出版了。据冯友兰说："《中国哲学史》下卷于 1934 年出版，在中日战争爆发前三年；其上卷由布德博士译为英文于 1937 年在北平出版，战争已开始了三个月。"①正是由于卜德的在美对冯友兰的宣传介绍，该书成为现今西方人系统了解中国哲学的为数不多的著作之一，而冯的海外名声迅速地扩大，1947—1948 年便应邀到卜德任职的宾州大学作访问教授，继续在小到中英文互译、大到哲学问题上互相建议、相互切磋。他们在亲身感受的全新的文化氛围，在与中国老师、中国朋友交往的过程中，进步很快，收获很大，其素质要高于其他美国大学的研究人才，为哈佛超越同侪、赶超欧洲汉学水平奠定了基础。

3. 交换培养的特点

当时国际上有中基会、洛克菲勒基金会等独立基金会，有雅礼协会、中德学会等国际学会及众多奖助金，有的偏重于资金支助，有的看重教学指导，有的致力于文化交流，但并未有像学社这样的教学与研究并重，同时又进行研究生的国际交换培养的文教机构。具体说来，它有如下特点：

第一，质精量大。中美双方交换培养的层次极高，在今天看来仍是如此。而且中方派出的除齐思和外，全部为旨在深造的研究生。整体素质也较好，他们可以说是在当时美国最为先进、完善的汉学研究环境中成长起来的。虽然总共只培养了 20 来人，相对于中国近代史上两万余名留美学生而言，实在是太少；但是考虑到近代史百年中重理轻文、尤其是看轻历史的整体现象，以及学社培养

① 冯友兰：《中国哲学简史》，北京大学出版社 1985 年版，第 286 页。

层次,事实上这已不少。除蒋梦麟等寥寥几人外,齐思和可算是较早归来的历史学博士。第二,连续全面。一方面,基本上是批批相接,反法西斯战争也未使之断绝。另一方面,所学门类从中国历史到中国宗教,从经济史到政治史,从艺术到思想,从考古到现代史,基本包括了各门人文学科。而且这种短期内没有回报的长线专业拥有难以置信的全面、持续发展,是学社在没有政府的扶植下取得的,尤为难能可贵。第三,成效初显。在这种机制下,年轻学者们成长极快。中方人员返回后因有留学前后的实践锻炼,毕业归来后致力于传播新知,基本上是马上担任研究所、学院、系等一级的领导职务,迅速挑起了学术重担,陆续开拓了一系列新的学术研究领域。而美方人员回国后,经过学术历练逐渐成长为新一代的学术带头人。正因为有了这种别具一格的人才培养方式,学社拥有一批崭露头角的明日之星,可以预见国际汉学研究将面临一个新的学术创新高潮。第四,值得注意的例外。戴德华非美国人而是英国人,陈观胜是华裔美国人但在华上学,杨联升非新教大学学生但获得了奖学金是因为赵元任说服魏楷(James Ware)后才发放的①。另外,获取哈佛—燕京学社哈佛方面奖学金之人,并非全来华留学,如波尔就直接前往欧洲,而赖世和接连游学欧洲、日本、中国诸大学。

　　这一切说明学社的爱才之心和在学术上的国际追求,是完整意义上的中美大学之间的研究生交换培养,达成了中美教育文化基因的双赢,对促进研究中国文化有着深远意义,在当时不啻为神话,在中美高等教育交流史上也堪为奇迹。

---

①　杨步伟:《一个女人的自传》,岳麓书社 1987 年版,第 385 页。

三、实际主持人洪业

洪业虽然迟至 1939 年才担任哈佛燕京学社北平办事处的代理执行干事,但他确是中方的实际主持人,为研究生的交换培养及中美教育交流做出了特别的贡献。

1. 筹划、开启、主持交换工作的灵魂人物

洪业是一个对历史研究有一定造诣、对文史课程设置有着先进看法的留美学人,对当时国内把"中国经几千年来累积的学问"笼统归入一个"国学系"的状况不太满意,觉得学术研究应该中西结合,"中国的考古、艺术、历史、哲学、宗教等科目都该与西方的这些科目相互结合,一起教",并在燕京文理科科长①任上"慢慢把这些理想付诸实施"②,在刘廷芳的支持下对燕京的课程进行大规模的改革,内在地对燕京的中国化产生了深远的影响。

学社筹建伊始,洪业作为燕京大学事实上的教务长就实际参与其事,这从他 1928 年 1 月 1 日写给恩人克劳弗德家(洪业留美资助者)的信中"两年多前哈佛与燕京联合筹备,结果得到一百万美元,用以促进对中国文化的研究,现在看来这专款会增多,……在燕京方面我从开始便参与筹划"③一段话就可得到印证。其实,洪业很早就和郝尔基金结缘。那时他刚从哥伦比亚大学毕业就被

①　燕京大学当时设有宗教学院、女院与男院(文理科),分别由刘廷芳、艾丽丝·菲日林掌管,从教育意义上说洪业实为燕京大学教务长,他与密友刘廷芳"都敬司徒雷登为圣人",参见[美]陈毓贤:《洪业传》,第 83 页。

②　《洪业传》,第 83 页。

③　[美]陈毓贤:《洪业传》,第 98 页。

燕京拟聘为助理教授,并"答应在美国多留一年帮助燕京大学副校长亨利·鲁斯为学校募款"①,在合作募到的约 200 万美元中就有 5 万来自郝尔基金。在学社刚建立的时候,"未出国前在浙江便和司徒雷登称兄道弟"②的刘廷芳筹建了国学研究所,准备培养研究生。但这个没有充分利用合作伙伴哈佛的教育、学术资源而关起门来培养研究生的不完美模式为新从哈佛归来的洪业所反对。洪业认为"学问应没有国界,所谓的国学,不能孤芳自赏,……中国的学问应该让有现代训练,有世界常识的人来研究"③,故在接受实际主持燕京基地后不久就"解散"国学研究所,改设哈佛燕京北平办事处,设立留美奖学金,派遣学生赴美留学,开始了另一种新的培养模式。

洪业的灵魂作用还可以从培养并帮助学生留学哈佛上得到印证。他做教务长虽以严厉闻名,但在业务百忙之中,仍不忘发掘人才,致力于"培养一群具世界观的中国历史家,寄希望这新一代的学者能对庞大的中国文化遗产有所发现,把该保存的东西保存下来"④,并利用各种关系把优秀学生送到哈佛读研究生。翁独健在 1935 年获得奖学金留美,就是洪业暗中活动的结果。翁氏是福建人,福州英华中学(洪业母校鹤龄英华书院是其前身)毕业,因小儿麻痹而跛,会讲日文、英文,还会讲蒙古文、法文、德文、俄文和满文,很崇拜洪业,也学了洪业抽烟斗,所以同学们笑他是"洪煨莲第二"。洪业曾派他整理《道藏子目引得》,因爱才心切暗地写信给学社总部推荐,并请魏楷帮忙说几句话,结果使翁惊喜欲狂;李

---

① [美]陈毓贤:《洪业传》,第 70 页。
② [美]陈毓贤:《洪业传》,第 83 页。
③ [美]陈毓贤:《洪业传》,第 107 页。
④ [美]陈毓贤:《洪业传》,第 119 页。

崇惠、张文理都因洪业的帮助到芝加哥大学、哈佛大学留学,引得处的得力助手聂崇岐也因洪业的周旋于1948年秋到学社总部进修过中国目录学①。

2. 三次赴美讲学、宣传中国文化

学社甫一成立,洪业和美籍教授博晨光受聘到哈佛讲学两年,顺便进一步商讨学社工作事宜。他在哈佛威得纳总图书馆里遨游,当发现新的中国外交史资料时,他就写信告知蒋廷黻、简又文等专家;还发现了1887年版的《蚀经》,仔细研究了该书,并就法国汉学大师伯希和所持"幽王六年六月十日辛卯日蚀"一事与之私下探讨;他本人所上之课为"1793年以来的远东历史",通过在课堂教学中与魏楷学术问难,进一步加深了与伯希和的学术友谊。他在与旧友艾力克·诺扶重叙友谊的同时,与新朋友罗拔·伯利克教授也相熟起来,这三名学社总部的托事对洪业的学术事业多有帮助,如他荣获1937年度"茹莲"奖金与此行也不无关联,《礼记引得序》也为他赢得广泛的赞赏。

1941年9月洪业第二次赴美讲学,本有机会在纽约新闻界名人迷丝(小说家辛克莱路易斯的太太)实施讨论会上和罗斯福总统并列为主讲人,洪业谦虚地把机会让给了驻美大使胡适。他帮他的美国姐姐为匹兹堡大学捐建的"学问大教堂"里筹建了一间"中国室",并推荐艺术家滕圭为他们设计装潢。而匹兹堡大学校长约翰·宝曼曾请洪业写了《大学》"修身"一章,附英译挂在他办公室里;多年后,匹兹堡大学要开中国课,他又请洪业帮他策划;洪业辞世后匹兹堡大学开了追悼会。洪业在成功说服学社总部拨款

①　参见[美]陈毓贤:《洪业传》,第120、90—91、110、159页。

建平房供北平办事处外国专家居住（洪业所提议）后，还到了母校俄亥俄卫斯理接受荣誉博士学位，1941 年 1 月穿越硝烟平安无事地回到中国①，但不久就与司徒雷登、陆志伟等人因抗日言行被日军关起来。

1946 年，洪业在艾力克·诺扶与哈佛燕京学社主任叶理绥的援助下接受到哈佛讲学半年的聘书，不料此去不回头，与故国永别。但是在战后的这段日子里，洪业在哈佛开杜甫课，1946 年秋被邀回他母校俄亥俄卫斯理大学作一年一度米力克讲席的主讲人，讲题为"中国社会目前的剧变"。后来，他又到耶鲁大学、匹兹堡大学、夏威夷大学各大学演讲，也都讲杜甫的著作与为人②，著书不断，成为汉学界著名的杜甫专家。1947 年春，洪业应聘到夏威夷大学教书，此前曾几度到夏威夷。1927 年开第二次太平洋关系学会时，他曾在夏威夷与日本代表团热烈地辩论，很受当地华侨的拥护，由此而结识了一些人，他们不少人送子女到燕京大学受教育。

3. 主编《汉学引得丛刊》

哈佛燕京学社北平办事处日益被人遗忘，但洪业所主编的汉学引得日益得到了各界的重视，有关引得被多次重版。《汉学引得丛刊》共出 64 种 81 卷，其中特刊 23 种，对普通人、初学者和外国研究人员研究中国文化极有帮助，是了解中国浩瀚典藏的金钥匙，具有极大的实用价值，至今仍是必备的参考书。费正清曾赞它"为大量的中国古典名著和人物传记提供了方便的检索资料"③；

---

①　参见［美］陈毓贤：《洪业传》，第 131 页。

②　参见［美］陈毓贤：《洪业传》，第 152—160 页（第 19 章"漫长的旅游"）。

③　John king Fairbank, *Chinabound a Fifty－year Memoir*, Harper & Row Publishers, New York, 1982, p.98.

胡适也"向燕京的中国学人致敬,特别要向洪业博士致敬;他建立燕京的中文图书馆,出版《燕京学报》,而且创办一项有用的哈佛燕京引得丛书,功劳特别大"①。这项有着深远的学术影响、也给他带来了巨大荣耀的伟大工程,就是他利用个人友谊说服学社总部而建立的。1930 年洪业建议学社"拨出经费主办引得丛书,有系统地替中国古代主要典籍编索引,让现代学者易于查检"时,总部托事伯利克教授马上"明了这工程的重要性,而予以全力支持"②,结果成功建立。

正因为洪业在学社中的活跃表现及对国际汉学的巨大贡献,赢得了各界的高度赞赏;在他 70 大寿那年,哈佛同仁把 1963 年《哈佛亚洲学报》的献辞献给他,从而得了崇高的国际声望③。

美国教育色彩浓厚的 7 所基督教大学,在民族主义和非基督教运动高涨的日子里,本身就是被批判对象;何况它们又直接与哈佛实行跨国合作,确实一度格外刺眼。但是在短短的几年中,中外对它们的印象大为改观,赞扬声时有所闻,它们的社会地位全变了。胡适曾说:"近年中国的教会学校中逐渐造成了一种开明的、自由的学风,……是最值得国家和社会的援助的。"④这种改变与学社苦心孤诣的、国学教学与科研相结合的研究生培养分不开。

研究生的国际交换培养,是一项空前伟大的事业。在这项事业中,留美学生注意顾全大局,把雄厚研究资金、纯汉学的学术事业、集体参与的国际合作有机地结合起来,是培养之所以顺利进行

---

① [美]司徒雷登著,程宗骏译:《在华五十年——司徒雷登回忆录》,北京出版社 1982 年版,序言。

② [美]陈毓贤:《洪业传》,第 102 页。

③ [美]陈毓贤:《洪业传》,第 171 页。

④ 胡适:《从私立学校谈到燕京大学》,《独立评论》108 期,1934 年 7 月。

的保障。相对于当时其他有志于汉学研究的学校和团体而言,这是一项无法企及的优势。正是有了这种优势,学社的汉学研究人才梯队建设最为雄厚,必将拥有一个光明的未来。学社对总部领导人的自我培养,就很好地说明这一点,可见下表:

表6-3-4　叶理绥之后的哈佛—燕京学社历届社长简单学历

任期	英文名	中文名	学　历	备　　注
1956	E. Oldfather Reischaver	赖世和	研究生	1933—1937 到法日中学习
1964	Glen William Baxter	巴克斯特	研究生	以本部副干事代理
1963	Francis W. Cleaves	克利夫斯	研究生	曾经来华
1976	Albert Morton Craig	克雷格	研究生	曾经来华
1987	Partick Hanan *	韩南		伦敦大学博士
1996	Tu Weiming *	杜维明	哈佛博	母校东海大学受学社资助

＊　均曾以社长身份来华;杜维明母校东海大学受学社资助。

当年学社刚成立时因内部无人压阵,曾去欧洲请求伯希和当社长;不久居然能自培自养赖世和、巴克斯特等学术领导人,并为兄弟院校与其他单位输送人才,则表明以哈佛为代表的美国汉学研究已有长足进步,在美国居于领先地位,正在赶超欧洲。还有值得注意的是,中美的交换培养,已超越了汉学的范畴,不乏研究现代史的。其中美方有戴德华、毕乃德、施维许,后来分散在美国各大学,促进了美国中国学的全面繁荣;而中方的黄延毓、郑德坤、林耀华也学有所成,后来各自成为一方学术重镇。这令人惊讶,但确是一个可喜的现象。

毋庸讳言,学社的研究生培养也存在明显的不平等性。第一,工作重心不同。中方事实上多是承担资料与史实咨询者的角色,做的多为基础性工作。哈佛为利用中方国学基础方面的优长，派出学生是为了让其切身感受东方文化氛围，为学术研究的扎实与顺利发展打好基础；另外派遣过一些博士或教授如拉铁摩尔、海陶玮、毕安祺等人作为研究员到燕京来进修，也可说明这一点。第二，总社设在哈佛，保管资金的哈佛实际掌管着基金的分配权，中方可照章行事申请资金，但要经过烦琐手续才能申请到手，事实上要接受美方的指挥，很难做到独立自主。第三，相互依赖程度不等。中方须仰仗哈佛的博士培养，哈佛仅往中国燕京派本科生，居于指导地位。但是，这种不均衡是当时中美之间的种种落差的客观体现，是难以避免的现实存在。在中美双方长期友好合作、期待共同提高的情况下，这也可以理解。至于哈佛要求中方须派研究生前往深造，虽然说明中国的学术依旧要依仗哈佛的继续支持，却也表明哈佛承认中国已经有能力自己培养研究生，是对中方学术日益进步的肯定。

中美双方交换培养研究生，说明近代的中美教育交流是双向进行的，绝非单方面的向美学习；同时也说明文化"可以超越民族主义的壁垒"[1]，可以进行大规模的交流，当然也包含研究生交换培养在内的高层次的交流。这种交流在更快、更高、更强地"把中国的学术介绍到西洋，西洋的学术介绍到中国。……使东西民族，对于彼此的文化，都有深切的了解，并且使中国学术，在世界上大放光明"[2]，为中美文教交流的开展搭建了一条便利桥梁，对提高国际汉学研究水平犹具历史性的意义。在使哈佛大发展的同时，

----

① 　Philip West, *Yenching University and Sino-western Relation*, Harvard University Press, Cambridge, 1976, p. 198.

② 　马鉴：《本校落成感言》，《燕大周报》第 2 期，1929 年。

"哈佛—燕京学社为燕京做了许多好事,……使中国的其他几所教会学校——能够把汉学研究提高到任何一所中国学府的同一水准上,……在各个国家友好交往中发挥巨大的推动与示范作用"①。

留美学生参与了新教大学的创建与立案,维护并营造出一种独具特色的校园文化,坚持自己的办学宗旨,在使在华新教大学有机成为统一中国高等教育体系的有机组成的一部分的同时,取得了特殊的成就,并涌现了陈裕光与金陵大学、钟荣光与岭南大学等著名的办理新教大学的典型,使新教大学同样成为中美教育交流重要基地。

---

① ［美］司徒雷登著,程宗骏译:《在华五十年——司徒雷登回忆录》,北京出版社 1982 年版,第 61 页。

余 论

在近代留美学生的努力下,中美教育交流走过了一条从小到大、从弱到强的发展道路。表面看来留美学生的诞生比中美教育交流的开始晚 8 年,但严格说来,中美教育真正双向进行交流乃是同一时间内的事,也较好地统一在布朗、容闳师徒身上。起先中美教育交流只是在民间零散、悄悄地进行,直至幼童留美才有官方交流,而且还是有组织的交流;随着留美学生的大量归国,到 20 世纪20 年代达到了高峰,成为近代最频繁、独具特色的中外文化交流,对近代中国教育乃至近代社会的发展产生了广泛而深远的影响。

一、颇富特色的文教交流

随着世界一体化进程的加快,文化交流愈益必要而普遍,近代留美学生推动的中美教育交流在 1920 年代达到了高潮。虽然在实践中出现了一些不足,但他们开始理智地认识到"自己有成绩,才能和别人交换,自己明白自己,更是和别人共同解决问题的初步"①,开始改变有关交流的宗旨、起点与方式,使之日益完整、立体、进步而独具特色:

<hr />

① 华中师范大学教育科学研究所编:《陶行知全集》(一),湖南教育出版社1984 年版,第 240 页。

1. 双向共荣

顾名思义,双向性应是交流的基本特征。但过去学界论及中美教育交流时基本没有论述过留美学生对美国教育的输出,或持留美学生只是全面输入美国教育思想的成见,从而实质否认了中美教育交流的双向性,从而在无形中降低了留美学生与中国教育的能动作用与时代活力。事实上,这种交流是:

在对流中实现完整。曾受惠于美国教育的留美学生反过来对美国教育多有回报,如在读留美学生的教育类博士论文就丰富过美国教育学宝库。在国人继续留美的同时,也出现了留华美国学生。而留美学人到美国大学充当师资,甚至充任院系领导,并不再是很惊讶的事。在美国教育社团中的华美协进社,就是一个有留美学生主导的中美合作组织,曾在费城博览会上、美国图书馆协会成立五十周年纪念大会上广泛宣扬过中国的有关教育历史与当代成就,其附属中文教师培训班则长期在美国传播中国文化。留美学生在大洋两岸的活跃,在来来往往的对流之中使中美教育交流成为一种完整的交流。

在互动中共同发展。归国留美学生大力传播美国教育思想,进行"中国教育之改造",使近代中国教育焕发出时代生机与活力,并有机融入国际教育大家庭。成长起来的留美学生在走向美国、走向世界的过程中,对美国教育也有积极性的反馈。这主要体现在学术上,典型的有:哈佛大学研究生培养就得益于燕京大学洪业等人的高水平汉学指导,郭秉文、胡适在芝加哥大学等处对美国现代中国学的发展有开拓性的意义,而费正清曾受惠于蒋廷黻的指点为其走上现代中国学的康庄大道奠定了坚实的基础,胡适则在哈佛先后作过"中国的印度化:文化借贷的专题研究"的讲演与

"中国思想史"的讲座。值得注意的是,留美学生并非只有向美国教育思想的学习,也曾到美国宣传中国教育思想,如钟荣光、陈裕光、张伯苓等人在募捐教育经费的同时自然要不可避免地宣传自己的教育理念与办学成就,而晏阳初对平民教育运动的宣传与募捐则显得更有组织性,成效颇巨,影响更大。由于留美学人在学术和思想上对美国教育的丰富与完善,甚至有全新的发展。在哈佛大学因学社内的合作汉学研究水平就很快赶超了欧洲、美国。当中美人士的共同努力而成为平民教育思潮向全世界扩散的中继站的时候,美国教育自然得到了发展,从而使中美教育在互动交流中实现共同发展与繁荣。

渐趋于平等与和谐。通过中美教育交流,中国近代教育得到飞速发展,国际地位迅速提高,郭秉文连任 WFEA 副会长就是明证,在中美教育交流中留美学生与美方合作伙伴、中美双方的地位在进一步趋于平等。在国内,燕京大学在洪业的实际运作下与哈佛交换培养研究生;而蒋廷黻对来华搜集材料的博士生费正清多有学术建议与其他帮助。更可喜的是,留美学生开始走出国门,在美国站稳脚跟。一方面设帐授徒,逐渐成为学界领导,如赵元任于1945 年担任过美国东方学会会长,此前晏阳初被美国大学与学界推选为"全球十大伟人",而中国平教思想随《告语人民》的告语而遍及全美、全世界。后来留美学人出任讲座教授的越来越多,邓嗣禹还曾是亚洲学会 7 名发起人中唯一的华裔,何炳棣担任过亚洲学会会长,陈荣捷也担任美国东方学会会长,成为美国教育界的名流。另一方面设立华美协进社等组织,在美国实地有组织进行长期的交流,增强了中美理解与友谊。留美学生活跃于大洋两岸,在促使中美教育对流、互动的时候,使输入与输出在量、质上尽量持平,从而使交流双方渐趋于平等和谐。

2. 立体全面

近代留美学生推进的中美教育交流远不止是思想层面的对华传播,也非仅仅把中国作为活动场所,而是一种多元丰富的交流。

场所多样。留美学生在进行中美教育交流时,活跃在朝野上下、大学内外,甚至把教会大学也当成了沟通中美教育的重要基地;不仅有分散的交流,也有集体的行动,甚至在多边国际教育组织中保持与美国教育界的接触。他们从美国到中国,从思想到人事、组织,点面结合,超越时空与战火,立体地进行交流。

内容丰富。就教育学本身的交流来说,近代留美学生对美国教育从宏观的进步主义教育思想,到微观的设计教学法、电影教育技术,以及教材、课程的引进,可谓多姿多彩。另外,留美学生对美国学术贡献可归结到汉学与现代中国学两大门类,而中美学人之间在学术上有指导和被指导、合作与帮工的差别。在交流中,连中国文化氛围与美国先进教育训练都被派上用场,可见交流已涉及中美教育的各个层面,内容极为丰富。

人、思想、经费、组织合一。留美学生推动中美教育的交流有多维的人际交流、组织交往,并得到了中美两国学人的多种形式的帮助,还使思想交流与经费往来联结在一起。中基会就是一个由中美两国学人共组的、有明确宗旨的教育组织,基金充足,积极调控有关教育事业。而晏阳初获得韦尔伯等人的帮助共组了平民教育运动中美委员会等组织,宣传平教运动思想、募捐经费两不误。这种交流与合作事实上成为一条龙,因而立体而全面。

3. 主客同一

毫无疑问,近代留美学生是中美教育交流的结晶,同时也是它得以进行的动力来源与主要媒介,同为传播的受体和主体;对美国教育来说如此,对中国教育来说也是如此,这生动体现在在读留美学生与归国留美学生的角色与功能的转换上,其积极意义集中体现在以下几个方面:

干部基础　近代留美学生不但在留美期间总体上大多接受了先进、正规的美国教授,拥有较高素质;而且拥有一支壮观队伍,熟悉中美两国教情与国情,在教育界逐渐占有优势地位,有着从事中美教育交流的独特优势,自然地为中美教育交流奠定了不可替代的干部基础。郭秉文等哥大师院毕业生在国内外颇引人注目。

层次与规模　自容闳以来,近代留美学生致力于中美教育交流,一贯积极主动,除自由交往外,又有众多的有组织的贡献,或自由、或有组织地从中美朝野在思想、师资、资金、学术、留学生等方面,全面、立体进行中美教育交流,并渐成规模。杜威热与晏阳初条款就是例证。

效率与氛围　由于相当多的时候主客统一,故在交流时能尽量减少中间环节,有利于教育意义上的沟通与理解,避免浪费时间,直接提高交流速度,这就是五四运动前后大量归国的留美学生能掀起学习美国教育高潮的重要原因;同时还可省略许多繁文缛节,活跃气氛,友好运作,将冲突消灭于无形之中,甚至可在新教大学里进行。这不同于一般的西学东渐,不同于大炮政治与金元外交下的半殖民地性质的所谓交流,从而显著地改善氛围、提高效率。

相反,在其他形式的交流中,主客体之间必须在不同文化背景、不同国情教情中开展交流与合作,难免会有隔膜而失真,徒增盲目性、不准确性,平添麻烦与包袱。这说明以留美学生这支特殊队伍为基石的主客统一是中美教育交流得以既高品位、又上规模进行的重要原因。

总之,近代留美学生所推进的中美教育交流虽有不少遗憾,如在中美教育交流不再局限于目前小事、影响已经超越了大学与教育的时候,竟然没有全局性的长期计划,没有一个权威分期规划,尤其没有一个公信机构出面主持。这当然不是某一个人的责任问题,也不是一朝一夕就能解决的问题;但他们就是在这种局面下不愧为人师表,或甘守清贫,或深入美国,坚持进行中美教育交流,从而极大地促进了中美两国教育共同发展,增进了中美友谊,使它仍不失为近代国际上的一种日趋完整、立体、进步的交流。

二、理性检讨得失及其责任

囿于中美发达程度的客观对比以及一系列的其他因素,近代留美学生在中国教育近代转型时期史无前例地推进中美教育交流时,难免存在诸多遗憾之处,带来种种问题,产生了一些消极影响;但总体上使之在一个动态的发展进程中运行,今天的研究必须对此理性看待,全面分析,重新检讨。

1. 全面学习美国教育的得与失

在交流内容上,留美学生主要是全面学习美国教育,存在种种偏差与局限,但也不乏自我探索与创获,在矛盾与争议中推动了近代中国教育的发展。

美国化色彩太深,不适应国情:

近代留美学生正因钦慕美国教育而专心学习,故较多地急迫投入从事教育职业、全面输入先进的美国教育之举,对于近代中国的落后教育来说大方向是对的,同时也是必要的,只是难免与固有国情相冲突而超越现实。正如陈青之所讲:"现在的中国,与欧美诸强的国情不同,与苏俄也不相同。……中国除了几个大都市稍具工业资本形式外,全国社会尚停滞在农业时代之中,我们的经济以农业为主体,……美国是世界上最发达的工业资本主义国家,他们的教育自然是培养工业和技术人才为宗旨,他们的教育制度自然切合这种社会的需要。以最发达的工业资本主义国家的教育制度,搬来实行在农村社会的中国,不仅不和脾胃,且有药不对症的危险。"[1]因此中美教育交流在中华大地生根发芽的同时,也带来了一系列的副产品,产生了不小的消极的社会影响。特别是在当时人们把政治、社会危机与教育联系起来的时候,主导新教育建设的留美学生就成为各界攻击的中心,从而遭致了非议与责难。常道直"近年来,我们时常听到国内的一般要人、政客、名流、学者等等,对于现前教育状况,发表种种不满意的批评,甚或从事教育工作及教育研究者,肆意攻击"[2]的总结就清楚地表明了这一点。留欧的傅斯年公开著文,把"教育崩溃"当成是留美学生、尤其是"哥伦比亚大学的教员学院毕业生给中国教育界一个最不好的贡献"[3]。而官方的朱家骅则屡次为难持久传播美国教育思想的北师大,蒋介石则在1939年直斥"最近这二十七年来的教育,几乎是糊涂的教育,其影响所及,……简直就是亡国的教育! 是灭种的教育"[4]。留美学生这种全面学习确实有点不合国情,低估教育近代

---

① 陈青之:《中国教育史》,商务印书馆1936年版,第800页。

② 常道直:《教育界之责任问题》,《文化与教育》旬刊第1卷第8期。常道直,字导之。

③ 傅斯年:《教育崩溃之原因》,《独立评论》第9号,1932年7月。

④ 转引自朱国仁:《西学东渐与中国高等教育现代化》,厦门大学出版社1996年版,第240页。

转型的艰巨性,使交流难以时刻得到真正的贯彻。

具体看来,他们的全力宣传与实践,就显得超前而流于粗暴。在现实中强调儿童与学生的自觉而设置众多教育课程、推行新式教学法,就超出了现有教学设备与经费保障以及社会需要的水平,没有多大现实意义,如"初级中学三年的课程,……十五科,是照美国抄来的,把人生的知识件件列入而无一实用。且英语每周规定五小时,强人人以必学,尤背实际需要,徒足以消耗儿童有用之时光"①,在一定程度上流于形式,有时甚至成为负担,导致局部的教育秩序混乱与教育质量下降。

超越现实发展教育的前瞻性:

话说回来,中国教育若想在有限的时间内实现近代转型,就不可能在现状的阴影下按原有步骤进行,必须实施超常规的跨越式发展,故超越现实的全面学习乃时代必然;也只有这样,才能充分发挥教育对社会的先导作用,留美学生在这方面充分表现了他们的时代勇气与战略前瞻性。

当然,留美学生并不鲁莽,与其导师一起对中美教育交流的有机结合时有持平之语的表述。除开邱椿、杨亮功等人的"中国化"思想外,杜威、孟禄就曾在华屡次提醒过留美学生与国人。1919年杜威在全国省教育会联合会第五次会议上作了题为《教育上之试验态度》的讲演,指出"外国法当然有良法美意以采用。但完全采用,而模仿之,而拘泥之,必有不适于本国或本地方者"②;孟禄在演讲时指出"不在于用西方的文化来代替中国的旧文化,是在

---

① 陈青之:《中国教育史》,第801页。
② 朱有瓛、戚名琇、钱曼倩、霍益萍编:《中国近代教育史资料汇编·教育行政机构及教育团体》,上海教育出版社1993年版,第218—221页。

选出中西文化好的部分,把它们融会贯通起来,造成一种新文化"①。而取法乎上必得其中,因此即使胡适、陈序经的全盘西化也比顽固与中庸来得高明。他们的这种前瞻性为当时的教育改革与中美交流指明了未来的发展方向。

不乏创造性:

虽然近代留美学生积极输入、传播教育思想,多有生硬之处,但他们无惧于环境的恶劣和世人的非议,在普及教育的同时使教育理论科学化,迅速提高了教育学的学术性、社会性。他们利用中美教育交流的实践不断摧毁尊重国情与完成中国教育近代转型的矛盾命题,通过贯彻新学制、力行教育调查、推动教育测验等方式,努力探索中国新教育建设的途径。如一贯主张大力扩充教育院系,发展高师教育,为普及教育提高全民素质打下了坚实的基础,李蒸、李建勋领导北师大无惧于教育部的歧视与压制、坚持师范性与学术性综合的办学道路堪为典型;又如陶行知的"生活教育"及其"教学做合一"理论,是对杜威实用主义教育思想的批判性发展,他的"中国教育之改造"的呐喊曾引起当时教育界的震动与热烈反响;张伯苓、何濂领导下的南开大学及其经济研究所坚持教育联系社会的原则,以问题研究带动研究所的创设与发展,使南开成为能与清华、北大比肩的、小而精的知名私立高校。这种办学与东南大学、金陵大学的农科教学、研究、推广合一模式有内在的相通之处,无疑是一种新型的综合办学之路,有着极大的生命力。在留美学生全面学习、传播美国教育的过程中,中国新教育得到了飞速发展,加快了教育近代化的进程。

①　孟禄演讲,胡适翻译,廷谦笔记:《大学之职务》,《东方杂志》第19卷第2号。

2. 重点发展留城市教育与大学教育的得与失

在交流场所上,除晏阳初等人外,近代留美学生不太愿意到农村就业,中心多放在城市与大学的教育上,这在救亡压倒启蒙、提高重于普及的年代里,得失之间更是微妙。虽然当时对此非议较少,但事实上影响更为深远。

加剧了不平衡的教育发展局面:

毋庸讳言,留美学生对发达祖国教育的认识很少触及农村的教育领域,他们归国后也少有扎根农村的。1926 年,在中国任教有年的金陵大学教授瑞纳(John H. Reisner)据自己观察说:"没有一个在美国大学农科毕业生,回国后真正回到农村服务。"①但是,要想推动中国的发展,中国的农业社会的现状决定了必须同时在农村发展现代教育。瑞纳的另一句话"少数中学毕业生,在乡村生活中颇有表现,乡村的福利实以赖之"②,不能不说是对大多数留美学生忽视农村教育这个遗憾的反讽。这种交流场所的偏颇加剧了国内教育发展的失衡,致使不太多的大学集中在几个大城市,遭到国联教育考察团的强烈批评,但从另一个方面也说明了他们集中精力发展影响更大、见效更快的高等教育的决心与热情,以悖论式的逻辑强化了他们在教育界的优势地位,在中国新教育建设取得了广为人知的成就。

陶行知、晏阳初的创举:

其实,造成交流场所偏颇远非近代留美学生的责任,并非留美

---

① [美]王一驹著、梅寅生译:《中国知识分子与西方》,枫城出版社 1978 年版,第 167 页。

② [美]王一驹著、梅寅生译:《中国知识分子与西方》,第 243 页。

学生看轻农村与中小学的教育的发展,事实上有关乡村师范教育、平民教育以及农学教育宣传力度最大、办学成就最高的都是留美学生。

前东南大学教育科主任、中华教育改进社总干事陶行知带头"教授下乡",开展乡村师范教育,创办晓庄师范、上海工学团等,倡行小先生制,推行教学做合一,得到了克伯屈等国际友人的赞扬,无愧于真正的"人民教育家"。又如晏阳初,终身从事平民教育运动,倡导"博士下乡",全力进行定县实验,并和燕京大学、南开经研所等单位合力进行"华北乡村建设计划",不仿古、不仿欧,深入民间,推行四大教育,力图"除天下文盲,做世界新民",并宣传到美国,为中国平教运动赢得世界性的荣誉、最终发展到全世界奠定了基础。

3. 近代留美学生所应负的责任

平心而论,近代留美学生推进中美教育交流中的种种缺失都是改革发展中出现的问题,多是无心之失,而且还多有教育以外的原因,必须对他们所应负的责任作一个比较科学的界定。

在民国时期,有关研究还是即时性评论,虽然得自所见所闻,但并不一定客观,更不一定恰当。把教育破产的责任全归结到近代留美学生身上,既对他们不公平,也是对当时教育成就的极不尊重,因为他们的历史功过暂时还来不及得以充分展示,也因为评论者较少考虑教育与社会是一个整体的因素,或者甚至本末倒置,让教育承担社会的全部责任,让留美学生承担教育的全部责任,这太抬举了教育、抬举了留美学生诸公。而且在有关评论中,既有不满他们自由办学或别有用心的转移视线的政客之言,也掺杂有学派畛域等因素。事实上,这不是哪一个人的责任问题,很多是体制与环境的问题。而且,社会需要与个人兴趣的变更常会产生奇特而错位但意料不到的客观效果。胡适弃农从文,从康乃尔转学哥大,农学界不见得会少了一个蹩脚的技师,但从此中国教育界多了一个杰出的教育家,孙中山与鲁迅的改行也大体相同。舒新城就曾说:"现在一班人责难留学生洋化亡国,实则为悠久的历史所构成,并不完全是留学生本身的罪恶。……—国的教育,都有其针对国家特性力求改进发扬的特质,凡属改革国民都受此种教育以期有利于国。"①

其实,在教育与现实社会、政治的歧路之间,留美学生们所坚信的可以启迪民智、可以推动社会进步的美式教育思想,当然有其存在的合理价值,特别是对于一个刚摆脱封建愚昧与专制、急需改造传统教育、快速发展民族教育的中国来说,自有其发展的广阔空间。他们也认识到,在发展中出现的问题,要靠发展来解决;教育发展中出现的问题,还是要在加快教育发展的过程中解决教育问题。胡适针对当时社会上的怨天尤人"教育破产"论,1934 年 8 月17 日作《教育破产的救济方法还是教育》,并在同年 8 月 27 日《国闻周报》第 11 卷第 34 期上发表,旗帜鲜明地公开了自己的态度;稍后教育史学家陈青之也指出"今后教育之出路"应当"先从教育政策改造起,在改造教育制度,这两点改造过来后,而心理也随着改变"②,这些言论颇有建设性。近代留美学生正是以此等言行,赢得了崇高的社会地位与声望。他们的献身精神值得后人景仰,其奋斗的经验教训乃是一份珍贵的精神遗产与宝贵财富,在新的世纪之交值得我们铭记、思考、借鉴。

---

①　舒新城:《近代中国留学史》,中华书局 1936 年版,第 270 页。
②　陈青之:《中国教育史》,第 803 页。

　　虽然学习美国教育思想在近代留美学生推进的中美教育交流中占有主导地位，虽然留美学生、中国教育与美方教育及其有关人士在交流主体的地位上大多时候并不完全平等，但是留美学生代表的中方的作用与重要性正在与日俱增。留美学生很多时候都是主动者，抛开在读留美学生不谈，曾主动邀请、精心组织杜威、孟禄来华讲学；另如郭秉文、孟治与晏阳初等人深入美国宣扬中国教育，而蒋廷黻、洪业等先后给费正清、卜德等人作过学术指导，赵元任、郭秉文、冯友兰等人在美国大学也颇有发明与影响。虽然，这与他们输入与传播美国教育的规模与影响不对称，但更可喜的是赵元任、陈荣捷，以及后来的邓嗣禹、何炳棣，渐次成为美国大学、学界的领导，标志着留美学生与中国教育在美国的地位在不断提高，与影响在不断加大，中美双方的差距正在不断缩小，他们推动的中美教育交流日益成为一种极具代表性的中美交流。

参 考 文 献

一、档案文献资料

1. 王铁崖编:《中外旧约章汇编》,北京:生活·读书·新知三联书店,1957

2. 中国史学会主编:《洋务运动》,中国近代史资料丛刊,上海:上海人民出版社,1961

3. 中华教育文化基金董事会编:《中华基金会报告:1926～1930》,北京:国家图书馆藏,中国图书法分类法:G529.6,ID 号 0109284145

4. 江苏省教育会编:《江苏省教育会年鉴》(第 11 期),江苏省教育会,1926

5. 立法院编译处编:《中华民国法规汇编》,上海:中华书局,1936

6. 宋恩荣等主编:《中华民国教育法规选编》,南京:江苏教育出版社,1990

7. 国民政府教育部编:《最近全国高等教育概况》,1936.10

8. 蒋致远主编:《中华民国教育年鉴》

9. 罗家伦主编:《抗战前教育与学术》,《革命文献》第 53 辑,中国国民党中央党史委员会编,台北:"中央"文物供应社,1971

10. 罗家伦主编:《抗战前教育政策与改革》,《革命文献》第 54 辑,1971

11. 罗家伦主编:《抗战时期教育》,《革命文献》第 58 辑,1972

12. 罗家伦主编:《抗战时期之学术》,《革命文献》第 59 辑,1972

13. 罗家伦主编:《抗战时期之高等教育》,《革命文献》第 60 辑,1972

14. 荣孟源主编:《中国国民党历次代表大会及中央全会资料》,北京:光明日报出版社,1985

15. 中国第二历史档案馆编:《中华民国史档案资料汇编》第 3 辑,南京:江苏古籍出版社,1991

16. 中国第二历史档案馆编:《中华民国史档案资料汇编》第 5 辑,南京:江苏古籍出版社,1991

17. 陈学恂、田正平编:《留学教育》,上海:上海教育出版社,1991

18. 朱有瓛、戚名琇、钱曼倩、霍益萍编:《教育行政机构及教育团体》,上海:上海教育出版社,1993

19. 璩鑫圭、童富勇、张守留编:《实业教育 师范教育》,上海:上海教育出版社,1994

20. 璩鑫圭、唐良炎编:《学制演变》,上海:上海人民出版社,1991

21. 高时良编:《洋务运动时期教育》,上海:上海人民出版社,1992

22. 潘懋元、刘海峰编:《高等教育》,上海:上海人民出版社,1993

23. 李桂林等编:《普通教育》,上海:上海人民出版社,1995

24. 邰爽秋主编:《教育参考资料选辑》,南京:教育编译馆,1933—1935

25. 舒新城:《中国教育史资料选存》,上海:中华书局,1936

26. 舒新城编:《中国近代教育史资料》,北京:人民教育出版社,1961

27. 陈学恂主编:《中国近代教育史教学参考资料》,北京:人民教育出版社,1986—1987

28. 李桂林:《中国现代教育史教学参考资料》,北京:人民教育出版社,1987

29. 刘真主编、王焕深编著:《留学教育——中国留学教育史料》

30. 林清考主编:《抗战时期我国留学教育史资料》,台北:"国史馆",1994

31. 王军、滕星主编:《世界教育史大事记》,北京:职工教育出版

社,1990

32. 邹华亭、施金炎:《中国近现代图书馆事业大事记》,长沙:湖南人民出版社,1988

33. 曾国藩:《曾国藩全集》,长沙:岳麓书社,1985—1994

34. 宋恩荣主编:《晏阳初全集》,长沙:湖南教育出版社,1989—1992

35. 金成林、伍尧编:《陶行知全集》,成都:四川教育出版社,1991

36. 华中师范学院教育科学研究所主编:《陶行知全集》,长沙:湖南教育出版社,1984—1998

37. 上海市陶行知研究会、上海市陶行知纪念馆、上海师大陶研会编:《陶行知佚文集》,成都:四川教育出版社,1989

38. 周洪宇:《陶行知研究在海外》,北京:人民教育出版社,1991

39. 梅克、陈秀云主编:《陈鹤琴全集》,南京:江苏教育出版社,1992

40. 刘振东编:《孔庸之先生演讲集》,近代中国史料丛刊第一编第 82 辑,台北:文海出版社,1962

41. 茅仲英、唐孝纯编:《俞庆棠教育论著选》,北京:人民教育出版社,1992

42. 汤才伯主编:《廖世承教育论著选》,北京:人民教育出版社,1992

43. 王承绪等编:《郑晓沧教育论著选》,北京:人民教育出版社,1993

44. 刘述礼、黄延复编:《梅贻琦教育论著选》,北京:人民教育出版社,1993

45. 田正平、李笑贤编:《黄炎培教育论著选》,北京:人民教育出版社,1993

46. 白吉庵等编:《胡适教育论著选》,北京:人民教育出版社,1994

47. 曲士培主编:《蒋梦麟教育论著选》,北京:人民教育出版社,1995

48. 崔国良编:《张伯苓教育论著选》,北京:人民教育出版社,1997

49. 中央教育科学所编:《林砺儒教育文选》,北京:北京师范大学出版社,1984

50. 王文俊编:《张伯苓教育言论选》,天津:南开大学出版社,1984

51. 丁文江、赵丰田编著:《梁启超年谱长编》,上海:上海人民出版社,1983

52. 中国社会科学院近代史研究所中华民国史研究室编:《胡适来往书信选》,北京:中华书局,1979

53. 胡适:《藏晖室札记》,上海:亚东书局,1939

54. 胡适:《胡适的日记》,北京:中华书局,1985

55. 胡适:《胡适留学日记》,海口:海南出版社,1994

56. 曹伯言、季维龙编著:《胡适年谱》,合肥:安徽教育出版社,1986

57. 姜义华主编:《胡适学术文集·教育》,中华书局,1998

58. 胡适:《胡适杂忆》,台北:传记文学出版社,1979

59. 胡适:《胡适口述自传》,台北:华文出版社,1992

60. 王云五:《岫庐八十自述》,台北:台湾商务印书馆,1967

61. 方显廷著、方露茜译:《方显廷回忆录:一位中国经济学家的七十自述》,北京:商务印书馆,2006

62. 李绍昌:《半生杂忆》,近代中国史料丛刊第二编第 68 辑,台北:文海出版社,1971

63. 严仁颖:《旅美鳞爪》,近代中国史料丛刊第二编第 499 辑,台北:文海出版社,1971

64. 胡光麃:《波逐六十年》,近代中国史料丛刊第二编第 616 辑,台北:文海出版社,1971

65. 陈达:《浪迹十年》,近代中国史料丛刊第二编第 800 辑,台北:文海出版社,1971

66. [美]李方桂著,王启龙、邓小咏译:《李方根贵先生口述史》,南京:江苏人民出版社,2007

67. [美]何炳棣:《读史阅世四十年》,南京:广西师范大学出版社,2005

68. [德]花之安:《自西徂东》,近代中国史料丛刊第三编第 91 辑,台北:文海出版社,1978

69. 朱文华编:《自由之师》,上海:东方出版中心,1998

70. 赵如兰编:《赵元任音乐作品全集》,上海:上海音乐出版社,1987

71. 赵新那、黄培云编:《赵元任年谱》,台北:商务印书馆,1998

72. 罗岗、陈春艳编:《梅光迪文录》,沈阳:辽宁教育出版社,2001

73. 冯友兰:《三松堂自序》,北京:人民出版社,1998

74. 周一良:《毕竟是书生》,北京:十月文艺出版社,1998

75. 杨步伟:《一个女人的自传》,长沙:岳麓书社,1987

76. 李溪桥主编:《李蒸纪念文集》,北京:中国社会科学出版社,1996

77. 黄延复主编:《梅贻琦先生纪念集》,长春:吉林文史出版社,1995

78. 申泮文主编:《黄钰生同志纪念集》,天津:南开大学出版社,1991

79. 罗德真、罗一真编:《秉烛沧桑——教育学家罗炳之》,南京:南京大学出版社,2002

80. 孙尚扬、郭兰芳编:《国故新知论——学衡派文化论著辑要》,北京:中国广播电视出版社,1995

81. 张西平、卓新平编:《本色之探——20 世纪中国基督教文化学术论集》,北京:中国广播电视出版社,1999

82. 北京大学信息管理系、南京大学信息管理系、甘肃省图书馆:《一代宗师——纪念刘国钧先生百年诞辰学术论文集》,北京:北京图书出版社,1999

83. 中国人民政治协商会议上海市委员会文史资料委员会:《上海文史资料选辑》第 42 辑,1982

84. 中国人民政治协商会议保定市委员会文史资料委员会:《保定文史资料选辑》第 1 辑,1984

85.《中华文史资料文库》第 17 卷,北京:中国文史出版社,1995

86. 燕大文史资料编委会编:《燕大文史资料》,10 辑,北京:北京大学

出版社 1988—1997

87. 南京大学校庆办公室校史资料编辑组、南京大学学报编辑部编辑:《南京大学校史资料选辑》,1982 年刊印

88. 王文俊等编:《南开大学校史资料选》,天津:南开大学出版社,1989

89. 清华大学校史研究室:《清华大学史料选编》,北京:清华大学出版社,1991—1994

90. 清华大学校史编写组编著:《清华大学校史稿》,北京:中华书局,1981

91. 燕京大学校友校史编写委员会:《燕京大学史稿》,北京:人民中国出版社,2000

92. 南开大学校史编写组:《南开大学校史》,天津:南开大学出版社,1989

93. 朱斐主编:《东南大学史》,南京:东南大学出版社,1991

94. 王德滋主编:《南京大学史》,南京:南京大学出版社,1992

95. 北京师范大学校史编写组:《北京师范大学校史》,北京:北京师范大学,1982

96. 西南联大北京校友会编:《国立西南联合大学校史》,北京:北京大学出版社,1996

二、专著

97. 李喜所:《中国近代社会与文化研究》,北京:人民出版社,2003

98. 李喜所主编:《五千年中外文化交流史》,北京:世界知识出版社,2002

99. 李喜所、刘集林等:《近代中国的留美教育》,天津:天津古籍出版社,2000

100. 李喜所:《近代留学生与中外文化》,天津人民出版社,1992

101. 李喜所：《近代中国的留学生》,北京：人民出版社,1987

102. 李喜所：《容闳——中国留学生之父》,石家庄：河北教育出版社,1985

103. 刘中国、黄晓东：《容闳传》,珠海：珠海出版社,2003

104. 成晓军：《曾国藩与中国近代文化》,长沙：湖南出版社,1991

105. 元青：《杜威与中国》,北京：人民出版社,2001

106. 罗香林：《梁诚的出使美国》,近代中国史料丛刊第二编第 674 辑,台北：文海出版社,1971

107. 罗俭秋：《新会梁氏——梁启超家族的文化史》,北京：中国人民大学出版社,1999

108. 吴相湘：《晏阳初传》,长沙：岳麓书社,2001

109. 赵荣达：《孔祥熙述评》,太原：山西高校联合出版社,1992

110. 刘绍唐主编：《民国人物小传》(一),台北：传记人物出版社,1975

111. 莫高义：《书生大使：胡适出使美国研究》,广州：广东人民出版社,2006

112. 白吉庵：《胡适传》,北京：人民出版社,1993

113. 马勇：《胡适教育思想研究》,沈阳：辽宁教育出版社,1997

114. 汤才伯：《廖世承教育思想论稿》,北京：人民教育出版社,1997

115. 梁吉生：《张伯苓教育思想研究》,沈阳：辽宁教育出版社,1997

116. 韦善美、程刚：《雷沛鸿教育思想研究》,沈阳：辽宁教育出版社,1994

117. 崔运武：《舒新城教育思想研究》,沈阳：辽宁教育出版社,1994

118. 严元章：《中国教育思想源流》,北京：生活·读书·新知三联书店,1993

119. 田正平主编：《中国教育思想通史》(第 6 卷),长沙：湖南教育出版社,1994

120. 单中惠主编:《外国教育思想史》,北京:高等教育出版社,2000

121. 张斌贤:《西方教育思想史》,成都:四川教育出版社,1994

122. 滕大椿主编:《外国教育通史》,济南:山东教育出版社,1992

123. 单中惠等主编:《西方教育学名著提要》,江西人民出版社,2000

124. 滕大椿:《美国教育史》,北京:人民教育出版社,1994

125. 陈学飞:《美国高等教育发展史》,成都:四川大学出版社,1989

126. 杨生茂、陆镜生:《美国史新编》,北京:中国人民大学出版社,1990

127. 侯且岸:《当代美国的"显学"——美国现代中国学研究》,北京:人民出版社,1995

128. 杨玉圣:《中国人的美国观——一个历史的考察》,上海:复旦大学出版社,1996

129. 陶文钊、梁碧莹主编:《美国与近现代中国》,北京:中国社会科学出版社,1996 中华美国学会中华美国学丛书

130. 王立诚:《美国文化渗透与近代中国教育——沪江大学的历史》,上海:复旦大学出版社,2001

131. 张应强:《文化事业中的高等教育》,南京:南京师范大学出版社,1999

132. 栗洪武:《西学东渐与近代中国教育思潮》,北京:高等教育出版社,2002

133. 朱国仁:《西学东渐与中国高等教育的近代化》,厦门:厦门大学出版社,1996

134. 谢长法:《借鉴与融合——留美学生抗战前教育活动研究》,石家庄:河北教育出版社,2001

135. 卫道治主编:《中外教育交流史》,长沙:湖南教育出版社,1998

136. 冯承柏:《中国与北美文化交流志》,上海:上海人民出版社,1998

137. 张注洪主编:《中美文化关系的历史轨迹》,天津:南开大学出版社,2001

138. 林子勋:《中国留学教育史》,台北:华冈出版有限公司,1976

139. 田正平:《留学生与中国教育近代化》,广州:广东教育出版社,1997

140. 王奇生:《中国留学生的历史轨迹》,武汉:湖北教育出版社,1992

141. 黄新宪:《中国留学教育的历史反思》,成都:四川教育出版社,1990

142. 何晓夏、史静寰:《教会学校与中国教育近代化》,广州:广东教育出版社,1995

143. 王立新:《美国传教士与晚清中国现代化——近代基督新教传教士在华社会文化和教育活动研究》,天津:天津人民出版社,1997

144. 陶飞亚、吴梓明:《基督教大学与国学研究》,福州:福建教育出版社,1998

145. 黄新宪:《基督教教育与中国社会变迁》,福州:福建教育出版社,1996

146. 吴梓明编著:《基督教大学与华人校长研究》,福州:福建教育出版社,2001

147. 周川等编:《百年之功——中国近代大学校长的教育家精神》,福州:福建教育出版社,1994

148. 蒋梦麟:《现代世界中的中国——蒋梦麟社会文谈》,上海:学林出版社,1997

149. 金以林:《中国大学研究》,北京:中央文献出版社,2000

150. 宋秋蓉:《近代中国私立大学研究》,天津:天津人民出版社,2003

151. 苏云峰:《从清华学堂到清华大学(1928—1937):近代中国高等

教育研究》,北京:生活・读书・新知三联书店,2001

152. 纪宝成:《世纪之交的中国高等教育》,北京:高等教育出版社,2004

153. 潘懋元主编:《中国高等教育百年》,广州:广东高等教育出版社,2003

154. 刘捷、谢维和:《栅栏内外:中国高等师范教育百年省思》,北京:北京师范大学出版社,2002

155. 霍益萍:《中国近代高等教育》,上海:华东师范大学出版社,1999

156. 金林祥主编:《20 世纪中国教育学科的发展与反思》,上海:上海教育出版社,2000

157. 杜成宪、崔运武、汪伦信:《中国教育史学九十年》,上海:华东师范大学出版社,1998

158. 毛利锐、沈冠群主编:《中国教育通史》第 5 卷,济南:山东教育出版社,1985

159. 熊明安:《中华民国教育史》,重庆:重庆出版社,1990

160. 李华兴主编:《民国教育史》,上海:上海教育出版社,1997

161. 申晓云:《动荡转型中的民国教育》,郑州:河南人民出版社,1994

162. 张蕴岭:《转变中的中美日关系》,北京:中国社会科学出版社,1997

163. 王晓秋:《近代中日文化交流史》,北京:中华书局,1992

164. 成晓军、宋素琴、林建曾、江立华:《中西文化交流七百年》,北京:科学技术文献出版社,2001

165. 汪向荣:《日本教习》,北京:生活・读书・新知三联书店,1992

166. 熊明安、周洪宇主编:《中国近现代教育实验史》,济南:山东教育出版社,2001

167. 黄利群：《中国近代教育史略》，沈阳：辽宁大学出版社，1990

168. 龚书铎：《中国近代文化概论》，北京：中华书局，1997

169. 田培林：《教育与文化》，台北：五南图书出版公司，1988

170. 郑金洲：《教育文化学》，北京：人民教育出版社，2000

171. 刁培萼主编：《教育文化学》，南京：江苏教育出版社，1992

172. 田建国：《高等教育学》，济南：山东教育出版社，1990

173. 鲁洁主编：《教育社会学》，北京：人民教育出版社，1990

174. 杨国强：《百年嬗蜕——中国近代的士与社会》，上海：上海三联书店，1997

175. 周其厚：《中华书局与近代文化》，北京：中华书局，2007

176. 谢灼华主编：《中国图书和图书馆史》，武汉：武汉大学出版社，1987

177. 严文郁：《中国图书馆发展史：自清末至抗战胜利》，台北：枫城出版社，1983

178. 陈启天：《近代中国教育史》，台北：台湾中华书局，1969

三、民国时期著作

179. 王卓然：《中国教育一瞥录》，上海：商务印书馆，1923

180. 孙本文：《社会学大纲》，上海：世界书局，1931

181. 孙本文：《社会学原理》，上海：商务印书馆，1947

182. 庄泽宣：《如何使新教育中国化》，上海：民智书局，1929

183. 杜佐周：《教育与学校行政原理》，上海：商务印书馆，1930

184. 陆志韦：《教育心理学概论》，上海：商务印书馆，1926

185. 陈翊林：《最近三十年中国教育史》，上海：太平洋书店，1930

186. 陈宝泉、陶行知、胡适编：《孟禄的中国教育讨论》，上海：中华书局，1922

187. 姜琦、邱椿：《中国新教育行政制度研究》，上海：商务印书

馆,1929

188. 姜琦:《西洋教育史大纲》(上、下),上海:商务印书馆,1935

189. 姜琦:《现代西洋教育史》,上海:商务印书馆,1935

190. 孟宪承:《现代教育学说》,上海:商务印书馆,1930

191. 孟宪承:《教育哲学大意》,上海:商务印书馆,1930

192. 罗廷光:《教育行政》,上海:商务印书馆,1944

193. 钟鲁斋:《比较教育》,上海:商务印书馆,1935

194. 钟鲁斋:《教育之学科研究法》,上海:商务印书馆,1935

195. 殷芝龄:《世界教育会议之经过》,上海:商务印书馆,1923

196. 舒新城:《近代中国留学史》,上海:中华书局,1933

197. 冯友兰:《中国哲学史》(下),上海:商务印书馆,1930

198. 晨报馆编:《杜威五大讲演》,北京:晨报社,1922

四、国外学人原著、译著

199. [欧]国联教育考察团著,国立编译馆译:《中国教育之改进》,南京:国立编译馆,1932

200. [德]马克斯·韦伯著,于晓、陈维纲等译:《新教伦理与资本主义精神》,北京:生活·读书·新知三联书店,1987

201. [美]卫三畏著,陈俱译:《中国总论》,上海:上海古籍出版社,2005

202. [美]勒法吉著,高宗鲁译注:《中国幼童留美史》,珠海:珠海出版社,2006

203. [美]卫斐列著,顾钧、江莉译:《卫三畏生平与书信》,南宁:广西师大出版社,2004

204. [美]司徒雷登著,程宗骏译:《在华五十年》,北京:北京出版社,1982

205. [美]费正清著,刘尊棋译:《伟大的中国革命》,北京:世界知识

出版社,2000

206. ［美］费正清著,黎鸣、贾玉文等译:《费正清回忆录》,天津:天津人民出版社,1993

207. ［美］保罗·埃文、默尔·戈德曼主编:《费正清的中国世界——同时代人的怀念》,上海:东方出版中心,2000

208. ［美］保罗·埃文思:《费正清看中国》,上海:上海人民出版社,1995

209. ［美］邓鹏:《费正清评传》,天地出版社,1997

210. ［美］魏定熙著,金安平、张毅译:《北京大学与中国政治文化》,北京:北京大学出版社,1998

211. ［美］塞缪尔·亨廷顿著,周琪、刘绯、张立平、王圆等译:《文明的冲突与世界秩序的重建》,北京:新华出版社,1998

212. ［美］M. G. 马森著,杨德山译:《西方的中国及中国人观念:1840—1876》,北京:中华书局,2006

213. ［美］杰西·格·卢茨著,曾钜生译:《中国教会大学史 1850～1950》,杭州:浙江教育出版社,1987

214. ［美］高宗鲁搜集译注:《中国留美幼童书信集》,珠海:珠海出版社,2006

215. ［美］李恩富著,唐绍明译:《我的中国童年》,珠海:珠海出版社,2006

216. ［美］杨联升著,彭刚、程刚译:《中国制度史研究》,南京:江苏人民出版社,2007

217. ［美］王一驹著,梅寅生译:《中国知识分子与西方》,台北:枫城出版社,1978

218. ［美］陈毓贤:《洪业传》,北京:北京大学出版社,1995

219. 顾维钧著,中国社会科学院近代史研究所译:《顾维钧回忆录》,北京:中华书局,1986

220. ［美］杨步伟：《一个女人的自传》，长沙：岳麓书店，1987

221. ［加拿大］露丝·海荷主编，赵暑明主译：《东西方大学与文化》，武汉：湖北教育出版社，1996

222. ［日］大塚丰著，黄福涛译，苏真校：《现代中国高等教育的形成》，北京：北京师范大学，1998

223. ［日］矶野富士子：《蒋介石的美国顾问——欧文·拉铁摩尔回忆录》，复旦大学出版社，1996

224. ［日］阿部洋编：《日中教育交流と摩擦》，东京：日本第一书房昭和 58 年(1984 年)发行

225. Edward Lee, Thorndike, *Educational Psychology*, Briefer Course, Teachers College, Columbia University, New York, 1914

226. Ping Wen Kuo, *The Chinese System of Public Education*, Teachers College of Columbia University, New York, 1915

227. Philip West, *Yenching University and Sino-western Relation*, Harvard University Press, Cambridge, 1976

228. Robert G. Sutter, *China-Watch Toward Sino-American Reconciliation*, The Johns Hopkins University Press, Baltimore, 1978

229. Pao-chin Chu, *V. K. Wellington Koo*, The Chinese University, Hong Kong, 1981

230. Chih Meng, *Chinese American Understanding, A Sixty-Year Search*, China Institute in America, New York, 1981

231. John King Fairbank, *Chinabound a Fifty-year Memoir*, Harper & Row Publishers, New York, 1982

232. Owen Lattimore, Fujiko Isono, *China Memoirs: Chiang Kai-Shek and the War against Japan*, University of Tokyo Press, Tokyo, 1991

233. Gillian Bickley, *The Development of Education in Hong Kong*, 1841—1897, The Chinese University Hong Kong, Hong Kong, 2002

五、论文集、论文

234. 珠海容闳留美幼童研究会主编:《容闳与科教兴国》,珠海:珠海出版社,2006

235. 中国现代文化学会主编:《东西方文化交融的道路与选择》,成都:四川人民出版社,1993

236. 刘海平编:《中美文化的互动与关联》,上海:上海外语教育出版社,1997

237. 罗志田:《权势转移——近代中国的思想、社会与学术》,武汉:湖北人民出版社,1997

238. 瞿葆奎主编、陈玉琨、赵永年选编:《教育学文集·教育评价》,北京:人民教育出版社,1989

239. 周洪宇、余子侠、熊贤君:《陶行知与中外文化教育》,北京:人民教育出版社,1999

240. 章开沅编:《文化传播与教会大学》,武汉:湖北教育出版社,1996

241. 章开沅、[美]林蔚:《中西文化与教会大学》,武汉:湖北教育出版社,1991

242. 林治平编:《基督教与中国现代化国际学术研讨会论文集》,台北:宇宙光出版社,1994

243. 李学勤主编:《国际汉学著作提要》、《国际汉学漫步》

244. 黎洁华:《杜威在华活动年表》,《华东师范大学学报》1985 年第 3 期

245. 王奇生:《留学生与中国教育的近代化》,《东南文化》1989 年第 1 期

246. 陈国贵:《美国与近代中国留学生述评》,《西南师范大学学报》1994 年第 4 期

247. 黄岭峻:《试论中国近代知识分子接受实用主义哲学的途径》,

《史学集刊》1996 年第 4 期

    248. 别必亮:《1902—1929 年中国高等教育发展述评》,《西南师范大学学报》1994 年第 3 期

    249. 周棉:《近代中国留学运动的形成》,《河北学刊》1996 年第 5 期

    250. 孙春芝:《略论洋务运动与中国教育近代化》,《山西大学学报》1996 年第 3 期

    251. 李华兴、陈祖怀:《民国学制的演进与启迪》,《现代与传统》第 6 辑

    252. 李华兴:《民国教育与中国现代化》,《江海学刊》1997 年第 3 期

    253. 章清:《实用主义哲学与近代中国启蒙运动》,《复旦学报》1998 年第 5 期

    254. 童富勇:《论国民政府初期的高等教育改革》,《杭州大学学报》1998 年第 3 期

    255. 张西平:《汉学研究三题》,《中华读书报》2003 年 5 月 21 日

六、报刊与杂志

256.《申报》

257.《中央日报》

258.《大公报》

259.《晨报副刊》(《晨报副镌》),《晨报》

260.《京报副刊》,《京报》

261.《觉悟》,《民国日报》副刊

262.《学灯》,《时事新报》副刊

263.《时 报·教育(周刊)》

264.《新青年》

265.《每周评论》

266.《科学》

267.《学衡》

268.《独立评论》

269.《观察》

270.《自由中国》

271.《教育公报》

272.《江苏教育行政公报》

273.《留美学生季报》、《留美学生年报》，留美中国学生联合会

274.《新教育》，中华教育改进社

275.《新教育评论》，中华教育改进社

276.《教育杂志》，商务印书馆

277.《东方杂志》，商务印书馆

278.《学生杂志》，商务印书馆

279.《中华教育界》，中华书局

280.《教育季刊》，中华基督教全国协进会

281.《教育季刊》，中央大学

282.《南风》，中央大学

283.《教育丛刊》，北京师范大学

284.《教育与职业》，职教社

285.《教育与民众》月刊

286.《文化与教育》旬刊

287.《燕大周报》、《燕京大学校刊》

288. Yenching News

289.《北京大学日刊》

290.《金陵大学校刊》

291.《北平师大教务汇刊》第 24 期

292.《燕京学报》

293.《岭南学报》

294.《清华学报》

295.《南大周刊》

296.《南开周刊》

297.《南京大学报》

298.《中山大学校报》

299.《甲寅》月刊

300.《国风》半月刊

301.《子曰丛刊》,上海子曰社,1948

302.《近代史资料》

303.《胡适研究丛刊》第一辑,北京大学出版社1995年版

304.《苏州杂志》

305.《世界汉学》,刘梦溪主编

306.《汉学研究》,阎纯德主编

307.《国际汉学》,任继愈主编

308. Pearl Sydeustricker Buck, Tell The People, Tell the People: Talks with James Yen About the Mass Education Movement, Asia And The Americas Volume XLV No. 1, 1945. 1

七、工具书

309. 唐钺、朱经农、高觉敷主编:《教育大辞书》,上海:商务印书馆,1933

310. 顾明远:《教育大辞典》,上海:上海教育出版社,1991

311. 中华留学名人辞典编委会:《中华留学名人辞典》,长春:东北师范大学,1992

312. 周棉:《中国留学生大辞典》,南京:南京大学出版社,1999

313. 徐友春主编:《民国名人大辞典》,石家庄:河北人民出版社,1991

314. 中国社会科学研究院近代史研究所翻译室:《近代来华外国人名辞典》,北京:中国社会科学出版社,1981

315. 杨玉圣、胡玉坤编:《中国美国学论文综目(1979—1989)》,沈阳:辽宁大学出版社,1991

316. 孙越生主编:《美国中国学手册》,北京:中国社会科学出版社,1994

317. 孙越生、陈书梅主编:《美国中国学手册》(增订本),北京:中国社会科学出版社,1993

318. 夏林根、于喜元主编:《中美关系辞典》,大连:大连出版社,1992

319. [日]平塚益德著,黄德诚、夏凤鸾等译:《世界教育词典》,长沙:湖南教育出版社,1989

320. Encyclopedia Americana Online,外文出版社、台湾光复书局引进《大美百科全书》,北京:北京光海文化用品有限公司,1994

321.《中国当代社会科学家》第8辑,北京:书目文献出版社,1986

322.《民国时期总书目(1919—1949)·教育 体育》,北京:书目文献出版社,1995

323.《中华书局图书总目 1912—1949》,北京:中华书局,1987

八、网站

324. 罗德斯奖学金 http://www.rhodesscholar.org/brochure.html

325. 哈佛燕京学社 http://www.harvard.edu

326. 哥伦比亚大学 Teacher's College of Columbia University

327. 耶鲁大学 http://www.yale.edu

328. 剑桥大学 http://www.cam.ac.uk

329. 牛津大学 http://www.ox.ac.uk

330. 南京大学百年校庆 http://www.nju100.edu.cn

331. 南开大学校友网 http://nkuaa.nankai.edu.cn/script/nankaiuaa/

index. php

332. 北京电影学院 http://www. bfa. edu. cn/kycz/xssd/sunjiansan/xssd_sjsl. htm

333. 台湾故宫博物院 http://www. npm. gov. tw

334. 中华民国斐陶斐荣誉学会 http://www. phitauphi. org. tw

335. k12 教师频道 http://www. k12. com. cn

后　记

　　本书是在对笔者博士论文进行增删的基础上完成的。

　　2001 年秋，我有幸攻读南开大学历史学院李喜所先生的博士研究生。在李先生无微不至的指导与关怀下，遵照导师的嘱咐，多方收集资料，准备博士论文的写作。正是在导师的无私指引下，我才敢从文化史研究出发，初步综合教育史、传播学、中外关系史的相关理论，开始进行近代留美学生与中美教育交流这一起点高、难度大的专题研究；正是在导师独特的培养模式下，在不时进行的论文报告中与同学们跨学科交流知识与心得；正是在导师切中肯綮的评点中，使我在治学做人两方面得到了较大的提高；正是有了导师提供的各种便利，跟踪学术前沿，才能开阔视野，带着导师的鼓励，才有能力、有信心完成本课题的写作。

　　感谢北京大学王晓秋教授在百忙中出任博士论文答辩委员会主席，感谢北京大学徐万民教授、吉林大学宝成关教授、天津社科院的罗澍伟先生与张利民所长不吝指教。正是根据各位先生的宝贵意见，有针对性地继续对论文进行修改、完善。

　　我不会忘记，在此前后北京大学陈学飞先生、北京师范大学的孙邦华先生、南开大学元青教授与侯杰教授、西南大学谢长法教授与河北大学李志军教授的热心指点，以及刘集林、江中孝、陈敬、范铁权等学长的关心与建议；也不会忘记中央党校的张卫波博士、北京大学的马士奎博士、厦门大学刁培俊博士在北京、天津、上海等地帮我查找资料时的雪中送炭，不会忘记在与新闻出版总署刘兰肖博士、民政部武增锋博士、湖南科技学院易红郡博士相互交换意见中给我的启发；更不会忘记四川大学王笛教授与北京电影学院孙建三、大洋彼岸王忠欣两先生就美国汉学研究概况、华人与基督教教育问题与陈裕光的分别介绍，拉近了笔者对相关学术前沿的认识距离，而高培楼兄弟则让我进一步了解了计量与统计的方法。吴建征、阴若天、王浩等人也为本书校对花费了工夫。

应该指出的是，珠海市委宣传部高德明先生、沈莉女士与《珠海特区报》记者程敏、李更的热心帮助，使我能实地考察"留学生之父"容闳的故乡珠海，而珠海市政协文史委梁振兴先生与梁赞勋先生（国防科工委科技委员会委员，梁普照裔孙）、容应萸女士（日本亚细亚大学教授、容星桥嫡孙女）等海内外有关留美幼童后裔，更是无私为本书的完善提供许多关键性的帮助。

衷心感谢河北大学教务处、河北大学历史学强势学科的出版资助，才使本书得以出版而面世。

衷心感谢成晓军先生多年来的帮助，感谢李金铮、郑志廷、刘敬忠、池子华诸位先生的关心。

谢谢父母家人的谅解与支持，尤应感谢爱妻周晓丽女士的默默奉献。

再一次谨对我的导师李喜所先生和一切关心、帮助我的各位师友，敬表谢忱！

留美学生群体，江山有待；教育文化研究，学海无涯；静听牛年日趋临近的脚步声,眼前溜走的似乎不止是那有灵光一闪的感悟。天健地倾,我只能期待今后在书山上不舍前行。

彭 小 舟

2009.12.3

责任编辑:于宏雷
装帧设计:徐　晖
版式设计:程凤琴
责任校对:周　昕

图书在版编目(CIP)数据

近代留美学生与中美教育交流研究/彭小舟 著.
-北京:人民出版社,2010.2
ISBN 978－7－01－007838－0

Ⅰ.近…　Ⅱ.彭…　Ⅲ.①留学生教育-研究-美国-近代②中美
关系-国际交流-教育史-研究-近代　Ⅳ.G649.712.3　G523.3

中国版本图书馆 CIP 数据核字(2009)第 044954 号

近代留美学生与中美教育交流研究
JINDAI LIUMEI XUESHENG YU ZHONGMEI JIAOYU JIAOLIU YANJIU

彭小舟　著

人民出版社 出版发行
(100706　北京朝阳门内大街 166 号)

北京瑞古冠中印刷厂印刷　新华书店经销

2010 年 2 月第 1 版　2010 年 2 月北京第 1 次印刷
开本:880 毫米×1230 毫米 1/32　印张:12.5
字数:290 千字　印数:0,001－3,000 册

ISBN 978－7－01－007838－0　定价:29.00 元

邮购地址 100706　北京朝阳门内大街 166 号
人民东方图书销售中心　电话 (010)65250042　65289539